triathlon knowhow

ernährung

LIEBE LESER! Um die Ernährung in Training und Wettkampf für Triathleten ranken sich viele Mythen und Gerüchte. Es ist gar nicht so einfach, einen Überblick über die vielen Bestandteile unserer natürlichen Ernährung und die im Sport weit verbreiteten Nahrungsergänzungen zu behalten – zumal selbst die Forschung und die anhängende Industrie in vielen Bereichen noch im Dunkeln tappt und heute Ergebnisse veröffentlicht, die morgen schon wieder Geschichte sind.

Mit dieser Ausgabe wollen wir ein bisschen Licht ins Dunkel bringen: Wir haben das Expertenwissen aus der ***triathlon***-Redaktion in einer spannenden Ausgabe zum Thema Ernährung zusammengefasst und dabei nie den Praxisbezug aus den Augen verloren. Dabei gehen wir auf das gesamte Spektrum unserer Leserschaft ein: Von den Tipps für die richtige Verpflegung im Ironman-Wettkampf bis zu den Empfehlungen für diejenigen unter Ihnen, die mit dem regelmäßigen Schwimmen, Radfahren und Laufen einfach ein bisschen Spaß haben und nebenbei ein paar Pfunde loswerden wollen, haben wir einen breites Themenspektrum zusammengestellt.

Ich wünsche Ihnen viel Spaß beim Lesen und viele neue Erkenntnisse mit ***triathlon knowhow***!

Ihr Frank Wechsel, Herausgeber
wechsel@tri-mag.de

PS: ***triathlon knowhow*** gibt es auch im Abo – die Angebote dazu finden Sie unter **www.triathlonabo.de**.

Hydrapak®
BUILT FOR ENDURANCE
E-LITE VEST
WEIGHS ONLY 280 GRAMS
WITH 1 LITER RESERVOIR
Hydrapak®
DISTRIBUTED BY THALER SPORTS

Ernährung im Triathlon

Würden Sie Ihr Auto nicht auch mit Benzin betanken, das die Motorleistung steigert und zugleich den Verschleiß reduziert? Zugegeben: Ganz so einfach ist es mit sportlergerechter Nahrung nicht. Doch die richtige Ernährung bildet den Grundstein für Höchstleistungen.

von Holger Lüning

Wenn es im Triathlon um Gewichtsoptimierung geht, spricht man gern zuerst von leichtem Equipment. Doch wie steht es um die Konstitution des Motors, Ihres Körpers? Den größten Einfluss auf die Leistung beim Schwimmen, Radfahren und Laufen hat immer noch er. Und um diesen Leistungserbringer in den optimalen Zustand für überdurchschnittliche Trainings- und Wettkampfbelastungen zu tunen, müssen Sie sich gut um ihn kümmern. Zwei Aspekte sind in diesem Zusammenhang entscheidend: Zum einen beeinflusst die Zusammensetzung Ihres Körpers seine Leistungsfähigkeit, also zum Beispiel der Körperfettanteil. Mindestens genauso wichtig ist aber zum anderen eine hochwertige und angepasste Ernährung, um dem menschlichen Motor den richtigen Treibstoff in der richtigen Menge zu verabreichen. Beide Aspekte lassen sich kaum voneinander trennen.

LANGFRISTIG GUT ESSEN

Zahlreiche wissenschaftliche Studien haben die leistungsfördernden Effekte sportgerechter Ernährung bestätigt. Die einfachste populärwissenschaftliche Erkenntnis, nämlich die ausreichende Füllung der Energiespeicher vor einer längeren Belastung, erleben Sie regelmäßig bei den traditionellen Pastapartys. Sehr viel komplexer wird es jedoch, wenn es um Untersuchungen zur Wirksamkeit von Mikronährstoffen, also Vitaminen, Mineralstoffen, Spurenelementen oder sekundären Pflanzenstoffen geht. Und dieser Aspekt reicht weit über die Energiezufuhr unter Belastung hinaus. Die sorgsam durchdachte Strategie Ihrer Wettkampfernährung ist dabei nur ein Baustein eines komplexen Konzepts. Genauso wie Sie Ihre Ausdauer, Schnelligkeit oder Kraftausdauer über Wochen und Monate hinweg trainieren, sollten Sie Ihre Ernährung in einem langfristigen Kontext betrachten.

Nur wenn es Ihnen gelingt, Ihrem Körper zum Beispiel während intensiver Trainingsphasen die notwendigen regenerationsfördernden Nahrungsmittel zu bieten, gewährleisten Sie eine kontinuierliche Leistungsentwicklung. Doch nicht nur das: Sie reduzieren auch Ihre Verletzungsanfälligkeit und können deutlich höhere Trainingsleistungen vollbringen. So konnte der texanische Wissenschaftler John Ivy 2002 in einer Studie an Radrennfahrern nachweisen, dass die Einnahme eines leicht verdaulichen Mischgetränks nach dem Training, bestehend aus Kohlenhydraten und Aminosäuren, eine deutlich stärkere Einlagerung von Glykogen bewirkt und die Regenerationszeit so erheblich verringert.

FUTTER FÜRS GEHIRN

Doch nicht nur eine schnelle Wiederherstellung der Leistungsfähigkeit für das folgende Training können Sie durch eine sinnvolle Ernährung unterstützen. Auch während einer Belastung kann die Leistung – über die Zufuhr von Brennstoffen hinausgehend – entwickelt werden. So stellte eine Forschergruppe der Universität Kopenhagen bei Probanden, die zusätzlich Kreatin zu sich genommen hatten, ein schnelleres Wachstum von Muskelfasern fest, die für Ausdauerleistungen verantwortlich sind. Bei lang andauernden Belastungen, wie sie im Triathlon oder Marathon üblich sind, entdeckten Forscher zudem einen erhöhten Verbrauch körpereigener Proteine: Der Körper greift bei erhöhtem Energiebedarf auf seine eigenen Eiweißstrukturen zurück – fast 40 Gramm Proteine werden den Untersuchungen zufolge während eines dreistündigen Rennens umgesetzt. Zum Schutz der eigenen Proteinreserven – Muskeln bestehen aus Proteinen und auch für das Immunsystem sind Eiweiße wichtig – wird deshalb die zusätzliche Zufuhr von Aminosäuren diskutiert (siehe auch Seite 36/37).

Doch nicht nur der Körper verlangt eine ausgewogene und sportgerechte Energiezufuhr. Das Gehirn ist nach einer Untersuchung der Deutschen Sporthochschule Köln der leistungsbegrenzende Faktor im Ausdauersport! Stehen ihm nicht ausreichend Kohlenhydrate zur Verfügung, drosselt das Nervensystem die Aktivität der Arbeitsmuskulatur, was unmittelbar die Leistung beeinträchtigt. Auch hier hilft eine durchdachte Ernährungsstrategie.

BESSER VORSORGEN

Zu einem dauerhaft durchdachten Ernährungskonzept gehört auch, dass Sie Ihrem Organismus helfen, die harten Trainings- und Wettkampfbelastungen gut zu verkraften und umzusetzen. Voraussetzung dafür ist ein ausgewogenes Verhältnis von Körperfett zu Körpergewicht und ein Body-Mass-Index im Idealbereich. Unbedachte Essgewohnheiten, etwa in beruflichen Stresssituationen, können die Balance in Ihrem Organismus empfindlich stören. Der übermäßige Verzehr säurebildender Nahrungsmittel (wie Fleisch, Mehlwaren, Käse) kann das Säure-Basen-Gleichgewicht derart durcheinander bringen, dass Ihre Leistungsfähigkeit stark absinkt. Im schlimmsten Fall leiden Sie dann sogar unter Müdigkeit und Reizzuständen und es kann einige Wochen dauern, bis das Gleichgewicht vollständig wiederhergestellt ist. Deshalb gilt auch hier: Vorsorge ist besser.

Wenn das Gesamtkonzept für eine ausgewogene Ernährung steht, nähern Sie sich immer weiter und fast automatisch dem Optimum: dem individuell optimalen Wettkampfgewicht. Denn all die Kosten und Mühen, die Sie auf sich nehmen, um dem Alltag das Maximum an Trainingszeit abzuringen und die besten Materialien anzuschaffen, zahlen sich doppelt aus, wenn Ihr „Lebensregime" zu den angestrebten Zielen passt. Bedenken Sie zum Beispiel: Allein in einer achtprozentigen Steigung sinkt auf dem Rad der Einfluss der Aerodynamik von 80 auf weniger als 10 Prozent. Stattdessen wird die Arbeit, die Sie für die Überwindung der Hangabtriebskraft aufwenden müssen, zum leistungsentscheidenden Faktor. Und dabei gilt: Je weniger Gewicht Sie den Berg hinaufbewegen müssen, umso weniger Energie ist dafür notwendig.

ANIMA SANA ...

Bei Sportarten, bei denen der eigene Körper beschleunigt werden muss, ist die relative Leistung immer eine entscheidende Größe. Zum optimalen Wettkampfgewicht finden Sie aber nicht, indem Sie einfach die Nahrungsmenge ►

► reduzieren, ganz im Gegenteil: Die Grundvoraussetzung ist eine durchdachte Ernährungsstrategie, die Sie leistungsfähiger macht und schneller regenerieren lässt. Der Gang in den Fahrradladen zur Gewichtsoptimierung des Equipments ist eine Sache, eine mögliche Umstellung der Ernährungsgewohnheiten eine andere. Diese Umstellung betrifft Sie nämlich direkt und ist gleichbedeutend mit Ihrer vollen Bekenntnis, Ihren Sport mit Ernsthaftigkeit zu betreiben.

Es lohnt sich im dreifachen Sinne, sich mit einer sportlergerechten Ernährung auseinanderzusetzen: Sie erhöhen nicht nur Ihre Leistungsfähigkeit und Ihre Belastungsverträglichkeit, sondern steigern auch Ihr Gesamtwohlbefinden – im Sport wie im Alltag. Denn Sie wissen ja: Körper und Geist kommunizieren ständig miteinander, der Körper wird es Ihrem Geist nicht vorenthalten, wenn Sie ihn mit hochwertigen Lebensmitteln verwöhnen. Und damit haben Sie ein schlagkräftiges Team auf Ihrer Seite!

distanzen

	SPRINT- UND KURZDISTANZ	OLYMPISCHER TRIATHLON	MITTEL- UND LANGDISTANZ
	SPRINTDISTANZ: 0,5 – 0,75 km Schwimmen, 20 km Radfahren, 5 km Laufen KURZDISTANZ: 1 – 1,5 km Schwimmen, 40 km Radfahren (ohne Windschatten), 10 km Laufen	1,5 km Schwimmen, 40 km Radfahren (mit Windschatten), 10 km Laufen	MITTELDISTANZ: 1,9 km Schwimmen, 90 km Radfahren, 21 km Laufen LANGDISTANZ: 3,8 km Schwimmen, 180 km Radfahren, 42 km Laufen
	Ein Wettkampf über die Sprintdistanz ist so kurz, dass eine Energiezufuhr während des Rennens kaum nötig ist – bei guter Ernährung reichen die Energiereserven bis ins Ziel. Doch auf der kürzesten Distanz geht es vor allem darum, eine so hohe Geschwindigkeit wie möglich zu erzielen. Anders ausgedrückt: Es geht darum, pro Zeiteinheit so viel der zuvor aufgenommenen und gespeicherten Energie in mechanische Energie, also die Fortbewegung im Schwimmen, Radfahren und Laufen, umzusetzen. Und auch dafür ist eine gute Ernährungsstrategie wichtig.	Das Ziel auf der olympischen Distanz liegt jenseits der Reichweite, die der menschliche Körper allein aus der Verbrennung der eingelagerten Kohlenhydrate hat. Das bedeutet: Wer die effektivste Art der Energiebereitstellung bis ins Ziel aufrecht erhalten will, muss einerseits dafür sorgen, dass die Speicher vor dem Start randvoll sind und die Muskelzellen auf diesen hohen Energieumsatz trainiert sind. Andererseits muss er unterwegs dafür sorgen, dass ausreichend Brennstoff nachgeführt wird – und das bei einer so intensiven Belastung, dass es oft zu Magenproblemen kommt.	Eine Langdistanz gleicht einem energetischen Wunder: So viel Energie, wie der Triathlet auf den magischen 226 Kilometern verbraucht, kann er in der gleichen Zeit gar nicht zuführen. Anders ausgedrückt: Ein Ironman-Triathlon geht an die Substanz. Ein solches Rennen muss vernünftig vorbereitet werden. Die Getränke- und Nahrungsaufnahme während des Wettkampfs ist ein sensibles Thema, denn in jedem Rennen kann der eigene Körper ganz anders auf die Zufuhr unter Belastung reagieren. Und nach dem Zieleinlauf kommt der Verpflegung die wichtige Aufgabe der Schadensbegrenzung auf zellulärer Ebene zu.
	Anfänger und Quereinsteiger aus anderen Disziplinen. Besonders bei Sportlern im fortgeschrittenen Lebensalter ist eine ärztliche Voruntersuchung vor Beginn des Trainings dringend anzuraten.	Fortgeschrittene Athleten mit Rennerfahrung in anderen Formaten. Die speziellen Anforderungen machen das Training in einer Gruppe unverzichtbar.	Sportler, Träumer und Abenteurer mit langjähriger Trainings- und möglichst auch Marathonerfahrung. Eine regelmäßige ärztliche Beratung ist dringend angeraten.

grundlagen

Die Ernährung im Triathlon ist ein so wichtiges, aber auch komplexes Thema, dass man sie neben dem Schwimmen, Radfahren, Laufen und Wechseln durchaus als fünfte Disziplin dieser Sportart bezeichnen könnte. Im ersten Kapitel geht es um die Grundlagen der Ernährung für Ausdauersportler.

Umsatz machen

Energie wird weder erzeugt noch vernichtet, sondern nur von einer Form in eine andere umgewandelt, sagt die Physik. Deshalb brauchen wir Nahrung, um uns zu bewegen. Doch welche Menge für welche Sportart?

von Nis Sienknecht

Warum muss man essen, wenn man gar nicht trainiert und auch sonst keine anstrengende Arbeit verrichtet? Jeder einzelne Atemzug, jeder Herzschlag, jede noch so kleine Bewegung kostet Energie – allein, um am Leben zu bleiben. Jede zusätzliche Anstrengung bedeutet einen Mehraufwand, bei Training und Wettkampf ist die Energieumwandlung besonders hoch.

Rein physikalisch betrachtet ist körperliche Leistung die pro Zeiteinheit umgesetzte Energie oder geleistete Arbeit. Und müsste deshalb streng genommen in Joule oder Watt angegeben werden; gebräuchlich ist allerdings die Angabe in „verbrannten" Kilokalorien. Den gesamten Energiebedarf eines Tages unterteilt man in Grund- und Leistungsumsatz. Als Grundumsatz wird die nötige Energie in Ruhe bezeichnet, also tatsächlich nur die Energie, die zum Überleben wichtig ist. Dieser Grundumsatz ist abhängig von Geschlecht, Körpergewicht, Alter und Muskelmasse. Denn in jedem Einzelfall müssen unterschiedliche Systeme auch im Ruhezustand versorgt werden. Vereinfacht gesagt, brauchen wir Menschen ungefähr eine Kilokalorie pro Stunde je Kilogramm Körpergewicht (siehe Kasten).

100 BANANEN FÜR EINEN IRONMAN

Für jede Tätigkeit, die über das Liegen hinausgeht, ist zusätzliche Energieverwertung vonnöten, die man als Leistungsumsatz bezeichnet. Wer sich also viel bewegt, der braucht entsprechend mehr. Viel mehr sogar, wenn Sie sportliche Dauerleistungen wie einen Langdistanztriathlon bewältigen. Denn während dieser 8- bis 16-stündigen Belastung werden etwa 8.000 bis 11.000 Kilokalorien in Muskelarbeit und Wärme umgesetzt. Der Trainings- und Ernährungswissenschaftler Asker Jeukendrup verweist auf seiner Internetseite auf einen Selbstversuch von Dr. Bent Ruby von der University of Montana-Missoula. Ruby hatte in einem aufwendigen Testverfahren während seiner Teilnahme am Ironman Hawaii 2006, den er mit einer Zeit von knapp über zehn Stunden beendete, einen Energieverbrauch von genau 9.290 Kilokalorien gemessen. Das entspricht immerhin etwa dem Energiegehalt von 100 Bananen.

Und dass Sie diese während des Wettkampfs kaum zu sich nehmen können, ist nicht nur eine Zeitfrage. Denn zusätzlich zu den 2.000 bis 3.000 Kilokalorien eines optimal gefüllten Glykogenspeichers können pro Stunde Belastung maximal rund 350 Kilokalorien in den Energiestoffwechsel gelangen, die Sie während des Wettkampfs in Form von Gels, Riegeln oder eben Bananen zu sich nehmen können. Ohne Fette als Energieträger und einem gut trainierten Fettstoffwechsel wäre deshalb kein Ironman möglich.

SCHWIMMEN IST NICHT LAUFEN

Um die Ernährungsstrategie exakter planen zu können, ist es sinnvoll, sich etwas näher mit den drei Disziplinen zu beschäftigen. Denn der Energiebedarf der Einzelsportarten Schwimmen, Radfahren und Laufen ist unterschiedlich. Das liegt an deren verschiedenen Anforderungsprofilen – und zum Teil auch an den äußeren Bedingungen:
Am geringsten ist der Energiebedarf bei vergleichbarer Anstrengung beim Radfahren. Das hat mehrere Gründe. Zum einen wird beinahe ausschließlich die Beinmuskulatur belastet, die (Halte-)Arbeit für den Oberkörper mit seinen großen Muskelgruppen hält sich in Grenzen. Auch der Umstand, dass Sie Ihr eigenes Körpergewicht nicht tragen müssen und dass es in jedem Training „Rollerphasen“ zum Erholen gibt, senkt den Energiebedarf gegenüber den anderen beiden Disziplinen. Wenig Energie verbraucht Ihr Körper auch für die Wärmeregulation bei heißen Temperaturen: Durch den Fahrtwind verdunstet der Schweiß, weshalb Sie schneller abkühlen und weniger Energie zur Schweißbildung und Kühlung nötig ist. Auf der anderen Seite sorgt der sogenannte Windchill bei niedrigen Temperaturen für einen erhöhten Kalorienverbrauch, weil Ihr Körper zusätzliche Kraft in die Wärmeproduktion investieren muss.

Beim Schwimmen wird der größte Teil Ihrer Skelettmuskulatur eingesetzt, zudem ist der Kraftanteil durch den Widerstand des Wassers relativ groß. Beides sorgt für einen hohen Energieumsatz. Trotzdem liegt der Gesamtumsatz beim Schwimmen nicht an der Spitze, was daran liegen mag, dass die Körperlage und der hydrostatische Druck im Wasser für eine vergleichsweise niedrige Herzfrequenz sorgen. Ein zusätzlicher Einflussfaktor ist die Wassertemperatur, da das Wasser in der Regel kälter ist als Ihr Körper. Ist die Wärmeproduktion durch die Bewegung allein nicht hoch genug, wird zusätzliche Energie für den Wärmehaushalt notwendig. Bei hohen Belastungen mit entsprechender Wärmeabgabe ist sie wegen des Kühlungseffekts niedriger.

Den höchsten Energieumsatz haben Sie beim Laufen. Dabei werden viele Muskelgruppen beansprucht, das gesamte Körpergewicht muss getragen und bewegt werden und Ruhepausen gibt es keine. Dazu kommt die hohe Wärmeproduktion und geringe -abgabe des Körpers. Im Vergleich zum kühlen Wasser oder dem Fahrtwind auf dem Rad hat beim Laufen die Umgebungstemperatur nur geringen Einfluss auf die Thermoregulation.

KEIN „NACHBRENNEN“ MÖGLICH?

Die folgende Tabelle gibt Ihnen einen groben Überblick darüber, wie viele Kilokalorien Sie bei mittlerer Belastung in den jeweiligen Sportarten pro Stunde benötigen. Sich mit seinem Energiebedarf zu beschäftigen, kann für Triathleten ein Vorteil sein. Und zwar nicht nur im Wettkampf, bei dem Sie anhand dieser Daten Ihre Verpflegung planen können. Vor allem, wenn Sie Gewicht verlieren oder aber in Zeiten intensiven Trainings einen Abbau Ihrer Körpersubstanz verhindern wollen, können Sie solche Werte zur Orientierung nutzen.

Im Zusammenhang mit Gewichtsreduktion und Training fällt häufig der Begriff des „Nachbrennens“, womit ein erhöhter Energieumsatz in der Phase nach dem Trainingsende gemeint ist. Zahlreiche Studien belegen tatsächlich, dass der Energieverbrauch in der Zeit nach einem längeren Training mit mittlerer Intensität für eine gewisse Zeit erhöht bleibt und damit zur Erhöhung des Tages-Energieumsatzes beiträgt. Eine aktuelle Studie des Trainingsinstituts Prof. Dr. Baum GmbH, die in der Deutschen Zeitschrift für Sportmedizin veröffentlicht wurde, konnte allerdings bei gesundheitsorientierten Fitnesssportlern keinen wesentlichen Effekt feststellen. Da auch ältere Studien einen maximalen zusätzlichen Energieverbrauch von etwa 70 Kilokalorien nahe legen, können Sie das „Nachbrennen“ in Ihrer Gesamtenergiebilanz aus Grund- und Leistungsumsatz weitestgehend vernachlässigen. ■

tipp

FAUSTFORMEL ZUR BERECHNUNG DES GRUNDUMSATZES

Frauen:
Körpergewicht in kg x 24 h x 0,9

Männer:
Körpergewicht in kg x 24 h x 1,0

ENERGIEUMSATZ PRO STUNDE

Körpergewicht	60 kg	65 kg	70 kg	75 kg	80 kg	85 kg
Schwimmen	584 kcal	632 kcal	680 kcal	728 kcal	776 kcal	828 kcal
Radfahren	360 kcal	392 kcal	416 kcal	452 kcal	484 kcal	512 kcal
Laufen	696 kcal	752 kcal	808 kcal	868 kcal	924 kcal	984 kcal

Die Daten sind Anhaltspunkte für den Energieumsatz bei mittlerer Intensität. Genaue Werte hängen stark vom Grad der Belastung ab und können individuell abweichen (nach Friedrich Bohlmann, Diplom-Ernährungswissenschaftler bei netdoktor.de).

Training und Stoffwechsel

Sie können es nicht sehen und spüren es nur selten, doch in Ihrem ganzen Körper herrscht rund um die Uhr Hochbetrieb. Und jedes Training stört die fein abgestimmten Mechanismen – sorgt aber auch dafür, dass diese danach effektiver ablaufen.

von Dr. Karlheinz Zeilberger

Tagsüber und in der Nacht – und meistens ohne, dass Sie etwas davon mitbekommen – greift in Ihrem Körper ein grundlegendes Funktionsprinzip: die Selbstregulation zum Erhalt des Gleichgewichts sämtlicher Systeme (Homöostase). Sie ist überlebenswichtig und reagiert auf kleinste Veränderungen wie Umgebungswechsel, Nahrungsaufnahme oder Temperaturschwankungen, aber auch auf Trainingsreize. Alle Körperfunktionen sind dabei von einem einwandfrei arbeitenden Stoffwechsel abhängig. Dieser beinhaltet sowohl die lebensnotwendigen biochemischen Vorgänge des Stoffaustauschs als auch alle auf-, um- und abbauenden Vorgänge.

ACTION ÜBERALL

Auch bei Sportlern unterscheidet man zwischen dem Bau-, dem Betriebs- und natürlich dem Energiestoffwechsel. Der Baustoffwechsel, am besten sichtbar bei Heranwachsenden oder auch beim Aufbautraining, bildet neues Gewebe und erneuert durch den Sport verbrauchte Substanzen. Typische Verschleißgewebe wie Haare, Haut, Blut oder Schleimhaut müssen regelmäßig ersetzt werden. Hormone, Enzyme und Abwehrstoffe werden ständig gebraucht, und im Ernstfall müssen Wunden oder Verletzungen heilen. Der Betriebsstoffwechsel dagegen ist für die Energiebereitstellung zuständig. Als Energielieferanten dienen ihm Fette, Eiweiße und Kohlenhydrate, die bei der Verdauung in ihre einzelnen Bestandteile zerlegt werden und dem Körper anschließend als Brennstoffe für den Energiestoffwechsel zur Verfügung stehen.

Natürlich müssen all diese Vorgänge übergeordnet gesteuert werden. Hierbei spielen das vegetative (unwillkürliche) Nervensystem und die sogenannten endokrinen Organe eine Rolle, also zum Beispiel die Schilddrüse, die Nebennieren, die Bauchspeicheldrüse oder die Keimdrüsen. Darüber hinaus verfügt Ihr Gehirn über Zentren, die das Nervensystem und die endokrinen Organe regulieren und aufeinander abstimmen. Sämtliche Körperfunktionen werden vom Stoffwechsel beeinflusst.

DOPPELTER UMSATZ

Für sportliche Leistungen wird der Energiestoffwechsel als besonders relevant angesehen. Hier denkt man jedoch weniger an den Ruhe- oder Grundumsatz, also den täglichen Bedarf an Energie zur Erhaltung von Körperwärme oder der Aufrechterhaltung geistiger und körpereigener Funktionen, der abhängig vom Alter, Gewicht und Geschlecht bei etwa 1.600 bis 1.800 Kilokalorien pro Tag liegt. Viel interessanter ist der Leistungsumsatz bei körperlicher Aktivität, wobei je nach Intensität und Umfang von Training oder Wettkampf der Grundumsatz um mehr als das 2,4-fache gesteigert wird. So können hochgradig austrainierte Spitzenathleten auch über längere Distanzen bis zu 1.800 Kilokalorien pro Stunde zusätzlich verbrauchen, flotte Volksläufer immerhin gut 1.000.

Regelmäßiges Ausdauertraining verändert Ihren Stoffwechsel, speziell Ihren Energiestoffwechsel. Als trainierter Sportler sind Sie beispielsweise in der Lage, mehr Energie in Form von Kohlenhydraten in Leber und Muskeln zu speichern (Glykogenspeicher). Allerdings reichen auch diese Speicher nicht immer, wie man bei dem britischen Triathlon-Star Alistair Brownlee beobachten konnte, der beim WM-Rennen in London 2010 völlig erschöpft ins Ziel taumelte. Ohne Energie keine Leistung!

Die Enzyme der aeroben Energiebereitstellung steigern bereits nach einigen Tagen bis wenigen Wochen regelmäßigen Trainings ihre Aktivität, zudem wachsen Anzahl und Größe der sogenannten Mitochondrien, auch „Kraftwerke der Zellen" genannt. Allerdings kehren sich diese positiven Auswirkungen rasch wieder um, sobald Sie mit dem Training aufhören. Wer als Anfänger im Ausdauersport zu Beginn und dann wieder nach drei bis sechs Monaten eine Leistungsdiagnostik macht, kann die Veränderungen im Energiestoffwechsel direkt nachvollziehen. Anfangs wird auf submaximalen Belastungsstufen unökonomisch schon bei niedriger Intensität viel Laktat produziert, mit fortschreitendem Training sinkt dann der Laktatspiegel bei gleicher Leistung – ein eindeutiges Zeichen für einen verbesserten aeroben Stoffwechsel.

JAHRELANGE UMBAUTEN

Veränderungen am Stütz- und Bewegungsapparat mit Verstärkung der Sehnen und der Sehnen-Knochen-Übergänge stellen

sich erst nach Monaten oder Jahren regelmäßigen Trainings ein. Diese Anpassungserscheinungen sind jedoch für die Leistungsverbesserung und die Verletzungsprophylaxe zwingend notwendig. Im Alltag wirken sich die positiven Effekte des Ausdauertrainings vor allem auf den Fettstoffwechsel aus. Typischerweise werden niedrige Cholesterinspiegel mit einem hohen Anteil an schützendem HDL-Cholesterin und dafür weniger von dem „schlechten" LDL-Cholesterin sowie niedrige Neutralfettspiegel (Triglyzeride) beobachtet. Training führt zudem wissenschaftlich nachgewiesen zu einer erhöhten Insulinempfindlichkeit der Muskulatur: Ihr Diabetes-Risiko sinkt, weil durch das vermehrte Einschleusen von Zucker in die Muskelzellen die Blutzucker-Stoffwechsellage verbessert wird.

Immer häufiger wird Athleten nun vorgeschlagen, Training und Ernährung auf ihren Stoffwechseltypen nach William Sheldon auszurichten. Der amerikanische Arzt und Psychologe unterteilte Menschen 1942 in seiner „Konstitutionstypologie" anhand ihres Körperbaus in die drei Kategorien „ektomorph", „mesomorph" oder „endomorph". Diese Einteilung orientierte sich an den sogenannten Keimblattgeweben des Embryos, sie trügen in unterschiedlichem Ausmaß zu Körpermasse und -typ bei. Wissenschaftlich ist diese Theorie nicht relevant, aus medizinischer Sicht ergibt es mehr Sinn, zum Beispiel eine Schilddrüsenfunktionsstörung als Ursache von Gewichtsschwankungen oder fehlender Trainingswirkung auszuschließen.

ERHÖHTER BEDARF

Zur Optimierung Ihrer Stoffwechselfunktionen kann und wird die richtige Ernährung langfristig einen wesentlichen Beitrag leisten. Basis sollte stets eine ausgewogene, abwechslungsreiche Mischkost sein. Je nach Trainingsphase können Sie den prozentualen Anteil von Kohlenhydraten und Fetten variieren. Starten Sie mit gut gefüllten Glykogenspeichern ins Training und achten Sie während langer Belastungen auch während der Einheit auf eine ausreichende Kohlenhydratzufuhr. Es sollte kein Mineralien- oder Spurenelementmangel bestehen – lassen Sie Ihre Magnesium-, Kalium-, Natrium- und Speichereisenwerte (Ferritin) deshalb ruhig hin und wieder überprüfen. Die Auswahl und Zufuhr hochwertiger Eiweiße ist sowohl für den Baustoffwechsel beim Ersatz von natürlich verschlissenen Strukturen als auch für das Immunsystem und die Bildung von Botenstoffen wesentlich. Auch Ihrem erhöhten Vitaminbedarf sollten Sie Rechnung tragen (Sauerstoffradikalenfänger).

Regelmäßiges Ausdauertraining, mit einer entsprechenden Ernährung kombiniert, beeinflusst die einzelnen Stoffwechselbereiche nicht nur kurzfristig: Einerseits haben Sie die Möglichkeit, über die Ernährung und den optimalen Trainingsaufbau Ihre Leistungsentwicklung zu fördern, andererseits kommen Ihnen die positiven Effekte des Trainings auch im Alltag zugute; zum Beispiel in Form einer höheren Lebenserwartung. ■

SO WIRKT TRAINING AUF IHREN STOFFWECHSEL

STOFFWECHSELFUNKTION		TRAINIERT	UNTRAINIERT
Energiestoffwechsel	Mitochondrien	↑	→
	aerobe Enzyme	↑	→
	Myoglobin	↑	→
	Glykogenmenge	↑	→
	Energieumsatz	↑	↓
	Laktatbildung bei submax. Belastung	↓	↑
Fettstoffwechsel	Neutralfette	↓	→
	Cholesterin	↓	→
	HDL-Cholesterin	↑	→
	LDL-Cholesterin	↓	→
	Insulinempfindlichkeit	↑	↓
	Blutzuckerausgeglichenheit	↑	↓
Muskulatur		↑	→
Körperfettanteil		↓	↑
Blutvolumen		↑	→

Die perfekte Basis

Mit ausgeklügelten Rezepturen auf der Basis neuester Forschungsergebnisse versuchen die Ernährungsspezialisten die Erholungszeit von Sportlern zu verkürzen. Doch es müssen nicht immer Shakes und Riegel sein – zahlreiche natürliche Lebensmittel enthalten ebenfalls Stoffe, die die Erholung nach intensivem Training unterstützen.

von Dr. Mareike Großhauser

Viel hilft viel, ist unter Ausdauersportlern eine häufig zu hörende Meinung. Soll heißen: Wer viel Training in guter Qualität verkraftet, ist im Rennen schneller. Doch wie lässt sich bei steigenden Umfängen sicherstellen, dass Ihr Körper die intensiven Trainingsreize noch verarbeiten kann? Ganz einfach: Sie müssen Ihren Körper dazu bringen, sich in der kürzeren Zeit zwischen den einzelnen Trainingseinheiten effektiv zu erholen. Die Grundvoraussetzung dafür ist eine ausgewogene und abwechslungsreiche Ernährung, die alle notwendigen Nährstoffe in ausreichender Menge liefert. Sportmediziner und Ernährungswissenschaftler investieren seit Jahren viel Energie in die Erforschung und Optimierung der Erholungsfähigkeit. Dabei hält die Natur bereits ein großes, oftmals ungenutztes Arsenal an „Regenerationshilfen" bereit.

FESTES BELASTET

Wer sich während der sportlichen Belastung im Training oder Wettkampf ausreichend mit den wichtigsten Nährstoffen und Wasser versorgt, schafft damit schon gute Voraussetzungen für die schnelle Erholung danach.

Für ein Ausdauertraining oder einen Wettkampf mit einer Belastung von mehr als 60 Minuten empfehlen Wissenschaftler eine regelmäßige Flüssigkeitsaufnahme von 150 bis 200 Millilitern alle 15 Minuten (maximal 800 Milliliter pro Stunde) in Verbindung mit einer kontrollierten Kohlenhydratzufuhr, um die Leistungsfähigkeit aufrecht zu erhalten. Weil feste Lebensmittel den Magen-Darm-Trakt oft mehr belasten als flüssige, sind zur gleichzeitigen Energie- und Flüssigkeitszufuhr leicht hypotone oder isotone Getränke besonders geeignet. Merkmale eines guten isotonen Sportgetränks sind ein Kohlenhydratgehalt von 20 bis maximal 80 Gramm pro Liter sowie ein Natriumgehalt zwischen 400 und 1.100 Milligramm pro Liter. Isotone Getränke werden besonders schnell vom Magen-Darm-Trakt aufgenommen und ersetzen schweißbedingte Verluste an Wasser und Natrium sehr effizient – eine weitere wichtige Voraussetzung für die schnelle Regeneration. Jüngere Studien haben gezeigt, dass die regelmäßige Aufnahme von Kohlenhydraten während der Belastung nicht nur eine vorzeitige Ermüdung der Muskulatur hinausgezögert, sondern zusätzlich den Anstieg von Entzündungsfaktoren und die vorübergehende Dämpfung der Infektabwehr, auch als „Open Window“ bezeichnet, verringert.

DIE ZWEI STUNDEN DANACH

Nutzen Sie die ersten zwei Stunden nach der Belastung, um Lebensmittel mit schnell verfügbaren Kohlenhydraten in Verbindung mit Eiweiß zuzuführen. Dazu bieten sich besonders Fruchtsaftschorlen, reife Bananen, Knäckebrot, Reiswaffeln, Müsliflocken, Weißbrot oder Cornflakes an. Die Verbindung mit leicht verdaulichen Eiweißträgern wie Fruchtmilchshakes, Joghurt mit Müsli oder auch Hähnchenfleisch mit Reis kann den Regenerationsprozess zusätzlich beschleunigen. Ebenso bedeutend für eine schnelle Erholung ist die ausreichende Versorgung mit Kalium und Magnesium. Während der Körper zur Speicherung der aufgenommenen Kohlenhydrate Kalium benötigt, ist Magnesium für den gesamten Energiestoffwechsel unentbehrlich. Kalium ist besonders reichlich in Obst und Gemüse enthalten. Magnesium nehmen Sie vor allem mit Vollkornprodukten, Weizenkeimen, Haferflocken, und Nüssen auf. Auch nach den besagten zwei Stunden sollten Sie auf eine ausreichende Aufnahme dieser Nährstoffe achten. ■

DIE WICHTIGSTEN GRUNDLAGEN EINER AUSGEWOGENEN BASISERNÄHRUNG

Backwaren, Kartoffeln, Reis oder Teigwaren bilden die Grundlage für eine kohlenhydratreiche Ernährung – eine wichtige Voraussetzung für gute sportliche Leistungen und eine schnelle Regeneration. Bevorzugen Sie Vollkornbackwaren und Vollkorn-Getreideprodukte, denn diese haben eine höhere Nährstoffdichte als Weißmehlprodukte. Die Nährstoffdichte bezeichnet den Gehalt an Nährstoffen bezogen auf den Energiegehalt eines Lebensmittels und ist somit ein wichtiges Qualitätskriterium.

Bevorzugen Sie fettarme Milch und Milchprodukte (Joghurt, Käse, Quark, Molke und ähnliche Produkte), um der Muskulatur ausreichend Eiweiß für Reparatur- und Aufbauvorgänge anzubieten, die Kalziumzufuhr für die Knochen sicherzustellen und die ausreichende Versorgung mit fettlöslichen Vitaminen (beispielsweise Vitamin D) zu gewährleisten. Die Kombination von tierischen und pflanzlichen Eiweißquellen wie zum Beispiel Fisch mit Kartoffeln oder Reis, Müsli mit Milch, Kartoffeln mit Ei oder mageres Fleisch mit Linsen ist besonders hochwertig. Auch Molke- und Sojaprodukte sind hochwertige Eiweißlieferanten. Wer zu wenig Eiweiß zu sich nimmt, läuft Gefahr, Trainingsreize nicht effizient umsetzen zu können. Wichtig: Erhöhen Sie gleichzeitig die Flüssigkeitszufuhr auf mindestens 2,5 Liter pro Tag, sonst werden bestimmte Eiweißbausteine wieder ausgeschieden und belasten die Nieren.

Entscheiden Sie sich für mageres Fleisch (zum Beispiel Filetstücke von Hähnchen, Pute, Wild, Kaninchen, Rind) und Wurst (gekochter Schinken). So verringern Sie wirksam den Anteil an gesättigten Fettsäuren, die das LDL-Cholesterin und damit das Herzinfarktrisiko erhöhen können. Zudem kann eine zu hohe Fettzufuhr die Regeneration verlangsamen.

Besonders empfehlenswert sind zwei bis drei Fischmahlzeiten pro Woche, um die Versorgung mit gesundheitsfördernden Fettsäuren (Omega-3-Fettsäuren) und Jod zu verbessern. Omega-3-Fettsäuren wirken entzündungshemmend, blutdrucksenkend und fördern die Durchblutung. Sie werden im Körper zu wichtigen Gewebshormonen (Eicosanoiden) umgebaut, die einen positiven Einfluss auf Entzündungsfaktoren, und Stresshormone wie das blutdrucksteigernde Noradrenalin nehmen. Gute Lieferanten von Omega-3-Fettsäuren sind Lachs, Hering, Makrele, Aal und Thunfisch.

Nutzen Sie für die warme Speisenzubereitung Rapsöl, für kalte Speisen dagegen Lein-, Walnuss-, Weizenkeim- und Olivenöl. So verbessern Sie zusätzlich die Zufuhr mit lebensnotwendigen Fettsäuren.

Trinken Sie mindestens 2,5 Liter Flüssigkeit pro Tag. Je mehr Sie schwitzen, desto höher müssen Sie Ihre Trinkmenge berechnen. Eine Stunde sportliche Aktivität erfordert eine Flüssigkeitszufuhr von 0,5 bis 1,5 Litern. Geeignete Flüssigkeitslieferanten sind Mineralwasser, verdünnte Fruchtsaftschorlen, Kräuter- und Früchtetees.

Treibstoff nach Typ

Weniger Fett, mehr Muskeln und eine bessere Leistungsfähigkeit – das verspricht eine Ernährung nach dem Stoffwechseltyp. So finden Sie heraus, ob Sie ein guter oder schlechter Verwerter sind und welchen Treibstoff Sie tanken müssen.

von Dr. Mareike Großhauser

Faktoren, die Ihre Gesundheit beeinflussen, gibt es viele. Einige davon, etwa Ihre Ernährungsgewohnheiten, Ihre Sportlichkeit oder Ihr körperliches Erscheinungsbild, können Sie steuern: Je bewusster Sie sich ernähren, desto gesünder sind Sie, je mehr Sie sich bewegen, desto sportlicher sind Sie und desto weniger Gewichtsprobleme haben Sie. Allerdings sind auch diesen Einflüssen individuelle Grenzen gesetzt. Denn jeder Mensch hat ein bestimmtes Erbgut, das ihn und all seine Merkmale ausmacht – ein Unikat. Ihre Gene entscheiden mit, wie gesund oder sportlich Sie sein können, ob Sie schnell an Gewicht zunehmen oder damit überhaupt keine Schwierigkeiten haben.

GUTER FUTTERVERWERTER?

Können Sie essen, was Sie wollen, ohne dicker zu werden? Oder setzen Sie schon überflüssiges Hüftgold an, wenn Sie Pralinen nur anschauen? Es gibt sie tatsächlich, die schlechten und die guten Futterverwerter. Letztere verarbeiten Nahrung sehr effizient, indem sie die Nährstoffe gut speichern, wohingegen die schlechten Futterverwerter weniger effizient speichern und einen größeren Teil der Energie in Form von Wärme wieder abgeben. Während eine effiziente Nahrungsspeicherung in früheren Zeiten ein klarer Überlebensvorteil war, ist sie in der heutigen Wohlstandsgesellschaft zum gewichtigen Nachteil geworden: In der Steinzeit war das Anlegen von Fettdepots

lebensnotwendig, schließlich liefen uns die Beutetiere damals nicht täglich über den Weg. Heute steht dagegen jederzeit ein gut gefüllter Kühlschrank bereit. Die individuell unterschiedlichen Ausnutzungs- und Speicherungsgrade der Nährstoffe haben neue mögliche Ernährungsformen hervorgebracht. Dazu gehören beispielsweise die Blutgruppendiät, eine Ernährung nach dem Jäger- und Sammler-Typ – oder eben eine Ernährung nach dem Stoffwechseltyp. Ein Stoffwechseltyp charakterisiert Personen, die aufgrund gleicher Eigenschaften, wie zum Beispiel der Körperzusammensetzung oder der Stoffwechselaktivität (Grundumsatz), einer bestimmten Gruppe zugeordnet werden können. Den unterschiedlichen Stoffwechseltypen werden nach dieser Ernährungsform verschiedene Ernährungsstrategien empfohlen, bei denen insbesondere der Kohlenhydratkonsum eine entscheidende Rolle spielt. Hintergrund ist die Tatsache, dass die Bevölkerung trotz fettbewussterer Ernährung immer dicker wird – deren Ursachen sehen einige Autoren in dem zunehmenden Verzehr von Kohlenhydraten, die für eine starke Ausschüttung des Speicherhormons Insulin sorgen, das wiederum für eine effiziente Fetteinlagerung steht und den Fettabbau hemmt. Einige Personen scheinen sich durch kohlenhydrathaltige Lebensmittel regelrecht hungrig zu essen, was auf einen kohlenhydratsensitiven beziehungsweise -toleranten Stoffwechsel hinweist. Starke Insulinausschüttungen enden zudem oft in Müdigkeit und Leistungseinbrüchen, da die zugeführten Kohlenhydrate zur Energieversorgung schnell in die Muskelzellen transportiert werden. Das ist kurzfristig während des Sports ein leistungssteigernder Vorteil. Ansonsten machen geringe Insulinausschüttungen aber weniger müde und fördern die Fettverbrennung, was für eine Gewichtsreduktion förderlich ist. Beide Strategien haben unterschiedliche Zielsetzungen: eine Leistungssteigerung durch gezielte Kohlenhydratgaben während des Sports und eine durch eine eiweißbetonte Ernährung erreichte Optimierung der Körperzusammensetzung, die mit anhaltender Sättigung und verminderter Müdigkeit einhergeht.

ABNEHMEN OHNE HUNGER

Grundlage der Ernährung nach dem Stoffwechseltyp ist eine Einteilung in kohlenhydratsensitive, also auf den Konsum kohlenhydratreicher Lebensmittel sehr ansprechende Speichertypen (endomorpher Stoffwechseltyp), und in kohlenhydratunempfindliche Personen (ektomorpher Stoffwechseltyp). Eine Zwischenform von beiden stellt der mesomorphe Stoffwechseltyp dar (siehe nächste Seite). Ziel einer Ernährung nach dem Stoffwechseltyp ist es, die Ernährungsstrategie so an die individuellen Stoffwechselbegebenheiten anzupassen, dass sich daraus das Beste für die Gesundheit und die Körperzusammensetzung ergeben kann. So können Sie zum Beispiel einen durch einen hohen Kohlenhydratkonsum begünstigten Fettansatz durch eine Verschiebung der Makronährstoffverhältnisse in Ihrer Nahrung abbauen, ohne dass Sie hungern müssen, was insbesondere für den endomorphen Stoffwechseltypen von großer Bedeutung sein kann.

tipp

ACHTUNG IM WETTKAMPF

Während der Wettkampfphase sollten Sie sich wie gewohnt kohlenhydratreich ernähren – und zwar völlig unabhängig von Ihrem Stoffwechseltyp! Das Ziel bei einem Wettkampf ist ja nicht die Optimierung der Körperzusammensetzung, sondern das Erbringen von Leistung, die nur durch eine adäquate Kohlenhydratversorgung möglich ist.

Es gibt leider noch keine eindeutigeren Stoffwechselmerkmale zur Differenzierung der drei Stoffwechseltypen, aber die Forschung nach personalisierten Ernährungsempfehlungen läuft auf Hochtouren. Das bestätigt auch Prof. Hannelore Daniel vom Zentralinstitut für Ernährungs- und Lebensmittelforschung der Technischen Universität München. Ihren Angaben zufolge liefert die Nahrung nicht nur Treibstoffe, die den Stoffwechsel des Körpers aufrecht erhalten, sondern beeinflusst auch die Genstruktur, die Bildung und Aktivität von Eiweißstoffen und die Ausschüttung von Hormonen. Dadurch nimmt sie auch direkten Einfluss auf Ihr Wohlbefinden und Ihre Gesundheit. Interessanterweise haben Unter- ►

suchungen gezeigt, dass der Stoffwechsel von Personen mit unterschiedlichen Varianten zentraler Stoffwechsel-Gene auf die gleiche Nahrung recht unterschiedlich reagiert. Bis die Details erforscht sind, erfolgt die Einteilung in Stoffwechseltypen nach den oben beschriebenen Kriterien. Dabei kommt insbesondere der Selbstbeobachtung und dem Ausprobieren bestimmter Ernährungsstrategien eine große Bedeutung zu.

EINFACHE ZUORDNUNG

Um herauszufinden, zu welchem Stoffwechseltyp Sie gehören könnten, müssen Sie keine speziellen Untersuchungen über sich ergehen lassen. Betrachten Sie einfach die Tabelle mit den charakteristischen Merkmalen und finden Sie das für Sie Passende heraus. Eine wichtige Voraussetzung dafür ist allerdings, dass Sie normale Schilddrüsenhormonwerte aufweisen, da diese die Stoffwechselaktivität beeinflussen. Wenn Sie dazu neigen, relativ schnell Fett in der Bauchgegend anzusetzen, aber auch Muskulatur aufzubauen, einen ausgeprägten Hunger auf bestimmte Lebensmittel verspüren und/oder häufig hungrig sind, können Sie endomorphe Stoffwechselzüge in sich tragen. Haben Sie dagegen keinerlei Probleme mit Ihrem Gewicht und können Sie essen, was und wie viel Sie wollen, haben Sie genetisch bedingt einen sehr hohen Grundumsatz und sind deswegen eher dem ektomorphen Stoffwechseltyp zuzuordnen. Während sich der ektomorphe Stoffwechseltyp (Verbrennertyp) jederzeit kohlenhydratreich ernähren kann, sollte der endomorphe Stoffwechseltyp (Speichertyp) regelmäßig eiweißbetonte Akzente in seiner Ernährung setzen. Das gilt vor allem für die Off-Season, in der kohlenhydratsensitive Athleten zu plötzlichen Gewichtszunahmen neigen, sobald die Belastungsumfänge reduziert werden.

Eine eiweißbetonte Ernährung mit täglich eineinhalb bis zwei Gramm Proteinen pro Kilogramm Körpergewicht kann viele Vorteile bei der Erlangung einer optimalen Körperzusammensetzung mit dem Ziel der Körperfettreduktion und des Muskelaufbaus beziehungsweise -erhalts bringen. Glaubt man den Befürwortern der Ernährung nach dem Stoffwechseltyp, gehören zu diesen Vorteilen eine lang anhaltende Sättigung, die Förderung von Muskelaufbau und -erhalt, ein erleichterter Fettabbau sowie die Verringerung muskelabbauender Prozesse in Folge intensiver Belastungen oder Gewichtsabnahmen. Für endomorphe Verwertertypen gilt: Je mehr Sport Sie treiben, desto mehr Kohlenhydrate vertragen Sie. Steht dagegen weniger Sport auf dem Programm, dann sollten Sie Ihre Kohlenhydratzufuhr zugunsten von Eiweiß herunterfahren, um eine Gewichtszunahme zu verhindern.

NEUE GEWICHTUNG

Ernähren Sie sich als „kohlenhydratintoleranter" Sportler nach Ihrem Stoffwechseltyp, können Sie nicht nur Ihr Gewicht leichter halten, sondern auch abnehmen, ohne hungern zu müssen oder krank zu werden. Auch hier ist eine reduzierte Kohlenhydrataufnahme verbunden mit einer eiweißbetonten sowie fettbewussten Ernährung der Schlüssel zum Erfolg. Empfohlen werden dafür Nahrungsanteile von 35 bis 40 Prozent Kohlenhydraten, 30 bis 35 Prozent Fett und 25 bis 30 Prozent Eiweiß (anstelle der üblicherweise empfohlenen Anteile von 55 bis 60 Prozent Kohlenhydraten, 25 Prozent Fett und 20 Prozent Eiweiß). Weitere Kohlenhydratreduzierungen sind zwar möglich, werden aber nicht von jedem vertragen. Bei gesunder Nierenfunktion sind probeweise Veränderungen zugunsten des Eiweiß- und Fettanteils in der Nahrung unbedenklich. Von extremen Varianten ist jedoch aus gesundheitlichen Gründen abzuraten, da es bei sehr hohen Eiweißaufnahmen (mehr als drei Gramm pro Kilogramm Körpergewicht) zu einer verstärkten Kalziumausscheidung mit einem erhöhten Risiko für Osteoporose kommen kann.

WELCHER STOFFWECHSELTYP SIND SIE?

MERKMALE/TYPUS	SPEICHERTYP (ENDOMORPH)	MISCHTYP (MESOMORPH)	VERBRENNERTYP (EKTOMORPH)
Körperbau	kräftige Gestalt, kräftiger Knochenbau	athletische Gestalt	hagere, eher sehnige Gestalt
Stoffwechselaktivität	niedriger Grundumsatz	gute Stoffwechselaktivität	hoher Grundumsatz
Aufbau von Körpersubstanz	starker und schneller Fett- und Masseaufbau	eventuell leichter Fettansatz an Bauch und/oder Hüfte, grundsätzlich ist Muskelaufbau gut möglich	Muskel- und Masseaufbau gestalten sich als schwierig, kaum Fettgewebe
Insulinwirksamkeit	starke und schnelle Insulinantwort	keine Auffälligkeiten	schwache Insulinantwort
Blutzuckerspiegel	starke Blutzuckerschwankungen möglich	keine Auffälligkeiten	geringe Blutzuckerschwankungen
Makronährstoffe	tolerant gegenüber Fett und Eiweiß, eher intolerant gegenüber Kohlenhydraten	tolerant gegenüber allen Nährstoffen	tolerant gegenüber Kohlenhydraten

Eine gute Figur im Ziel und im Spiegel: Die Ernährung nach dem Stoffwechseltyp hilft

Eine weitere interessante Möglichkeit, das Körpergewicht zu halten und dabei den Fettansatz ohne nachteilige Auswirkungen auf die Leistungsfähigkeit zu minimieren, nennt Jan Prinzhausen. Der Diplom-Trophologe, nach dessen Empfehlungen sich auch die niederländische Profi-Triathletin Yvonne van Vlerken ernährt hat, rät zu einer täglichen Eiweißzufuhr von 2 bis maximal 2,5 Gramm pro Kilogramm Körpergewicht und Tag. Ein kohlenhydratreiches Frühstück und Mittagessen sind nach dieser Ernährungsstrategie erlaubt. Dazwischen und ab dem Nachmittag dürfen jedoch ausschließlich eiweißhaltige Lebensmittel verzehrt werden. Etwa zwei Tage vor dem Wettkampf darf dann zur Erbringung der vollen Leistungsfähigkeit wieder kohlenhydratbetont gegessen werden.

STARTEN IN DER OFF-SEASON

Wenn Sie dazu neigen, überschüssige Pfunde anzusetzen, diese loswerden möchten und dafür die beschriebene Ernährungsform testen möchten, sollten Sie das allerdings nicht ausgerechnet in der Wettkampfphase zum ersten Mal ausprobieren. Dies bietet sich eher in weniger trainingsintensiven Phasen oder, noch besser, in der Off-Season an. Dass eine Reduzierung des Kohlenhydratanteils zugunsten von Eiweiß und Fett vor allem bei endomorphen Stoffwechseltypen im Vergleich zu einer energiereduzierten Kost effizienter ist, konnte bisher zwar nicht wissenschaftlich belegt werden. Möglicherweise bringt Sie aber auch gerade so ein nicht bis ins letzte Detail wissenschaftlich abgesicherter Ansatz weiter, da er Ihrem Körperempfinden mehr entspricht. Das sehen auch viele zufriedene Athleten so, die hinter dieser Methode noch Potenzial entdeckt haben. ■

Strukturwandel

Es ist die Voraussetzung für jeden Trainingsfortschritt: das Wechselspiel zwischen abbauenden und aufbauenden, den sogenannten katabolen und anabolen Stoffwechselprozessen.

von Dr. Karlheinz Zeilberger

In der Ruhe liegt die Kraft oder in der Pause wächst der Muskel – diese und ähnliche Weisheiten bemühen Trainer gern, wenn sie ihren Athleten klarmachen wollen, dass Training ohne ausreichende Erholung nicht wirken kann. Die optimale Balance zwischen Belastung und Regeneration zu finden, ist die eigentliche Kunst in der Trainingslehre; das richtige Verhältnis zwischen beiden ist individuell sehr verschieden. Training ist ein Anpassungsvorgang an Belastungen, an die der Körper nicht gewöhnt ist. Er wird also gezielt unter Stress gesetzt, um sich in der anschließenden Entlastungsphase für die Wiederholung der Belastung zu wappnen.

Der Phase intensiven Energieverbrauchs folgt jene der Reparatur und des Wiederaufbaus der verlorenen Substanz. Der Begriff katabol steht dabei für den unter Energiefreisetzung erfolgenden Abbau von Fetten, Kohlenhydraten und Eiweißen. Als End- und Ausscheidungsprodukte werden Kohlendioxid, Wasser und Harnstoff (der

zum Zweck der Trainingssteuerung gemessen werden kann) gebildet. Während der folgenden anabolen Vorgänge findet über Zwischenschritte eine Umwandlung von Nahrungsstoffen in körpereigene Substanzen statt.

REPARATURBEDARF

Damit das Training in der anschließenden Regenerationsphase voll wirken kann, müssen allerdings die „Rahmenbedingungen" stimmen: Stehen Mineralien, Kohlenhydrate, Eiweiße und Flüssigkeit in ausreichender Menge zur Verfügung, kann der Körper seinen Elektrolythaushalt (Natrium, Kalium, Magnesium, Eisen) ausgleichen und die Glykogenspeicher aus den Kohlenhydraten wieder auffüllen. Nach maximalen Muskelbelastungen wird er die für die Muskelkontraktion verantwortlichen Eiweiße Aktin und Myosin besonders stark aufbauen, gleichzeitig wird beanspruchtes Struktur-Eiweiß ersetzt oder repariert. Dies betrifft die Enzyme, die Mitochondrien als sogenannte Zellkraftwerke sowie das Binde- und Stützgewebe. Außerdem wird der Hormonhaushalt im zentralen und peripheren Nervensystem (Neurotransmitter), der Stresshormone Adrenalin, Noradrenalin und des Kortisols wieder ausgeglichen. Natürlich dauern all diese verschiedenen anabolen Prozesse unterschiedlich lange. Im Energie- und Hormonhaushalt beginnen sie wenige Minuten nach dem Training, beim Binde- und Stützgewebe (Sehnen, Knochen) können sie sich über Monate erstrecken.

TRAINING BIS IN DEN KELLER

Bei der katabolen Stoffwechsellage unterscheidet man zwischen zwei unterschiedlich starken Ausprägungen. Im Training und unter Rennbelastung wird fast immer kurzfristig mehr Energie verbraucht, als von außen zugeführt werden kann. Es entsteht also ein vorübergehendes (passageres) Energiedefizit. Dabei greift der Körper auf die Glykogen- und Fettreserven zurück, um die Energieversorgung der Muskelzellen sicherzustellen. Reicht dies wegen der Intensität oder der Dauer der Belastung (langfristiges Energiedefizit, das auch zum sogenannten Hungerast führen kann) nicht aus, so werden auch die Proteine der Zellen, das Muskeleiweiß sowie Zellen und Proteine des Immunsystems zur Energieversorgung herangezogen und in ihre Einzelbausteine, die Aminosäuren, zerlegt. Einen Teil von ihnen, die sogenannten glukoplastischen Aminosäuren, kann die Leber in mehreren Stoffwechselschritten zu Zuckermolekülen umbauen. Eine Sicherheitsreserve der Natur, um den für das Gehirn lebensnotwendigen Blutzucker in ausreichender Menge bereitstellen zu können.

Eine solche Eiweißkatabolie kann sich während längerer Trainings- oder Wettkampfphasen – beispielsweise im Trainingslager oder während mehrwöchiger Etappen-Radrennen – weiter ausprägen, wenn es dem Sportler in den kurzen Ruhephasen nicht gelingt, die Kohlenhydratreserven ausreichend aufzufüllen. Auch rigorose Fastenkuren oder „Crash-Diäten" führen zu einer Katabolie mit Beteiligung des Protein-Haushalts. Langfristig können solche Stoffwechselzustände auch auf den Knochenstoffwechsel negative Auswirkungen haben, wenn die elastischen Anteile des Knochens nicht neu aufgebaut werden können. Vor allem bei Langstreckenläuferinnen ist als Folge die Entwicklung von Stressfrakturen gefürchtet.

Durch eine sorgfältige Wahl der Trainingsintensität und die gleichzeitige Optimierung der Nährstoffversorgung können Sportler bei langen Belastungen versuchen, die katabole Stoffwechsellage zu mildern oder sogar zu verhindern. Werden allerdings dauerhaft zu intensive Trainingsreize gesetzt – sei es durch den Belastungsumfang, die -intensität oder die -frequenz – gerät der Stoffwechsel aus dem Gleichgewicht. Es droht langfristig ein Erschöpfungs- oder Übertrainingssyndrom mit Leistungsstagnation oder sogar -rückgang. Eine Steigerung der Trainingsbelastung hätte in dieser Phase fatale Folgen.

JEDE MINUTE ZÄHLT

Dass wohldosierte regelmäßige aerobe Ausdauerbelastungen das Immunsystem positiv stimulieren und die Infektan- ►

tipp

OPEN-WINDOW-EFFEKT

Der Effekt des „Open Window", also einer Phase erhöhter Anfälligkeit für Krankheitserreger (namentlich Viren) nach intensiver körperlicher Belastung ist wissenschaftlich belegt. Durch sportliche Aktivität steigt die Zahl der Immunzellen zunächst an. Intensive anaerobe Trainingseinheiten im und über dem Schwellenbereich oder vielstündige Ausdauerbelastungen führen aber dazu, dass vermehrt Stresshormone (Adrenalin, Noradrenalin, Kortisol) freigesetzt werden. Dadurch wird das Immunsystem negativ beeinflusst. Dieser Effekt kann nach intensiven Belastungen für 8 bis im Extremfall 72 Stunden anhalten. Die Unterdrückung der Immunfunktion der körpereigenen Abwehr wird dadurch erklärt, dass sich laborchemisch weniger „natürliche Killerzellen" und Lymphozyten im Blut befinden und zusätzlich deren Funktionsfähigkeit herabgesetzt ist. Diesen Mechanismen lässt sich durch entsprechende Trainingsgestaltung und ausreichende Regeneration in Kombination mit optimierter Ernährung vorbeugen. Kleidungswechsel und die Vermeidung von Zugluft sind ebenfalls wichtig. Besondere Infektionsrisiken bestehen im Kontakt mit größeren Menschenmassen oder Kleinkindern, aber auch im Trainingslager, das deshalb nicht mit einer zu intensiven oder umfangreichen Einheit kurz vor der Abreise enden sollte.

Nach dem Training ist vor dem Training: Bringen Sie Ihren Körper rasch wieder in eine anabole Stoffwechsellage

fälligkeit dadurch sinkt, wird in der Medizin gern vorbeugend genutzt. Sehr intensive anaerobe oder erschöpfende, also katabole Trainingsreize oder Rennen führen allerdings zu einem zumindest zeitweiligen Nachlassen der Immunabwehr, speziell der „natural killer cells“, einer Untergruppe der weißen Blutkörperchen. Dies erklärt die anschließende erhöhte Infektanfälligkeit. Ein lang andauernder Zustand mit katabolem Eiweißstoffwechsel kann zudem über einen Mangel an Immunglobulinen die Körperabwehr nachhaltig schwächen.

Damit also Trainingsreize ihre volle Wirkung entfalten können und sich nach einem sinnvoll und nach den Grundsätzen der Periodisierung aufgebauten Trainingsplan tatsächlich eine höhere Leistungsfähigkeit einstellt, ist es erforderlich, möglichst rasch nach dem Training oder Wettkampf wieder eine anabole Stoffwechsellage zu erreichen. Dies lässt sich nur über einen schnellen Ausgleich des Flüssigkeitshaushalts und eine ausgewogene Ernährung mit Eiweiß, Fett und Kohlenhydraten in einer entsprechenden Qualität erreichen. Wichtig sind auch die Mittel der passiven und aktiven Erholung, wobei ganz besonders der ausreichende Schlaf für die Wiederherstellung des Hormon- und Stoffwechselgleichgewichts eine wichtige Rolle spielt. So wird zum einen die Regeneration beschleunigt, zum anderen der Körper in die Lage versetzt, den nächsten Trainingsreiz – im Idealfall auf einem höheren Niveau und wieder im Gleichgewicht (Homöostase) – verarbeiten zu können.

Eine größere Belastungsverträglichkeit und schnellere Regenerationsfähigkeit erlaubt es dem Sportler also, seine Trainingseinheiten ohne die Gefahr von Überlastungen oder Infekten dichter und intensiver zu setzen. Und dadurch steigt die sportliche Leistungsfähigkeit. ▬

basisstoffe

Kohlenhydrate, Fette und Eiweiße bilden als Nährstoffe die Grundlage unserer täglichen Ernährung. Für Athleten und Nichtsportler sind Sie zusammen mit dem selbst kalorienfreien Wasser die Basis sämtlicher Energiestoffwechsel. Daher haben wir dieses Kapitel „Basisstoffe“ genannt.

Wettlauf der Kohlenhydrate

Nicht immer ist die wissenschaftliche Beweislage so sicher wie beim Thema „Kohlenhydrate während intensiver Ausdauerbelastungen". Allerdings ist es nicht gleichgültig, ob Traubenzucker, Fruchtzucker, Maltodextrin oder Stärke aufgenommen werden. Das macht die „richtige" Kohlenhydratzufuhr zur Kunst.

von Oliver Neubauer

Schon in den 1920er-Jahren empfahl ein Forscher in einem namhaften amerikanischen Wissenschaftsjournal Marathonläufern, „während des Rennens Limonenbonbons oder andere Süßigkeiten" aufzunehmen. Die unmittelbare Wirkung dieses Nährstoffs auf ihre Leistung konnten die Athleten deutlich spüren. Seither wurde der leistungsfördernde Einfluss der Energiezufuhr in Form von Kohlenhydraten bei sportlichen Belastungen von zahllosen Studien untermauert.

Den meistens gut informierten Triathleten ist inzwischen hinlänglich bekannt, dass ihre körpereigenen Kohlenhydratdepots begrenzt sind. Selbst in den durch das Training vergrößerten Glykogenspeichern in der Leber und der Muskulatur eines Ausdauersportlers finden sich bei optimalem Füllungszustand gerade einmal etwa 500 Gramm der wertvollen Energieträger – das entspricht 2.000 Kilokalorien. Da dies weder für einen Marathon und schon gar nicht für einen Langdistanztriathlon ausreicht, müssen selbst bei einer noch so gut funktionierenden Fettverbrennungsmaschinerie Kohlenhydrate zugeführt werden, um empfindlichen Leistungseinbußen vorzubeugen. Die aufgenommenen „Carbos" halten den Blutzuckerspiegel aufrecht; sie helfen, kostbare Glykogenreserven einzusparen und liefern dem Körper im Idealfall etwa ein Viertel der benötigten Gesamtenergie. Die Krux an der Sache: Selbst bei optimal abgestimmter Zufuhr und Dosierung sind nicht alle Kohlenhydratarten gleich effektiv.

VON DER FLASCHE IN DIE MUSKELN

Während Triathlon-Legende Mark Allen zu Beginn seiner Karriere noch die Taschen seiner Laufhosen mit Feigen als Wettkampfnahrung vollpackte, haben Ausdauerathleten aller Leistungsklassen heute aufgrund der Vielzahl von Produkten am boomenden Markt die Qual der Wahl. Immer verfeinerte Forschungsmethoden haben zur Entwicklung einer breiten Palette von kohlenhydrathaltigen Getränken, Riegeln, Gels und Pulvermixturen zum Anrühren geführt. Dann und wann bereitet die Unverträglichkeit eines speziellen „Gemischs" in der heiklen Wettkampfsituation indes Probleme und nicht selten macht auch der Griff zum „falschen" Produkt einen Strich durch die Rechnung für ein gelungenes Rennergebnis. Der Kern des Problems liegt vorweg nicht bei den Endverbrauchern, den Muskeln und dem Gehirn. Sind die aufgenommenen Kohlenhydrate erst einmal dort angekommen, sind alle physiologischen Hindernisse überwunden. Gleichgültig, welche Kohlenhydratart in der Trinkflasche oder im Riegel gesteckt haben mag, spätestens an dieser Stelle sind alle Zuckerarten zur allseitig einsetzbaren Glukose (auch Traubenzucker oder Dextrose genannt) umgebaut worden. Und Glukose verbrennt eine hungrige Muskelzelle in null komma nichts.

Exakt diese hohe Effizienz bei der direkten energetischen Verwertung der Glukose ermöglicht es Ausdauersportlern auch, bei intensiven Belastungen „Tempohärte" an den Tag zu legen. Nur: Hierher müssen die Energiespezialisten, „zubereitet" als Glukose, erst einmal gelangen. Dabei entscheiden Struktur, Kettenlänge und Größe der zugeführten Verbindungen, wie schnell und unproblematisch die unterschiedlichen Einfach-, Zwei- oder Mehrfachzucker den „Anfahrtsweg" über den Magen-Darm-Trakt, Pfortader und Leber in die Blutzirkulation zurücklegen.

WETTRENNEN DER ZUCKER IM DARM

Eine echte Gratwanderung beginnt dann im zugunsten der Muskeln vermindert durchbluteten und begrenzt aufnahmefähigen Magen-Darm-Trakt. Erfolgt die Zufuhr in einer möglichst verdauungsgerechten Form, also in mehreren kleinen Schlucken oder Bissen als Getränk, Gel oder Riegel, werden die „Carbos" vom Magen zunächst rasch in den Darm weitergeleitet. Dort hängt die Geschwindigkeit der Aufnahme (oder Resorption, so der wissenschaftlichere Ausdruck) vor allem von der Struktur der verschiedenen Kohlenhydrate ab. Eingenommener Traubenzucker wird als Einfachzucker rasch durch die Dünndarmwand geschleust. Auch Haushaltszucker (Saccharose) oder Malzzucker (Maltose) schaffen diesen Schritt als (schnell gespaltene) Zweifachzucker recht flink. Fruchtzucker (Fruktose), der unter anderem aufgrund seines angenehmeren Geschmacks gern eingesetzt wird, hinkt bei der Aufnahme schon ein wenig nach. Diese Verzögerung kann den Darm in Aufruhr versetzen, wenn Fruktose in überhöhter Konzentration vorliegt. Galaktose, die bei der Spaltung des Milchzuckers (Laktose) anfällt, bleibt beim Rennen um den Eintritt ins Blut abgeschlagen.

Mittel- und langkettige Kohlenhydrate müssen zuerst ebenfalls in ihre Glukose-Bestandteile zerlegt werden, jedoch bereitet den Dünndarmenzymen die Aufspaltung der rein aus Glukose bestehenden Ketten von Maltodextrin oder Stärke keine großen Probleme. Im Fall der Stärke gibt es zwei unterschiedliche Strukturkomponenten – die perlenschnurartige Amylose und das verästelte Amylopektin. Dabei fällt das Handling des Amylopektins den Enzymen leichter, da dieses aufgrund seiner Kettenverzweigungen mehr Angriffsfläche für die Aufspaltung bietet.

VORTEIL DER LANGEN KETTEN

Kohlenhydrate mit längeren Ketten bieten gegenüber den Ein- oder Zweifachzuckern außerdem einen Vorteil, wenn es um die Wechselwirkung mit der Flüssigkeitsaufnahme im Darm geht. Kohlenhydrate beeinflussen nämlich die Aufnahme von Wasser in Abhängigkeit von ihrer Kettenlänge und somit der Größe der Zucker. Der Knackpunkt ist die Sogwirkung, die kleine Zuckermoleküle ebenso wie andere gelöste Nährstoffteilchen von geringer Größe ►

Kohlenhydrate im Wettkampf:
Banane, Gel oder Riegel liegen hoch im Kurs

► auf Wasser ausüben können. Die Teilchenkonzentration geeigneter (sogenannter isotoner) Trinklösungen entspricht der Konzentration in den Blutgefäßen und Kapillaren des Darmgewebes (gegebenenfalls kann sie auch leicht darunter liegen, was als hypoton bezeichnet wird). In diesem Fall ziehen die Kohlenhydratbausteine dann Wasser entlang der Darmwand hinterher, und zwar nachdem sie selbst bereits in den Darmzellen angelangt sind. Liegt im Darmtrakt hingegen eine (hypertone) Flüssigkeit mit einer zu hohen Konzentration an darin gelösten Einfachzuckern vor, wird dem Darmgewebe auf umgekehrtem Weg Flüssigkeit entzogen. Die Folgen sind eine verzögerte Flüssigkeitsaufnahme und häufig Verdauungsprobleme bis zum Durchfall.

Bei höheren Anteilen an Ein- oder Zweifachzuckern sind in Trainings- oder Wettkampfgetränken daher optimalerweise zwischen 50 und 80 Gramm Kohlenhydrate pro Liter enthalten. Der geringere (Hemm-) Effekt von längerkettigen Kohlenhydraten auf die Flüssigkeitsaufnahme im Darm ist das hauptsächliche Konzept für deren Einsatz. Aufgrund der Größe der Verbindungen können mittelkettige Maltodextrine auch in etwas höheren Konzentrationen vorliegen, ohne den Flüssigkeitshaushalt zu stören. Maltodextrine haben außerdem eine sehr geringe Süßkraft und sind meist gut verträglich.

Um einen möglichen Nutzen von Rezepturen auf Basis von Stärke (die sich aus Hunderten Glukoseeinheiten zusammensetzt) herauszufinden, haben schwedische Wissenschafter in einer Studie an gut trainierten Sportstudenten die Effekte zweier Getränke verglichen. Ein aus modifizierter Kartoffelstärke bestehendes Getränk bewirkte dabei eine raschere Wiederauffüllung der Glykogenspeicher in der Muskulatur als eine Mixtur aus niedrigkettigen Kohlenhydraten. Das Forscherteam vermutete eine stimulierende Wirkung aufgrund der stark hypotonen Stärkelösung als Ursache. Den Schluss auf eine generelle Beschleunigung von Zufuhr oder Verbrennung der Kohlenhydrate lässt dieses Wirkungsprinzip anderen Studienergebnissen zufolge allerdings nicht zu.

MAXIMALE VERBRENNUNGSRATE

Die Frage nach der maximal möglichen Verbrennungsrate von unter Ausdauerbelastung zugeführten Kohlenhydraten lässt Forscher nach wie vor intensiv tüfteln. Zahlreiche Studien an Sportlern berichten von einem oberen Limit von umgerechnet 60 bis 70 Gramm verbrannter Kohlenhydrate pro Stunde – trotz einer teils darüber liegenden Zufuhr. Dafür verantwortlich ist neben der begrenzten Aufnahmekapazität des Magen-Darm-Traktes ein physiologisch sinnvoller Engpass in der Leber: Neben vielen anderen Prozessen im Kohlenhydratstoffwechsel findet in den Leberzellen die Umwandlung aller Zucker in die Glukose als Schlüsselsubstanz statt. Im Fall der Fruktose verzögert dies den Anstieg des Blutzuckerspiegels und damit auch des Insulins. Dadurch wird aber andererseits die bei Langzeitausdauerbelastungen gefragte Fettmobilisierung weniger beeinträchtigt, was beim Einsatz des Fruchtzuckers bewusst mit ins Kalkül gezogen wird. Der entscheidende Punkt ist aber, dass die Leber einen Sicherheitsvorrat an Glukose selbst „beschlagnahmt". Nur ein Teil der Glukose wird über die Blutzirkulation an die Muskeln weitergegeben, selbst wenn deren Bedarf bei intensiven Belastungen größer ist. Auf dieser maximalen Verbrennungsrate beruhen auch die bisher gültigen Richtlinien für die Kohlenhydratzufuhr bei langandauernden oder intensiven sportlichen Belastungen von etwa 60 bis 70 Gramm, zur Bereithaltung für eine etwas verzögerte Verbrennung auch 80 Gramm pro Stunde.

VIELVERSPRECHENDE VIELFALT

Erst vor kurzem gelang einer Arbeitsgruppe an der Uni Birmingham, die Effizienz der Kohlenhydratzufuhr noch etwas zu erhöhen. Asker Jeukendrup, einer der federführenden Experten auf diesem Gebiet, hebt demnach die Empfehlungen auf eine stündliche Zufuhr auf bis zu 90 Gramm Kohlenhydrate an. Sinnvoll, meint Jeukendrup – übrigens selbst Triathlet – sei eine derart hohe (und vorher unbedingt zu erprobende) Aufnahme allerdings in erster Linie während Extremanforderungen wie jenen eines Ironmans.

Das erfolgversprechende Prinzip für die gesteigerte Verbrennungsrate ist die Kombination von zwei bis drei Kohlenhydratarten. Zucker konkurrieren nämlich im Verdauungstrakt mit ihren verwandten Nachbarmolekülen ums gleiche Transportsystem und damit um den Übertritt in die Blutbahn. Liegen hingegen mehrere verschiedene Zuckerarten vor, werden unterschiedliche Transportmechanismen im Darm ausgenutzt. Dies beschleunigt die Kohlenhydrataufnahme und führt – im Vergleich zu Glukose alleine – zu 20 bis 50 Prozent höheren Verbrennungsraten. Gleichzeitig wird dadurch die Wahrscheinlichkeit von Verträglichkeitsproblemen minimiert. Bewährte Mischungen sind beispielsweise Maltodextrin, Fruktose und Glukose oder Glukose, Saccharose und Fruktose. Insofern die Stärkekomponente Amylopektin rasch verwertet wird, kann auch die Beimischung von gut löslicher Stärke eine Alternative sein. Weil Wirkung und Verträglichkeit eines Produkts von Athlet zu Athlet aber immer ein wenig verschieden sind, gilt wie so oft die Empfehlung, ein Produkt unter wettkampfsimulierenden Bedingungen zu testen.

SCHNELLE FÜLLUNG DER SPEICHER

In den ersten Stunden nach Finishen eines Ausdauerevents sind vor allem Kohlenhydrate mit einem höheren Glykämischen Index (GI) gefragt, also die üblicherweise verwendeten Zutaten wie Glukose, Maltodextrin oder aber auch Stärke. Der dadurch bewirkte schnelle Blutzucker- und Insulinanstieg gewährleistet eine zügige Wiederauffüllung der erschöpften Glykogendepots. Weil der Wettkampfstress auch für den Verdauungstrakt erst allmählich nachlässt, sind speziell gefertigte und leicht einnehmbare Kohlenhydraterzeugnisse – am besten in Kombination mit Eiweiß – oft zweckmäßig. Wegen des Mehrwerts natürlicher Lebensmittel sollte danach allmählich auf die „normale" Kost umgestiegen werden – in den ersten Stunden des „Regenerationsfensters" wegen des höheren GI etwa Kartoffeln, Instantreis, Gebäck mit Honig oder reife Bananen. In der weiteren Folge entscheidet die aufgenommene Kohlenhydratmenge über die Neubildung des wertvollen Speichersubstrats Glykogen. Ideal sind eine kohlenhydratbetonte und nährstoffreiche Basisernährung (also Getreideprodukte, Reis und Co zusammen mit Obst, Früchten, Gemüse, Milchprodukten und etwas Fleisch oder Fisch). Dabei können Kohlenhydratriegel und -getränke eine sinnvolle Ergänzung sein, um die nach hohen Trainingsbelastungen regenerationstechnisch empfohlenen sieben bis zehn Gramm Kohlenhydrate pro Kilogramm Körpergewicht (an Wettkampftagen bis zu zwölf) zu erreichen. ■

tipp

STÄRKE

Stärke ist ein Mehrfachzucker aus Glukosebausteinen, also ein Kohlenhydrat, und hat die chemische Formel C6H10O5. In pflanzlichen Zellen dient sie als Energievorrat – nur derartig verbunden kann Glukose kompakt und unlöslich für längere Zeit gespeichert werden. Zu 70 bis 90 Prozent besteht Stärke aus Amylopektin, die restlichen 10 bis 30 Prozent sind Amylose-Ketten. In unseren Breiten wird Stärke meistens aus Kartoffeln (20 Prozent Stärkeanteil) oder Getreide (60 Prozent Stärkeanteil) gewonnen, wichtige Quellen sind auch Reis und Mais (70 bis 75 Prozent Stärkeanteil). Stärke war bereits in der Antike bekannt, im 16. Jahrhundert waren es vor allem die Holländer, die sie in großen Mengen fabrizierten und exportierten.

Zeit für einen Ölwechsel

Waren früher jegliche Fette verpönt, weiß die Wissenschaft heute, den Wert von einigen Fetten für die Gesundheit zu schätzen. In der Praxis heißt das: Erst das richtige Öl macht den Salat wertvoll. Von dieser Erkenntnis können auch Triathleten profitieren.

von Dr. Matthias Marquardt

Fett ist ungesund lautet oft die Pauschalaussage. Da Fette mehr Energie als Kohlenhydrate und Eiweiße liefern, werden sie seit geraumer Zeit mit Übergewicht und Volkskrankheiten in Verbindung gebracht. Nach Ansicht der Deutschen Gesellschaft für Ernährung sollten 30 Prozent der empfohlenen Energie in Form von Fett aufgenommen werden – in der Realität beträgt der Anteil aber 39 Prozent und mehr. Auch viele Sportler wollen Fett sparen, weil sie um ihr Gewicht und die sportliche Leistungsfähigkeit fürchten. Doch neue Untersuchungen zeigten selbst bei einer Fettzufuhr von 52 Prozent keine negativen Auswirkungen auf Körpergewicht, Körperfettanteil und aerobe Kapazität.

Wie kann das sein? Auf die Art des Öls kommt es an, das zum Beispiel Olive und Fisch so gesund macht. Aber die Fettmenge zu liberalisieren, um sich stattdessen mit der Qualität auseinander zu setzen, bleibt auch heute noch ein Tabu. Leider, denn damit bringt man sich um viele Möglichkeiten, seine Gesundheit positiv zu beeinflussen. Kümmern wir uns also für einen Moment um das Was im Fett und nicht um das Wieviel.

BAUSTOFF FÜR DIE ZELLMEMBRANEN

Fettsäuren nehmen im menschlichen Körper eine ganze Reihe von Aufgaben wahr, die mit Dickmachen nichts zu tun haben. So wirken sie als Träger für die Aufnahme der fettlöslichen Vitamine A, D, E und K im Magen-Darm-Trakt. Einmal aufgenommen fungieren sie als Energielieferant und als wichtiger Baustoff für alle Zellmembranen des Körpers. Darüber hinaus werden Fette zu bestimmten Botenstoffen des Immunsystems und des Entzündungsstoffwechsels umgewandelt, die Entzündungsprozesse entweder anheizen oder bremsen können – je nach Fettart. Grund genug also, einmal genau zu schauen, was sich hinter Butter, Olivenöl, Schweineschmalz und Lachsfilet genau verbirgt. Da sind zum einen die gesättigten Fettsäuren. Vornehmlich enthalten in tierischen Lebensmitteln wie Milchprodukten, Sahne, Butter und Speck. Mageres Fleisch ist übrigens kein übermäßiger Lieferant von gesättigtem Fett! Gesättigte Fettsäuren standen besonders im Verdacht an Herz-Kreislauf-Erkrankungen beteiligt zu sein, was heute jedoch kritisch bewertet wird. Mittlerweile unumstritten ist der Beitrag einfach ungesättigter Fettsäuren an der Gesunderhaltung. Die Pflanzenöle aus Raps und Olive sowie viele Nüsse sind reich an den Herz schützenden und Cholesterinspiegel senkenden Energielieferanten.

OMEGA-6-FETTE IN DER STEINZEITERNÄHRUNG

Besonders interessant ist die exakte Betrachtung der mehrfach ungesättigten Fettsäuren. Gern über einen Kamm geschoren liegt der Teufel hier im Detail. Man unterscheidet Omega-3- und Omega-6-Fette. Die Omega-6-Fraktion fand sich in der Steinzeiternährung des Menschen 2,3-mal häufiger als die Omega-3-Fette. Heute hat sich dieses Verhältnis weiter zugunsten der Omega-6-Fette auf 12:1 verschoben. Die übermäßige Zufuhr von Weizenkeim-, Mais- und Sonnenblumenöl ist hierfür verantwortlich, da diese Öle wie auch das der Distel ein Fettsäureverhältnis von bis zu 154:1 aufweisen! Hierin liegt ein Problem, weil gerade bestimmte Omega-3-Fettsäuren, die wir immer weniger konsumieren den Entzündungsstoffwechsel bremsen und dem Herzinfarkt entgegenwirken. Rapsöl liefert mit 2:1 hingegen ein ideales Verhältnis und sollte zusammen mit Olivenöl die zuvor genannten üblichen Küchenöle ersetzen. Walnussöl und Leinöl sorgen für eine extra Versorgung mit Omega-3-Fetten. In Rheumakliniken macht man sich diesen Umstand schon länger zunutze. Und auch Sie können Ihrem Entzündungsstoffwechsel so ein Schnippchen schlagen.

JE FETTER DER FISCH, DESTO BESSER

Hochungesättigte sind die letzten Fettsäuren im Bunde. Man findet sie besonders in fettreichen Kaltwasserfischen. Makrele, Hering, Lachs und Thunfisch sind wahre Omega-3-Bomben. Je fetter der Fisch, desto besser! Auch diese Fettsäuren beeinflussen den Cholesterinspiegel positiv, verhindern Arterienverkalkung und Herzinfarkt sowie eine übermäßige Aktivität der Entzündungszellen. Aber wer isst noch Seefisch? Wenn Fisch auf den Tisch kommt, dann lieber als FishMäc oder Fischstäbchen. Und damit sind wir beim eigentlichen Fettproblem angekommen: den denaturierten Industriefetten aus Fritteuse und Chemiefabriken. Transfette heißen die Krankmacher und sie entstehen bei Härtungsprozessen der billigen pflanzlichen Öle. Margarine war früher voll davon, bis die Industrie gesetzlich zu einem Maximalwert von fünf Prozent gezwungen wurde. Unverständlicherweise sind aber andere Nahrungsmittel noch immer reichlich mit Transfetten versehen. Sie erkennen die Krebs erregenden und Diabetes auslösenden Fette an der Formulierung „gehärtete Fette“ oder „pflanzliche Öle, gehärtet“ in der Zutatenliste. Kekse, Süßwaren und Backwaren sind unter diesem Aspekt ebenso gefährlich wie die hoch belasteten frittierten Speisen, Fertiggerichte und Chips.

Wie viel Ihrer Fettzufuhr nun aus Oliven, Avocados, Fisch und Leinöl stammt, wie viel aus Tiefkühlpizza, Crackern und Sahnepudding müssen Sie selbst beurteilen. Ein eventueller Ölwechsel hätte aber verlockenderweise nichts mit Selbstkasteiung und Verzicht zu tun, sondern mit einem Zugewinn an Gesundheit, Lebensqualität und Essgenuss. Oder glauben Sie wirklich Nutella-Brote und Tiefkühlpizza können mit gutem Olivenöl an frischem Salat, einer fangfrischen Makrele oder einem in Rapsöl gegarten frischen Stück Fleisch konkurrieren? Wissen Sie nicht mehr? Dann wird es Zeit, dass Sie Ihre Geschmacksnerven einmal wieder daraufhin überprüfen. ■

FETTSÄURENVERHÄLTNIS VERSCHIEDENER SPEISEÖLE

SPEISEÖL	GESÄTTIGTE FETTSÄUREN	OMEGA-6	OMEGA-3	VERHÄLTNIS OMEGA-6 ZU OMEGA-3
Rapsöl	8	20	10	2
Olivenöl	14	10	Spuren	10
Sojaöl	15	54	8	7
Walnussöl	10	53	10	5
Maiskeimöl	14	52	1	52
Erdnussöl	19	34	1	34
Sonnenblumenöl	11	63	Spuren	63

LEISTUNGSSPORTLER: GUT GEÖLT ZUM SIEG?

Der Teller Nudeln nach dem Training – im Prinzip in Ordnung. Allerdings ist eine allzu zuckerlastige Kost von wissenschaftlicher Seite in die Kritik geraten. Tägliches intensives Leistungssporttraining lässt den Energiebedarf stark ansteigen. Dieser wird beim Sport normalerweise zu großen Teilen über die Kohlenhydrat- und Fettreserven abgedeckt.

Bei einem geschätzten täglichen Bedarf von etwa 4.000 Kilokalorien würden bei einer ausgesprochen kohlenhydratlastigen und betont fettarmen Kost riesige Nahrungsvolumina resultieren, die langfristig kaum zu bewältigen wären. Damit steigt die Gefahr einer energetischen Unterversorgung: Der Muskel würde sich selbst verdauen, um an Energie (Muskeleiweiß) zu kommen. Sehr kontraproduktiv. Die logische Konsequenz während der Phasen des Grundlagentrainings: eine moderate Erhöhung der Fettzufuhr in Form gesunder Öle!

tipp

In den lockeren Trainingsphasen machen Sie einen Bogen um leere Stärkelieferanten und gönnen sich Mikronährstoffe, sekundäre Pflanzenstoffe und einen niedrigen glykämischen Index (GI) in Form von Hülsenfrüchten, Obst und Gemüse. Im Restaurant ist der Nizza-Salat mit einer Scheibe Vollkornbrot dem Teller Nudeln durchaus vorzuziehen – auch von Freizeitsportlern!

In den intensiven Phasen werden Leistungssportler hingegen merken, wie ihr Körper förmlich nach Kohlenhydraten und besonders nach der „schnellen" Variante giert. Sie sollten dem nachgeben, denn die Regeneration vollzieht sich wesentlich schneller, wenn die Speicher rasch aufgefüllt werden. Hier sind der Teller Nudeln, Brot und Sportgetränke absolut in Ordnung – vor allem direkt nach dem Training.

NÜSSE – DER IDEALE SPORTLERSNACK

Nüsse weisen ein herausragendes Nährstoffprofil auf: ein je nach Nuss sehr interessantes Fettsäurenverhältnis, Ballaststoffe, pflanzliches Protein, Vitamin E, Magnesium, Folsäure und Kalium. Entsprechend zeigen mehrere große epidemiologische Studien, dass ein häufiger Verzehr von Nüssen (mehr als fünfmal pro Woche oder 100 Gramm) das Risiko für Herz-Kreislauf-Erkrankungen um bis zu 30 Prozent reduziert.
Erdnüsse, Mandeln und Haselnüsse sind hervorragende Lieferanten für einfach ungesättigte Fettsäuren. Aber auch Pekan-, Macadamia-, Cashewnüsse oder Pistazien müssen sich in dieser Beziehung nicht verstecken! Walnüsse liefern das mit Abstand beste Verhältnis von Omega-3- zu Omega-6-Fettsäuren. Mit sechs Gramm Fettsäure pro hundert Gramm Nuss sind sie eine sehr gute Quelle für pflanzliche Omega-3-Fettsäuren!

Somit sind Nüsse Ihr idealer Snack. Nicht zuletzt wegen des hohen Anteils an Vitaminen und Mineralstoffen. Natürlich sind sie hochkalorisch, aber dafür sättigen sie hervorragend und haben, wie andere kohlenhydratarme Lebensmittel auch, einen niedrigen glykämischen Index. Übrigens: Trotz einer zum Teil erhöhten Kalorienaufnahme beim vermehrten Verzehr von Nüssen konnte in keiner Studie eine Zunahme des Körpergewichts beobachtet werden. Nüsse sind Fitmacher!

FETTSÄUREPROFIL VON NÜSSEN

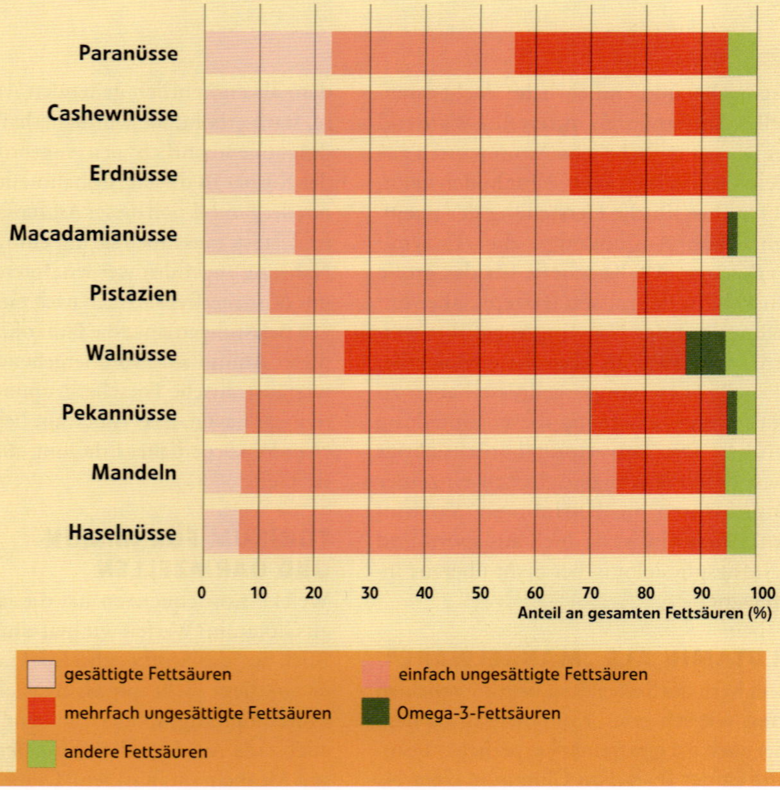

Aminosäuren zur Regeneration

Sie haben einen Ironman gefinisht und nun beginnt die Zeit der Regeneration. Unsere Ernährung redet hier ein entscheidendes Wörtchen mit. Denn für bestimmte Aminosäuren werden dabei ganz spezifische regenerative Wirkungen angenommen. von Oliver Neubauer

Aminosäuren – die Geheimwaffe in der Regeneration? Tatsächlich wird der überproportionalen Zufuhr dieser Eiweißbausteine ein verstärkter Einfluss auf regenerationsfördernde Prozesse zugeschrieben. Allen voran scheint die Aminosäure Glutamin ein regelrechter Regenerationsspezialist zu sein. Aber auch andere Aminosäuren werden in diesem Zusammenhang nicht nur diskutiert, sondern als Zusätze in Sporternährungsprodukten längst auch propagiert. Wie viel ist da wirklich dran?

„AMINOS" IN NEUEM LICHT

Nehmen wir die harten biochemischen Fakten vorweg: Die gewöhnlich durch Nahrungseiweiß gelieferten Aminosäuren werden im Organismus neu zu körpereigenem Eiweiß zusammengesetzt. Eiweiß (oder Protein, so die wissenschaftlichere Bezeichnung) erfüllt im Körper vielfältigste Funktionen. Dabei werden die Aminosäuren traditionell in unentbehrliche (oder essenzielle) und entbehrliche (nicht-essenzielle) Aminosäuren unterteilt. Während der Körper entbehrliche Aminosäuren aus Kleinstbausteinen auch selbst bilden kann, fehlen ihm für die Herstellung der unentbehrlichen Aminosäuren die (Enzym-) Werkzeuge. Als Bastelteile für das große Muskel-Puzzle müssen letztere daher unbedingt mit der Nahrung zugeführt werden – und zwar als komplette Moleküle. Aktuelle Forschungsergebnisse haben zu einer Neueinschätzung dieser Einteilung geführt. Die Bewertung berücksichtigt auch besondere Eigenschaften einzelner Aminosäuren in bestimmten Situationen. Glutamin ist da auch aus sport- und trainingsphysiologischer Sicht überaus interessant.

GLUTAMIN ALS „MANGELWARE"

Zum Kern der Sache: Bei außerordentlichem Stress wie schweren Krankheitszuständen, aber auch nach extremer körperlicher Belastung ist der Bedarf an Glutamin, einer bis dato als entbehrlich geltenden Aminosäure, stark erhöht. Sie wurde deshalb als „bedingt unentbehrlich" neu eingeordnet. Weil der Körper in diesen Ausnahmesituationen mit der Produktion dieser Aminosäure überfordert ist, muss auch sie unbedingt mit der Nahrung zugeführt werden. Interessant für uns Ausdauerfreaks: Auch nach mehrstündigen Belastungen sinkt die Blutkonzentration dieser Aminosäure vorübergehend ab. Eine westaustralische Forschergruppe berichtete sogar davon, dass Glutamin bei unzureichender körperlicher Erholung „Mangelware" bleibe ...

TONIKUM FÜR IMMUN- UND DARMZELLEN

Welche Konsequenzen hat dieser Mangel an Glutamin? Werfen wir mal einen kurzen Blick auf das Stoffwechselspektakel: Glutamin dient nicht nur als Baustein für die Proteinbildung, sondern scheint vielmehr auch eine Art Signalstoff für den Aufbau von Muskelprotein zu sein. Damit nicht genung, steht diese spezielle Aminosäure im Mittelpunkt verschiedener Stoffwechselwege, die für die körperliche Erholung und für das Abwehrsystem von großer Bedeutung sind: Immunzellen benötigen Glutamin als Rohstofflieferanten für ihre Vermehrung und sogar als Energiequelle. Gleiches gilt auch für die Zellen des Darms. Bedenken Sie dabei, wie wichtig der Darm gerade für Ausdauerleistungen ist. Außer für die Aufnahme von Flüssigkeit und Energielieferanten spielt der Darmtrakt nämlich auch für unser Abwehrsystem eine wesentliche Rolle: Die hier „stationierten" Zellen stehen im Kampf gegen Krankheitserreger an vorderster Front. Und genau diese Darmfunktionen werden bei Langzeitbelastungen mitunter arg in Mitleidenschaft gezogen. Forschungsarbeiten berichten sogar von Darmblutungen.

GLUTAMIN-ARMUT IM ÜBERTRAININGSZUSTAND?

Deshalb sind die Immun- und Darmzellen eines frisch gebackenen Ironman über das Absinken des für sie so wichtigen Substrats wenig amüsiert, haben sie doch eine Stärkung bitter nötig. Tatsächlich bestehen Zusammenhänge zwischen einer Glutamin-Verarmung und einer geschwächten Immunantwort oder einer gestörten Barrierefunktion des Darms, wobei das meiste Wissen darüber allerdings aus der Intensivmedizin stammt. Den Wissenschaftlern der westaustralischen Uni zufolge stehen indes auch Übertrainingszustände mit einem niedrigen Glutamin-Gehalt in Muskulatur und Blut in recht auffälliger Verbindung. So kann sich die Glutamin-Konzentration nach einer hohen körperlichen Belastung nicht erholen, wenn weitere harte Trainingseinheiten oder gar Wettkämpfe folgen. Dieses Prinzip kennen Sie sicher aus der Trainingslehre. Im Falle dieser speziellen Aminosäure dürften die für ihre Produktion hauptverantwortlichen Enzyme in den Generalstreik treten. Erbarmungslos.

MAGERE STUDIENLAGE

Angesichts der augenscheinlichen Rolle des Glutamins bei regenerationsförderlichen Prozessen brennt eine Frage jetzt vermutlich vielen auf der Zunge: Soll Glutamin in diesen Situationen substituiert werden? Eine Forschungsgruppe hat Verträglichkeit und Wirkung eines mit Glutamin angereicherten Getränks im Rahmen einer zweistündigen Ergometerbelastung an der anaeroben Schwelle getestet. Die Gabe von 10 bis 15 Gramm Glutamin, wegen des Geschmacks und der Stabilität „angehängt" an eine zweite Aminosäure und verteilt auf fünf mal 200 Milliliter Apfelsaftschorle, wurde dabei von trainierten Radsportlern problemlos vertragen. Wesentlicher Effekt: Die Glutamin-Werte im Blutplasma stiegen merklich an. Theoretisch, meinen die Forscher, kann eine Glutamin-Zufuhr schon während eines Langdistanztriathlons sinnvoll sein, um die Aminosäure für die strapazierten Darmzellen verfügbar zu halten. Darüber hinaus wird Glutamin im Kohlenhydratmangel zur Neubildung von Blutzucker herangezogen. Doch Empfehlungen gibt es noch keine. Denn die wenigen (teilweise uneinheitlichen) Studienergebnisse bezüglich einer tatsächlichen Verminderung von Übertrainingsanzeichen oder Infektanfälligkeit durch Glutamin-Präparate reichen für eine konkrete Empfehlung bislang nicht aus.

ERMÜDUNG VERZÖGERN DURCH AMINOSÄUREN

Auch den sogenannten verzweigtkettigen Aminosäuren (nach deren englischsprachiger Bezeichnung branched chain amino acids auch „BCAAs" genannt) wird seit Ende der 70er-Jahre eine spezifische Wirkung im Ausdauersport beigemessen. Wie so oft, sind die Erklärungsansätze dafür einleuchtend und vielversprechend. Aufgrund des verstärkten Eiweißabbaus fällt auch der Blutspiegel der unentbehrlichen verzweigtkettigen „Aminos" – dazu zählen Leuzin, Isoleuzin und Valin – nach langen körperlichen Belastungen ab. Weil die „BCCAs" die Bildung des ermüdungsauslösenden Nervenbotenstoffs Serotonin blockieren, soll die Zufuhr dieser drei Aminosäuren zu einer Ermüdungsverzögerung führen. Für die Regeneration attraktiv sind die „BCCAs" aber deshalb, weil sie dem Muskelabbau entgegenwirken und im Gegenzug den Muskelaufbau fördern sollen. Bloß eindeutig sind die wissenschaftlichen Beweise auch in diesem Fall noch nicht. Auch die Wirkungen von anderen einzelnen Aminosäuren gehören noch ins Reich der Spekulationen. So sollen die bedingt unentbehrliche Aminosäure Arginin, Lysin (entbehrlich) oder Ornithin (eigentlich ein Stoffwechselzwischenprodukt) die Freisetzung des aufbauend wirkenden, körpereigenen Wachstumshormons stimulieren. Und für die Serotonin-Vorstufe Trypthophan wird eine schlaffördernde Wirkung vermutet.

AUSGEWOGENE ERNÄHRUNG

Ohne Zweifel sind Glutamin, die „BCCAs" und Co. wichtig, nur dürfen wir uns bei der Zufuhr eines einzelnen Wirkstoffes keine Regenerationswunder erwarten. Vielmehr sind es (auch) aus ernährungsphysiologischer Sicht immer mehrere Faktoren, die Einfluss auf regenerationsentscheidende Prozesse nehmen. Niemals falsch liegen Sie mit einer ausgewogenen Ernährung. Denn wesentlich ist, dass alle Nährstoffe inklusive dieser Aminosäuren in ausreichenden Mengen aufgenommen werden – und dies geschieht im Rahmen der „Basisernährung" am besten im Verbund natürlicher Lebensmittel. Dabei wird Sie interessieren, dass Nahrungsproteine (beispielsweise Fleisch, Fisch, Milch und Getreide) teilweise beträchtliche Mengen an diesen „extravaganten Aminos" enthalten und Getreideeiweiß besonders reich an Glutamin ist. Somit sind Sie bei einer ausgeglichenen Energie- und Eiweißbilanz in aller Regel auch mit dem vollen Aminosäurerepertoire versorgt. Zur Erinnerung: Im Trainingsalltag liegt der Eiweißbedarf eines Ausdauersportlers bei 1,2 bis 1,5, bei extremeren Belastungen bei 1,8 Gramm Eiweiß pro Kilogramm Körpergewicht.

DAS OPTIMALE TIMING

Ein Wort noch zum Timing der Eiweißaufnahme: Soll nun schon während einer Langdistanz Eiweiß aufgenommen werden? Einer Ergometerstudie einer Forschergruppe der Uni Maastricht zufolge konnte die stündliche Zufuhr von 0,25 Gramm Eiweiß pro Kilogramm Körpergewicht (zusätzlich zur obligaten Kohlenhydrataufnahme) ►

► die Eiweißbilanz während der sechsstündigen Belastung tatsächlich etwas verbessern. Andererseits wird aber auch unter Experten kontrovers diskutiert, ob es nicht ausreicht, dieses für die Regeneration wichtige Gleichgewicht zwischen Eiweißauf- und -abbau innerhalb eines Tages auszugleichen. Werden überdies unter Belastung auch ausreichend Kohlenhydrate zugeführt, vermindert sich auch der für die Blutzuckerneubildung erforderliche Abbau von Muskeleiweiß. Zudem sieht Stehle in einer Eiweißzufuhr während eines Ausdauerwettbewerbs „eine zusätzliche Belastung für den Organismus". Da Eiweiß nicht vollständig abgebaut werden kann, müssen die Endprodukte über die Nieren ausgeschieden werden – während eines Wettkampfs mit hohen Flüssigkeitsverlusten nicht gerade von Vorteil. Auch aus Verträglichkeitsgründen sollte die Zufuhr von Eiweiß unter Belastung zumindest nicht zu hoch sein.

Unbestritten ist hingegen die Bedeutung des „Zeitfensters": Die kombinierte Aufnahme von Kohlenhydraten und hochwertigem Eiweiß innerhalb der ersten zwei Stunden nach dem Wettkampf sorgt für eine eilige Auffüllung der Glykogenspeicher und Reparatur der Muskulatur. Eine an Getreideprodukten reiche Kost in den folgenden Stunden und Tagen gewährleistet zudem eine hohe Glutamin-Zufuhr. Bedenken Sie, dass auch die Glutamin-Bildungsenzyme in ein Motivationsloch fallen könnten: Gönnen Sie Ihrem Körper – auch deshalb – eine Erholungszeit! ■

Kein Kühlwasser

Hören Sie im Wettkampf auf Ihren Durst und greifen Sie an den Verpflegungsstellen zwar regelmäßig, aber in Maßen zu. Denn übermäßiges Trinken macht Sie weder schneller, noch kühlt es Sie ab.

von Sina Horsthemke

Solarer Berg, Kilometer 72 auf der Radstrecke. Sie fühlen sich gut, spüren, wie Ihnen der Schweiß den Nacken herabläuft, von Ihrer Nasenspitze auf den Boden tropft. Sie hören die Zuschauer jubeln, schauen auf und stellen mit einem Blick nach vorn fest, dass hier nicht nur die Stimmung kocht: Die Luft flirrt regelrecht über dem erhitzten Asphalt. Sie denken an die Helfer an der letzten Verpflegungsstation, die alle Hände voll zu tun hatten, genügend Becher mit Wasser, Cola oder Tee zu füllen. Ein paar Schlucke nur haben Sie getrunken – sicher viel weniger als die Menge Schweiß, die seitdem schon wieder von Ihren Armen geperlt ist. Und hätten Sie bei dieser Hitze zur Abkühlung nicht noch viel mehr trinken müssen?

Nein, sagen Experten. Es sei zwar wichtig, während sportlicher Belastung zu trinken. Aber weder sei es nötig, schon während des Rennens den gesamten Flüssigkeitsverlust auszugleichen, noch bringe Trinken die erhoffte Abkühlung. Zu diesem Schluss kamen jetzt Wissenschaftler aus Großbritannien und Singapur, die erstmals kontinuierlich die Körpertemperatur von Läufern während eines Halbmarathons gemessen haben. Im Auftrag der University of Exeter und eines Forschungsinstituts in Singapur ließen sie 18 Teilnehmer des Halbmarathons in Singapur am Abend vor dem Rennen je eine Thermokapsel schlucken. Die Kapseln enthielten einen temperaturempfindlichen Quarzkristalloszillator, dessen Frequenz von der Umgebungstemperatur abhängt. „Wir fanden keine Belege dafür, dass eine Flüssigkeitsaufnahme während des Rennens die Läufer kühlte oder schneller machte", sagt Christopher Byrne, einer der an der Pilotstudie beteiligten Sportmediziner.

MEHR ALS 40 GRAD

Während des Halbmarathonrennens herrschten in Singapur bei einer Luftfeuchtigkeit von 70 bis 90 Prozent Außentempe-

raturen zwischen 26 und 29 Grad. Durchschnittlich verloren die Probanden, die das Ziel ohne Symptome von Hitzestress erreichten, durch Schweiß (Transpiration) und Verdunstung über die Atmung (Perspiration) pro Stunde eineinhalb Liter Flüssigkeit. Während einige Läufer unterwegs nur zehn Prozent davon ersetzten, tranken andere mehr als eineinhalb Liter. Die mit Hilfe der Kapsel gemessene Temperatur stieg im Darm in Folge der Belastung und der Wärme im Schnitt von 37 auf über 39 Grad an, bei jedem Zweiten sogar auf über 40 Grad. Einen Zusammenhang zwischen Trinken, Körperkerntemperatur und Leistung konnten Byrne und seine Kollegen ►

VERSCHIEDENE ARTEN DES FLÜSSIGKEITSMANGELS (HYPOHYDRATATION)

HYPOTONER FLÜSSIGKEITSMANGEL

Ursache für diese Form der Hypohydratation ist ein im Verhältnis zur Wasserausscheidung überproportionaler Salzverlust. Er tritt ein, wenn Sie unter körperlicher Belastung viel schwitzen.

ISOTONER FLÜSSIGKEITSMANGEL

Salz- und Wasserverlust entsprechen einander. Zu dieser Art der Hypohydratation kommt es etwa bei Erbrechen oder Durchfall.

HYPERTONER FLÜSSIGKEITSMANGEL

Bei großem Wasserverlust, zum Beispiel über die Atemwege, gehen nur wenig Salze verloren. Diese Art der Hypohydratation tritt zum Beispiel dann ein, wenn Sie hohes Fieber haben.

aber nicht feststellen. Ausgerechnet der Läufer, der am meisten trank, erreichte mit gemessenen 41,7 Grad sogar die höchste Körperkerntemperatur. Sportler sollten zwar am Vortag viel trinken und gut hydriert an den Start gehen, im Rennen aber auf ihren Körper hören und nur dann trinken, wenn sie Durst verspüren, rät Byrne im Hinblick auf diese Ergebnisse. Mehrere Liter Wasser zu trinken, mache niemanden schneller.

Unterwegs nur Wasser zu sich zu nehmen, ist übrigens sogar gefährlich: Denn das Schwitzen führt nicht nur zu einem Flüssigkeitsmangel, sondern auch zu einem starken Salzverlust. Wenn Sie ausschließlich große Mengen Wasser trinken, um den Flüssigkeitsverlust auszugleichen, kommt es zur Hyponatriämie, einem lebensbedrohlichen Salzmangel. Denn Schweiß enthält neben Wasser auch Natriumchlorid, Kalzium, Kalium und Magnesium. Das sind Salze, die sich hauptsächlich in der Blutbahn befinden, wo sie Wasser physikalisch binden. Je weniger Salz sich im Körper befindet – und pro Stunde können während körperlicher Betätigung bei warmen Temperaturen mehr als drei Gramm verloren gehen – desto schlechter wird damit also die Fähigkeit, das Wasser im Blut zu binden.

SALZARMES BLUT

Das über die Darmschleimhaut aufgenommene Wasser sickert dann aus den Blutgefäßen heraus in die umliegenden Gewebe, wo die Salzkonzentration vergleichsweise höher ist. Das hat schwerwiegende Folgen, die mit geschwollenen Füßen und Händen zunächst harmlos beginnen. Würden Sie weiterhin nur Wasser trinken, begäben Sie sich in ernsthafte Gefahr, da es dann auch zu Wassereinlagerungen in Lunge und Hirn käme (Ödeme). Die Symptome reichen von Atemnot über Schwindel und Erbrechen bis zu Krampfanfällen. Werden im Fall einer Hyponatriämie nicht schnell genug Gegenmaßnahmen ergriffen, besteht Lebensgefahr. Dass vielen Sportlern diese Problematik nicht bewusst ist, zeigte eine vor fünf Jahren im Rahmen des Boston-Marathons durchgeführte Studie, bei der knapp 500 Läufern im Ziel Blut abgenommen wurde: 13 Prozent der Proben wiesen einen zu niedrigen Salzgehalt auf, drei Teilnehmer schwebten deswegen sogar in akuter Lebensgefahr. Diese besteht bereits, wenn der Natriumgehalt im Blut, der normalerweise bei 135 bis 145 Millimol pro Liter (mmol/l) liegt, geringfügig sinkt.

Doch zurück zum Solarer Berg, den Sie inzwischen fast bewältigt haben. Der Gedanke an Ihre Flüssigkeitszufuhr ist so schnell verflogen wie die Fetzen der Anfeuerungsrufe, die sie immer wieder hören. Ein letztes Mal gehen Sie aus dem Sattel, genießen die Atmosphäre noch einmal in vollen Zügen und spüren, dass Ihnen trotz der Wärme eine Gänsehaut über den Rücken läuft.

SCHWEISS

Die genaue Zusammensetzung von Schweiß ist individuell unterschiedlich und von der Umgebungstemperatur, dem Akklimatisationszustand, der Arbeitsleistung sowie der Hydrierung abhängig. Zum Großteil (knapp 98 Prozent) besteht Schweiß aus Wasser. Neben Kochsalz sind weitere Mineralstoffe wie Natrium, Kalium, Kalzium und Magnesium sowie Harnstoff, Harnsäure, Fettsäuren, Aminosäuren, Ammoniak und Zucker enthalten. Frischer Schweiß ist übrigens völlig geruchlos. Erst wenn Bakterien beginnen, die langkettigen Fettsäuren zu zersetzen, sorgen die Abbauprodukte Ameisensäure und Buttersäure für den typischen Schweißgeruch.

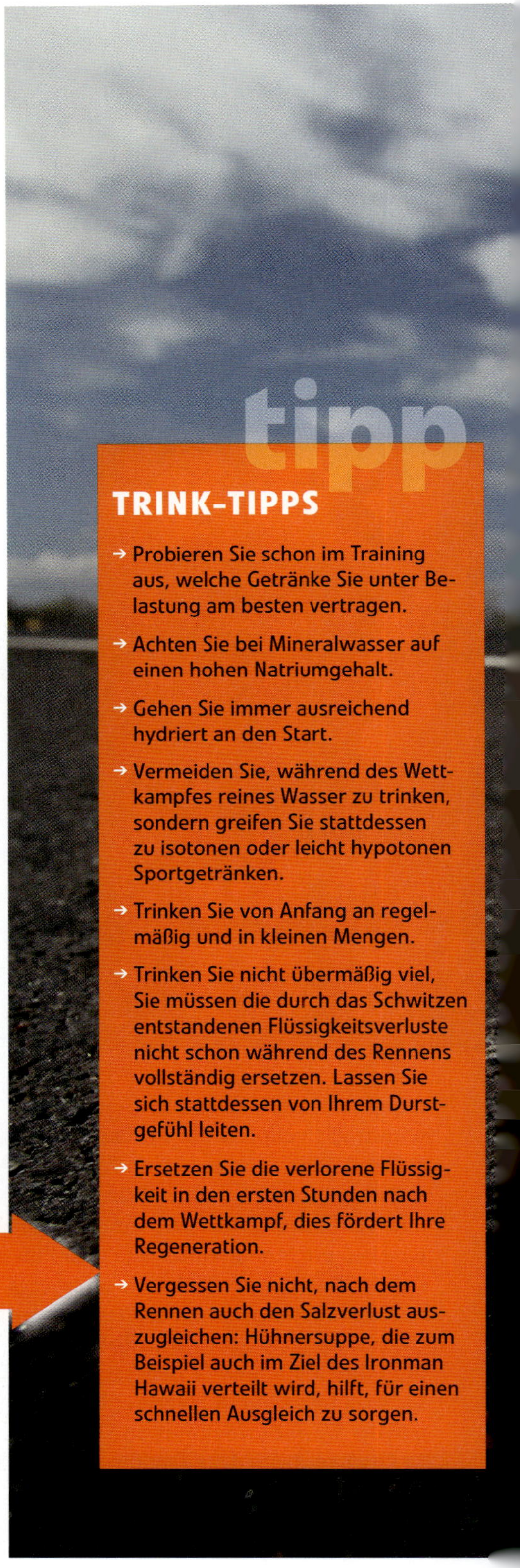

tipp

TRINK-TIPPS

- Probieren Sie schon im Training aus, welche Getränke Sie unter Belastung am besten vertragen.
- Achten Sie bei Mineralwasser auf einen hohen Natriumgehalt.
- Gehen Sie immer ausreichend hydriert an den Start.
- Vermeiden Sie, während des Wettkampfes reines Wasser zu trinken, sondern greifen Sie stattdessen zu isotonen oder leicht hypotonen Sportgetränken.
- Trinken Sie von Anfang an regelmäßig und in kleinen Mengen.
- Trinken Sie nicht übermäßig viel, Sie müssen die durch das Schwitzen entstandenen Flüssigkeitsverluste nicht schon während des Rennens vollständig ersetzen. Lassen Sie sich stattdessen von Ihrem Durstgefühl leiten.
- Ersetzen Sie die verlorene Flüssigkeit in den ersten Stunden nach dem Wettkampf, dies fördert Ihre Regeneration.
- Vergessen Sie nicht, nach dem Rennen auch den Salzverlust auszugleichen: Hühnersuppe, die zum Beispiel auch im Ziel des Ironman Hawaii verteilt wird, hilft, für einen schnellen Ausgleich zu sorgen.

Kokua Crew
SPECIALIZED

Vorsicht, Wasser!

Ob beim Ironman Hawaii oder einem europäischen Langstreckenklassiker im Hochsommer: Triathleten müssen nicht nur 226 Kilometer absolvieren, sondern sich auch mit der Hitze arrangieren. Der medizinische Leiter des Ironman Germany, Dr. med. Klaus Pöttgen, verrät Tricks, mit denen die Profis den Kampf gegen die Hitze gewinnen.

von Jens Richter

Herr Pöttgen, frühzeitige und ausreichende Flüssigkeitszufuhr ist für die Triathleten auf Hawaii ein Überlebensprinzip, doch Sie warnen davor, beim Ironman Wasser zu trinken. Warum?

Die Teilnehmer eines Ironman-Triathlons verlieren über den Schweiß nicht nur Wasser, sondern große Mengen an Salzen, vor allem Kochsalz. Bis zu 1,5 Liter Flüssigkeit und drei Gramm Salz pro Stunde kann der Körper bei Wettkampfbelastungen unter solch extremen Bedingungen verlieren. Würden Ausdauersportler – das gilt übrigens auch für Triathlonrennen in unseren Breiten und für Marathon-Wettbewerbe – nur den Wasserverlust ausgleichen, brächten sie sich in Lebensgefahr, denn das Wasser würde in den Blutgefäßen nicht mehr durch Kochsalz gebunden. Es würde durch die Gefäßwände schnell in das umliegende Gewebe eindringen, hin zu den dort höheren Salzkonzentrationen.

Was wären die möglichen Folgen?

Die Zellverbände und Organe würden aufquellen, ähnlich wie ein Schwamm, der ►

sich vollsaugt. Das kann bis zum Lungenödem führen und schlimmer noch: zu einer Schwellung des Gehirns. Da der Platz im knöchernen Schädel aber eng begrenzt ist, würde sich das Hirn so die eigene Blutversorgung abquetschen, zudem gerieten wichtige Nervenbahnen unter Druck. Die Folgen eines Hirnödems reichen von einer leichten Übelkeit über Bewusstseinsstörungen bis zum Koma. Sie führen im schlimmsten Fall sogar zum Tod.

Die Sportler trocknen also nicht aus, sondern vergiften sich regelrecht mit Wasser?

So könnte man das sagen. Die Gefahr ist allerdings noch längst nicht gebannt, wenn die Sportler aufrecht gehend die Finishline überquert haben. Als damals der Marathon in den USA zur Volksbewegung wuchs und immer mehr Hobbysportler an den Rennen teilnahmen, konnten sich die Rennärzte zunächst nicht erklären, warum sich der Zustand offensichtlich dehydrierter Sportler im Ziel nach der Infusion von schwach konzentrierten Salz- und Glukose-Lösungen plötzlich verschlechterte. Die Sportler bekamen Atemnot, später wurden sie bewusstlos. Trotz Notfallversorgung und künstlicher Beatmung auf der Intensivstation gingen nicht alle Fälle gut aus.

Einen ähnlichen Fall haben Sie als leitender Rennarzt des Ironman in Frankfurt vor einigen Jahren selbst erlebt.

In dem von Ihnen angesprochenen Fall hatte eine Altersklassensportlerin auf der Marathonstrecke ausschließlich Wasser, aber keine Elektrolytgetränke getrunken. Als sie nach rund 14 Stunden bei uns ins Medical Tent (den direkt hinter der Ziellinie eingerichteten Bereich zur medizinischen Versorgung der Teilnehmer, d. Red.) kam, ging es ihr schlecht, ihre Hände und Füße waren geschwollen, sie bekam kaum Luft. Wir bestimmten den Natriumgehalt in ihrem Blut, er betrug 111 Millimol pro Liter (als Normwert gelten 135 bis 145 mmol/l, d. Red.). Eine extremer Fall von Hyponatriämie – es war der niedrigste je bei einem Rennen gemessene Wert. Wir haben die Sportlerin sofort per Notarztwagen ins Krankenhaus gebracht, dort wurde sie mit der Diagnose eines Lungen- und Hirnödems vier Tage lang künstlich beatmet. Die Sache ging gut aus, weil wir wussten, wo die Gefahren lagen. Die Sportlerin hat von dem Zwischenfall nichts zurückbehalten.

Das klingt, als ob ein Ironman zum lebensgefährlichen Unternehmen werden könnte.

Nicht, wenn man als Sportler die Gefahren kennt und sich richtig verhält. Beim Ironman Frankfurt erkläre ich den Teilnehmern während des für alle verpflichtenden Athleten-Briefings, worauf es ankommt. Dass sie das Wasser nur zur Kühlung verwenden dürfen und stattdessen Isogetränke und Salz zu sich nehmen sollen. Und die Athleten lernen dazu – nach meinem Vortrag kam es zu einem regelrechten Ansturm auf unsere Salzsäckchen.

Brauchen denn alle Sportler gleich viel Salz? Wer ist für eine Hyponatriämie besonders gefährdet?

Es gibt große individuelle Unterschiede, der Schweißverlust, aber auch der Salzgehalt im Schweiß schwanken. Dafür sind nicht nur genetische Unterschiede verantwortlich, wir beobachten auch enorme Anpassungsreaktionen. Athleten in gutem Trainingszustand und mit einer Gewöhnung an Hitzebelastungen verlieren nicht mehr Schweiß als zur Kühlung des Körpers nötig ist, und der relative Salzverlust ist viel geringer als bei Untrainierten. Liegt bei denen beispielsweise der Salzgehalt des Schweißes nahe 0,9 Prozent – was in etwa der Salzkonzentration des Blutes entspricht – können hoch trainierte Sportler ihren Salzgehalt im Schweiß bis auf 0,5 Prozent senken. Sie schwitzen also ökonomischer. Für eine Anpassung an extreme Hitzebedingungen wie auf Big Island sollten Triathleten aber mindestens zehn Tage vor dem Rennen anreisen. Besonders gefährdet für das Phänomen der Hyponatriämie sind übrigens, anders als Sie vielleicht erwarten würden, leichtgewichtige Frauen. Das liegt unter anderem an deren Volumenverteilung.

Schenken Sie denen in Ihrem Medical Tent besondere Aufmerksamkeit?

Jeder, der bei uns ins Zelt kommt, weil er das Gefühl hat, unsere Hilfe zu benötigen oder weil unsere gut geschulten Kräfte im Ziel den Eindruck haben, dass er unsere Unterstützung braucht, wird von unseren Rennärzten untersucht. Dabei werden routinemäßig Puls und Blutdruck gemessen, außerdem entnehmen wir in Fällen, wo wir größere Verschiebungen im Salz- und Flüssigkeitshaushalt vermuten, eine kleine Blutprobe, aus der wir die Natriumkonzentration des Blutes und den Hämatokritwert (den relativen Anteil der Blutzellen, d. Red.) bestimmen. In diesem Jahr haben wir rund 520, im Vorjahr etwa 320 solcher Kontrollen durchgeführt und festgestellt, dass die Fälle von Hyponatriämie deutlich abgenommen haben.

Wie behandeln Sie Triathleten mit Hyponatriämie?

Handelt es sich um schwere Fälle, schicken wir die Sportler ins Krankenhaus, denn eine ausgeprägte Hyponatriämie darf man nicht innerhalb kurzer Zeit und ohne engmaschige Laborkontrollen korrigieren. In leichteren Fällen und wenn die Athleten essen können, raten wir zu salzigen Keksen, Salzstangen oder Salztabletten. Der absolute Renner ist aber Hühnersuppe, die übrigens auch im Zielbereich in Kona angeboten wird. Nach Stunden körperliche Anstrengung und Schwitzen giert der Körper regelrecht nach Salz. Hühnersuppe ist auch schon auf der Strecke ein gutes Rezept. Erstens hilft sie, die Salzversorgung zu verbessern, zweitens sorgt sie für einen anderen Geschmack im Mund. Der ganz natürliche Widerwille gegen die erforderlichen Mengen zuckerhaltiger Riegel, Gels und Getränke lässt sich so überwinden – das kommt der Wettkampfleistung zugute.

Woran erkennen Sie eine Dehydratation, in welchen Fällen raten Sie zu Infusionen?

In erster Linie setzen wir Infusionen ein, um bei stark dehydrierten Sportlern den Kreislauf zu stabilisieren. Körperliche Anzeichen des Flüssigkeitsverlusts sind ein beschleunigter Herzschlag bei gleichzeitig sehr niedrigem Blutdruck, eine verminderte Schweißbildung oder trockene Haut und eine trockene Zunge. Meistens konnten die Sportler auch bereits seit Stunden kein Wasser mehr lassen, manche haben sogar leichtes Fieber. Wir verordnen aber auch dann Infusionen, wenn wir den Sportlern die Erholung erleichtern wollen. Denn die Erholungsvorgänge in den Zellen hängen auch davon ab, dass der an Flüssigkeit gebundene Stofftransport auf der Zellebene funktioniert. Dazu verwenden wir sogenannte Vollelektrolyt-Lösungen, also Infusionen, in denen neben Kochsalz auch die anderen im Blut vorkommenden Salze in körperähnlicher Konzentration gelöst sind. Wir haben das recht großzügig getan – etwa 900 Infusionsflaschen haben wir in Frankfurt ausgegeben.

Zu welchen vorbeugenden Maßnahmen raten Sie Ausdauersportlern vor extremen Belastungen wie einem Hitze-Marathon oder einem Ironman-Wettkampf?

Noch vor Kurzem konnte man in der kleinen Broschüre der Ironman-Rennärzte auf Hawaii lesen, die Sportler sollten in den Tagen vor dem Rennen trinken, bis der Urin glasklar ist. Das ist Unsinn, denn der menschliche Körper kann Wasser nur in sehr geringen Mengen speichern. Stattdessen werden mit den großen Flüssigkeitsmengen Salze ausgeschwemmt – das genaue Gegenteil also von dem, was man eigentlich erreichen will! Die Sportler sollten also darauf achten, während ihres gesamten Aufenthaltes auf Big Island Getränke mit körperähnlichem Salzgehalt und in den Tagen vor dem Rennen über salzige Speisen und Gebäck oder Salztabletten zusätzliches Kochsalz aufzunehmen. Zu viel Salz gibt es für gesunde Sportler fast nicht, die Nieren und das natürliche Durstgefühl regeln das ganz automatisch. Einen großen Bogen sollte man um die in Konas Supermärkten allenthalben angebotenen Fünf-Liter-Kanister Wasser machen. Sie enthalten quasi destilliertes Wasser, das ist für Triathleten Gift und bestenfalls zum Bügeln des Hawaiihemds geeignet. Das Gesagte gilt aber natürlich auch für Wettkämpfe außerhalb Hawaiis.

Können Sie Salztabletten auch während des Rennens empfehlen?

Grundsätzlich ja, natürlich sollte man vorher im harten Training und bei Testwettkämpfen ausprobieren, ob man sie verträgt. Noch besser ist es, die Tabletten vor dem Trinken in der Radflasche aufzulösen, die Profis tun das auch während des Rennens. Von denen können sich Hobbysportler übrigens noch einiges abgucken: Als vor einem Jahr eine amerikanische Profitriathletin in Hawi am Wendepunkt der Radstrecke ihre Eigenverpflegung verpasst hatte, kehrte sie wieder um und ließ sich den Beutel geben. Den Zeitverlust von knapp zwei Minuten hat sie wahrscheinlich schon vor der zweiten Wechselzone wieder aufgeholt, weil sie ihr vorher sorgfältig getestetes Ernährungskonzept einhalten konnte. Statistiken sagen, dass die meisten Rennaufgaben im Marathonlauf und im Ironman auf Magenbeschwerden und Übelkeit zurückzuführen sind. Dann sind die besten Ernährungspläne Makulatur.

Wie können die Sportler das Risiko von Magenproblemen verringern?

Auch da kann man sich bei den Profis wieder einiges abschauen. Wenn die sich nach einem harten Schwimmauftakt aufs Rad setzen, greifen Sie eine Stunde lang nur zur Radflasche, vielleicht auch zu energiehaltigen Gels und erst danach zu fester Nahrung wie Riegeln oder Obst. Durch die Verschiebungen des Blutvolumens ist der Kreislauf nach dem Schwimmen nämlich besonders gefordert, das schränkt auch die Belastbarkeit des Verdauungsapparats ein. Später, im Marathon, verzichten die Profis völlig auf feste Nahrung, um dem mechanischen Stress des Laufens keinen weiteren hinzuzufügen. Ein noch wichtigeres Rezept gegen Brechreiz ist aber Kühlung, weshalb die Profis konsequent mit heller Kopfbedeckung und oftmals auch einer Eiskrawatte um den Hals in die letzte Prüfung des Ironman gehen. Das mag überraschen, aber das sogenannte Brechzentrum, das für den Reflex verantwortlich ist, sitzt – genauso wie die Temperaturregulation – im Hypothalamus, einer Region des Gehirns. Bei zu großer Hitze sind beide Steuerzentren in ihrer Funktion gestört. Gänsehaut und Übelkeit sind also allerhöchste Alarmzeichen einer Überhitzung. Dann hilft nur: Zwei Gänge rausnehmen, trinken – bitte mit viel Salz – und kühlen. Da kommt dann endlich auch mal Ihr Wasser zum Zuge. ■

DR. MED. KLAUS PÖTTKEN

Dr. Klaus Pöttgen ist seit 2002 Medizinischer Leiter des Ironman Germany und damit verantwortlich für ein Team von 550 medizinischen Helfern. Der Facharzt für Allgemeinmedizin und Arbeitsmedizin nahm selbst siebenmal am Ironman Hawaii teil. Im Jahr 1999 wurde er Altersklassenweltmeister auf der Langdistanz sowie auf der Kurzdistanz Vizemilitärweltmeister mit der Mannschaft. Im Rahmen des Ironman veranstaltet Pöttgen eine sportmedizinische Fortbildung, die auch Trainern der Deutschen Triathlon Union zur Lizenzverlängerung dient.

Die drei Fragezeichen

Von Kohlenhydraten, Fetten und Eiweißen haben Sie natürlich schon einmal gehört. Doch wissen Sie auch, wie diese drei Hauptnährstoffe zu Ihrer sportlichen Leistungsfähigkeit beitragen? **von Malte Stumbries**

Gesunde Ernährung fällt in Zeiten der ständigen Fast-Food-Verführung zunehmend schwer. Dabei sollten gerade Sportler ihren Körper ausreichend versorgen – mit der richtigen Kombination der drei Hauptnährstoffe. Kohlenhydrate, Fette und Eiweiße sind entscheidend für die Energieversorgung, haben im Körper aber auch andere wichtige Aufgaben.

KOHLENHYDRATE: TREIBSTOFF

Alle Zuckerformen sind als „schneller Brennstoff" bekannt, denn Ihre Muskeln können Energie aus Kohlenhydraten bis zu dreimal schneller aktivieren als aus Fetten. Kohlenhydrate bestehen aus Einfach- oder Mehrfachzuckern wie beispielsweise Traubenzucker (Glukose), Fruchtzucker (Fruktose) und Haushaltszucker (Saccharose). Ihr Körper kann Zucker mit (aerob) und ohne Sauerstoff (anaerob) verwerten. Er kann Zucker auch speichern, allerdings nur in Leber und Muskeln. Ausdauertraining verdoppelt die Kapazität Ihrer Kohlenhydratspeicher nahezu – von etwa 380 auf bis zu 750 Gramm, was etwa 2.000 bis 3.000 Kilokalorien entspricht. Ausdauersportler sollten 60 Prozent ihrer Nahrung in Form von Kohlenhydraten zu sich nehmen. Wissenschaftler der Eidgenössischen Technischen Hochschule Zürich, die eine Lebensmittelpyramide speziell für Sportler entwickelt haben (Abb.), empfehlen zur Gesunderhaltung drei Portionen täglich. Sportler sollten pro Stunde Aktivität eine Portion zusätzlich zu sich nehmen.

FETTE: RESERVETANK

Ein Kilogramm Körperfett entspricht rund 9.000 Kilokalorien. Fette sind nicht „schlecht", wie viele denken: Neben ihrer Funktion als Energielieferant bei aerober Verbrennung dient Fettgewebe als Isolationsschicht und schützt die Organe. Trotzdem gibt es gesunde und ungesunde Fette: Hochwertige pflanzliche Fette, etwa aus Oliven- und Keimöl, bestehen zum Großteil aus einfach und mehrfach ungesättigten Fettsäuren. Diese kann Ihr Körper nicht produzieren, weshalb Sie sie mit der Nahrung aufnehmen müssen. Sichtbare Fette und gehärtetes Fett sollten Sie meiden. Wissenschaftler raten zu 10 bis 15 Gramm gesundem Fett täglich, Ausdauersportler sollten pro Belastungsstunde acht Gramm mehr einplanen.

EIWEISSE: PURE POWER

Eiweiße bestehen aus aneinandergereihten Aminosäuren; je nach deren Anzahl und Reihenfolge (Sequenz) entsteht ein bestimmtes Protein. Eiweiße dienen unter anderem der Muskelneubildung und spielen bei der Immunabwehr eine wichtige Rolle: Die im Organismus zirkulierenden Antikörper sind spezifische Proteine, die „feindliche" Moleküle binden. Auch sind Eiweiße Bestandteil von Muskeln, Haut, Hormonen und Botenstoffen. In Form von Enzymen steuern sie zudem alle biochemischen Prozesse im Körper. Bei hoher körperlicher Belastung können Eiweiße als Energielieferanten herangezogen werden. Um den Körper ausreichend mit Eiweißen zu versorgen, sollten 15 Prozent der täglichen Nahrung aus hochwertigen Proteinen bestehen.

PYRAMIDE „RELOADED"

Sicherlich haben auch Sie so etwas schon einmal gesehen: Lebensmittelpyramiden, die dem Betrachter zeigen, wie eine gesunde Ernährung auszusehen hat. Doch auf den zweiten Blick fällt oft auf, dass Ausdauersportler weit mehr als „körperliche Aktivitäten von zwei- bis dreimal pro Woche und je 20 Minuten" ausüben. Die Forscher aus Zürich haben deshalb eine Lebensmittelpyramide speziell für Sportler entwickelt. Deren Grundprinzip entspricht der klassischen Lebensmittelpyramide, die Wissenschaftler haben jedoch neben den Basisinfos zusätzliche Hinweise für Sportler hinzugefügt (siehe Kasten). So empfehlen die Entwickler um Dr. Samuel Mettler zum Beispiel, ab einer Trainingsbelastung von fünf Stunden wöchentlich pro absolvierter Trainingsstunde eine Portion Kohlenhydrate und eine halbe Portion Fette zusätzlich zu essen. Wer die Empfehlungen befolge, lege eine solide Grundlage für eine langfristig gute Leistungsfähigkeit, so die Wissenschaftler in ihren Anmerkungen. ■

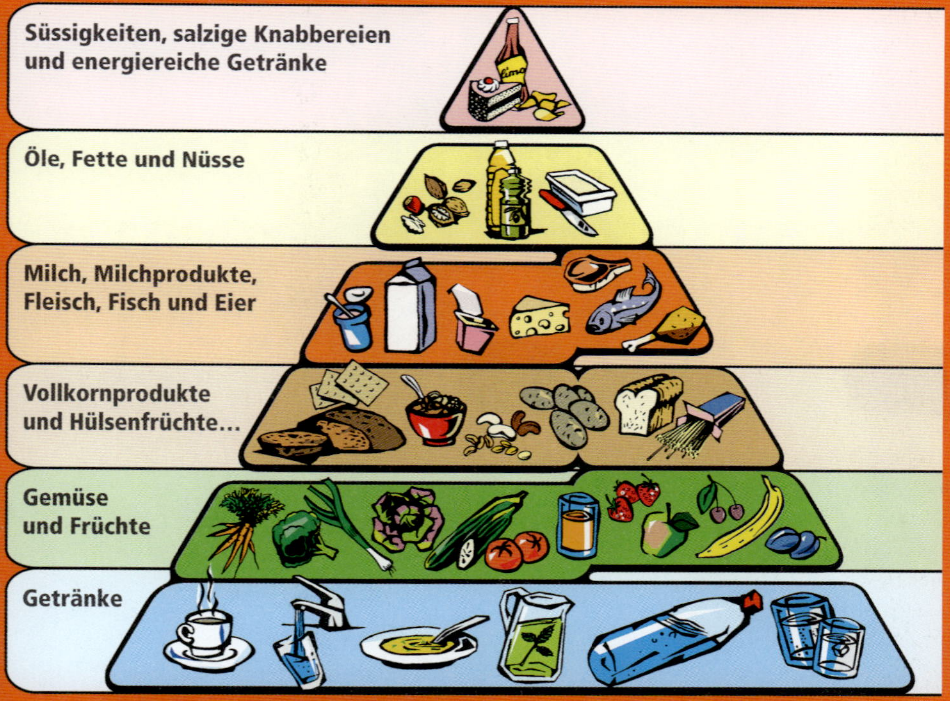

© 2005 Schweizerische Gesellschaft für Ernährung SGE

EMPFEHLUNGEN FÜR SPORTLER

Die in der Abbildung genannten Empfehlungen zur Lebensmittelaufnahme für Sportler basieren auf der Lebensmittelpyramide für gesunde Erwachsene der Schweizerischen Gesellschaft für Ernährung (Basispyramide der SGE) und ergänzen diese um den durch die sportliche Aktivität verursachten Mehrbedarf an Energie und Nährstoffen. Die Empfehlungen richten sich somit an gesunde Erwachsene, die an den meisten Tagen der Woche jeweils etwa eine Stunde oder mehr mit mindestens mittlerer Intensität sportlich aktiv sind und dadurch ein Trainingsvolumen von fünf Stunden oder mehr pro Woche erzielen. Eine mittlere Intensität entspricht der Stop-and-Go-Belastung eines durchschnittlichen Eishockey-, Fußball- oder Tennisspiels oder der kontinuierlichen Belastung von ca. 2,5 km/h Kraulschwimmen, ca. 8 km/h Joggen oder ca. 2 Watt/Kilogramm Körpergewicht auf dem Fahrradergometer.

Die Basispyramide der SGE stellt eine ausgewogene Mischkost dar, das Gleiche gilt folglich für die Lebensmittelpyramide für Sportler. Beide Pyramiden gewährleisten eine ausreichende Zufuhr von Energie sowie von lebensnotwendigen Nähr- und Schutzstoffen für die jeweiligen Zielpersonen. Alle Lebensmittel sind erlaubt. Wichtig ist, dass sie möglichst abwechslungsreich und vorzugsweise saisongerecht aus den einzelnen Pyramidenebenen gewählt sowie schonend verarbeitet und zubereitet werden. Bei regelmäßiger Verwendung von mit Mineralstoffen und/oder Vitaminen angereicherten Lebensmitteln oder bei Einnahme von Mineralstoff- und/oder Vitaminpräparaten können die maximal tolerierbaren Zufuhrmengen (Upper Level) überschritten werden.

Das Befolgen der Lebensmittelpyramide für Sportler bietet eine Grundlage für eine langfristige gute sportliche Leistungsfähigkeit. Im Unterschied zur Basispyramide der SGE, in der die Empfehlungen nicht strikt jeden Tag eingehalten werden müssen, sollten Sportler die Empfehlungen für eine gute Leistungsfähigkeit sowie eine gute Regeneration möglichst jeden Tag einhalten. Der Mehrbedarf für den Sport ist für eine tägliche sportliche Aktivität von einer bis vier Stunden mit mittlerer Intensität angegeben, für größere Trainingsumfänge und/oder höhere Intensitäten ist der Mehrbedarf entsprechend höher. Für Sportler erfolgt die Wahl der Portionenmenge in Abhängigkeit von der Körpermasse. Die kleinsten Portionsmengen gelten für eine Körpermasse von 50 Kilogramm, die größten für eine Körpermasse von 85 Kilogramm. Für Körpermassen dazwischen gelten auch entsprechende Zwischenstufen an Portionsmengen (z. B. mittlere Portionsmengen für 67 kg).

praxis

Fette, Kohlenhydrate, Eiweiße und Wasser machen den Hauptteil unserer Ernährung aus. Doch erst danach wird es so richtig kompliziert, denn unsere Ernährung beinhaltet weitaus mehr. Auch die Industrie bietet ein nahezu unüberschaubares Sortiment spezieller Sportlernahrung an. Gehen wir nun zur Praxis der Sporternährung über.

Der Mensch lebt nicht vom Brot allein

Neben der Trainingsplanung beschäftigen sich Sportler wohl mit keinem anderen Thema derart intensiv wie mit Nahrungsmitteln. Zusätzlich eingenommene Pulver, Pillen und Ampullen versprechen mehr Leistung, kürzere Regenerationszeiten und ein gesünderes Leben, manche sollen sogar vor Verletzungen schützen.

von Nis Sienknecht

Dass Ernährung für die Gesundheit und die körperliche Leistungsfähigkeit von großer Bedeutung ist, darüber lässt sich sicher nicht streiten. Wie die perfekte Ernährung allerdings in der Praxis auszusehen hat, darüber gehen die Meinungen weit auseinander. Sportmediziner haben nahezu alle Mikronährstoffe in unterschiedlichen Dosierungen auf ihre Wirkung hin untersucht. Und letzten Endes wurde häufig festgestellt, dass eine ausgewogene und ausreichende Ernährung nur weniger Zusatzstoffe bedarf, die nicht in ausreichender Menge in der Nahrung vorhanden sind. Das gilt zumindest für den Normalbürger. Auch bei gesunden und gut ernährten Athleten konnte keine wirkliche Leistungssteigerung durch die zusätzliche Substitution von Vitaminen und Spurenelementen nachgewiesen werden. Fehler in der Nährstoffzusammensetzung der Gesamternährung kann man demnach nicht durch übertriebene Zufuhr von sogenannten „Supplements“ kompensieren.

WER SOLLTE SUBSTITUIEREN?

Dennoch gibt es Situationen, in denen eine gezielte Substitution sinnvoll sein kann. Neben einer unausgewogenen Ernährung zählt dazu auch der Sport. Denn jede Form körperlicher Aktivität steigert bekanntlich den Energieumsatz und damit auch den Verbrauch von Mikronährstoffen.

FUNKTION, BEDARF UND VERSORGUNGSLAGE MIT MENGEN- UND SPURENELEMENTEN (NACH D.A.CH.)

NAME	TAGESBEDARF	TATSÄCHLICHE AUFNAHME	WICHTIGSTE QUELLE	AUFGABE IM KÖRPER
Kalzium	1.000 – 1.200 mg	790 – 856 mg	Kuhmilchprodukte	Knochenaufbau, Zellstoffwechsel
Phosphor	700 – 1.250 mg	1.185 – 1.336 mg	eiweißreiche Lebensmittel	Knochenaufbau, Energiestoffwechsel
Magnesium	300 – 400 mg	347 – 387 mg	Vollkornprodukte	Knochenaufbau, Enzyme benötigen es als Cofaktor
Natrium	550 mg	2.700 – 3.100 mg	Speisesalz	Wasserhaushalt, Reizleitung
Kalium	2.000 mg	3.000 – 3.300 mg	Gemüse, Früchte	Wasserhaushalt, Reizleitung
Eisen	10 – 15 mg	13,1 – 14,3 mg	Fleisch, Fisch, pflanzliche Lebensmittel	Sauerstofftransport, Aminosäurestoffwechsel, Energiestoffwechsel
Chlor	830 mg	4.500 – 4.950 mg	Käse, Fleisch	Wasserhaushalt, Reizleitung
Zink	7 – 10 mg	9,6 – 10,7 mg	Austern, Leber, Fleisch	ca. 50 Enzyme benötigen es als Cofaktor
Jod	180 – 200 µg	84 – 93 µg	Seefisch	Schilddrüsen-hormonstoffwechsel, Gesamtstoffwechsel
Selen	30 – 70 µg	ca. 40 µg	Eier	Schilddrüsen-hormonstoffwechsel, Oxidationsschutz
Kupfer	1 – 1,5 mg	2,3 – 2,5 mg	Getreide, Obst, Gemüse, Fleisch	Energiestoffwechsel, Oxidationsschutz
Mangan	2 – 5 mg	4 – 4,7 mg	Getreideprodukte	Oxidationsschutz, Energie-, Harnstoffwechsel
Schwefel	nicht bekannt	1.000 – 1.300 mg	eiweißreiche Lebensmittel	Proteinstoffwechsel
Chrom	30 – 100 µg	15 – 50 µg	Leber, Getreide, Fleisch	Zuckerstoffwechsel

Dazu kommen noch die über den Schweiß ausgeschiedenen Mengen. Der dadurch entstehende erhöhte Bedarf muss kompensiert werden. Grundsätzlich ist die Versorgung mit den wichtigen Mikronährstoffen in Deutschland ausreichend – vorausgesetzt, die Menge und Qualität der Nahrung ist angemessen. Nicht bei jedem Sportler aber stimmen die Aufnahme und Zusammensetzung der Lebensmittel mit dem tatsächlichen Bedarf überein. Empfehlenswert ist eine Nahrungsergänzung deshalb bei:

- nachweislichem Mangel (gefährdet sind vor allem Veganer, Vegetarier und Sportler bei extremer Kohlenhydratmast oder kohlenhydratarmer Kost)
- verminderter Aufnahmefähigkeit (Befund durch den Arzt)
- erhöhtem Bedarf (Schwangerschaft und Stillzeit)
- sehr einseitiger Ernährung
- extremen Klimasituationen und damit verbundenen nicht kompensierbaren Verlusten
- chronischem Konsum von Genussmitteln wie Alkohol und Nikotin
- Erkrankungen wie Infektionen, Magen-Darm- oder Krebserkrankungen
- Einnahme von Medikamenten (auch Antibabypille)

Finden Sie sich in einer dieser Gruppen wieder und erwägen eine Substitution, dann sollten Sie sich vorher von einem Arzt daraufhin untersuchen lassen, ob tatsächlich ein Mangel an Mikronährstoffen besteht. Unkontrolliertes Einnehmen aller verfügbaren Präparate hebt in den meisten Fällen nur den finanziellen Wert dessen, was Sie auf dem stillen Örtchen hinterlassen.

BESONDERHEITEN BEI SPORTLERN

Sportler nehmen in der Energieversorgung eine Sonderstellung ein: Der erhöhte Umsatz der Hauptnährstoffe führt auch zu einem Mehrbedarf an Mikronährstoffen. ►

Wie Sie den Tabellen zu diesem Artikel entnehmen können, herrscht in Deutschland ein Mangel an Kalzium, Jod und Folsäure. Sportler benötigen eventuell zusätzlich Vitamin B1 für den Kohlenhydratumsatz sowie Vitamin B6 und Magnesium für den Eiweißstoffwechsel. Über den Schweiß werden vermehrt Natrium, Kalium, Chlorid, Magnesium und Jod ausgeschieden. Auch die Versorgung mit Eisen und Kalzium kann – vor allem bei Frauen – durch eine ausgewogene Ernährung allein teilweise nicht gewährleistet sein.

VORSICHT, NEBENWIRKUNGEN!

Einige Mikronährstoffe werden gerade unter Sportlern besonders häufig und teilweise in großen Mengen eingenommen. Diese hohen Dosierungen sind zwar oft nicht schädlich, aber zumeist überflüssig. Ein Zuviel an bestimmten Vitaminen und Spurenelementen kann sogar extrem unerwünschte Wirkungen haben. Besonders bei Selen, Kupfer, Fluorid, Chrom und Vanadium ist Vorsicht geboten. Sportler greifen am häufigsten zu Magnesium, Zink und Eisen.

MAGNESIUM

Eigentlich ist eine Unterversorgung mit Magnesium unwahrscheinlich, kommt es doch in sehr vielen Lebensmitteln vor. Da sich Mangelerscheinungen aber oft in Form von Muskelkrämpfen bemerkbar machen, nehmen viele Sportler zusätzlich Magnesiumpräperate zu sich. Allerdings sollte die tägliche Aufnahme eine Menge von 360 Milligramm nicht überschreiten, denn in Folge einer Überdosierung kann Durchfall auftreten.

EISEN

Von einem Eisenmangel sind besonders junge Frauen betroffen. Ursache dafür ist eine zu geringe Zufuhr über die Nahrung und erhöhte Verluste durch die Menstruationsblutung. Auch durch intensiven Ausdauersport kann eine Mangelsituation entstehen. Mit Abstand am meisten Eisen nimmt der Körper aus Fleischprodukten auf. Gute pflanzliche Eisenquellen sind Hirse und Amaranth-Getreide, aber auch Zuckerrübensirup und getrocknete Aprikosen. Allerdings wird das pflanzliche Eisen schlechter vom Körper aufgenommen als das tierische. Ein Eisenmangel muss auf jeden Fall vom Arzt diagnostiziert werden und die Substitution von diesem festgelegt werden. Denn eine zusätzliche Eisenzufuhr bleibt nicht ohne Auswirkung auf den übrigen Mineralhaushalt. So werden zum Beispiel der Zink-, Mangan-, Chrom- und Magnesiumhaushalt gestört.

ZINK

Es sind mehr als 300 Enzyme bekannt, deren Aktivität durch Zink beeinflusst wird. Wichtig ist auch die Rolle von Zink für die normale Funktion des Immunsystems. Da jedoch schon bei einer Supplementierung von 50 Milligramm pro Tag Wechselwirkungen mit dem Eisen- und Kupferstoffwechsel auftreten können, wird von einer langfristigen Substitution von täglich mehr als 30 Milligramm abgeraten. Bei einer überhöhten Aufnahme kann sich zudem der positive Effekt auf das Immunsystem „umkehren“ – die Immunfunktion wird verschlechtert. ■

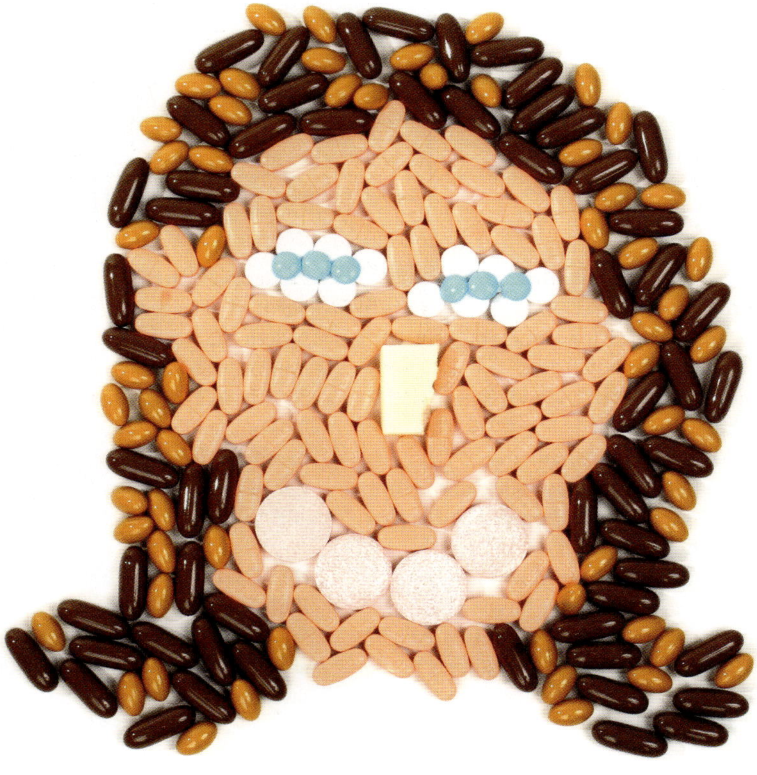

FUNKTION, BEDARF UND VERSORGUNGSLAGE MIT FETT- UND WASSERLÖSLICHEN VITAMINEN (NACH D.A.CH.)

NAME	TAGESBEDARF	TATSÄCHLICHE AUFNAHME	VORKOMMEN	AUFGABE IM KÖRPER
FETTLÖSLICHE VITAMINE				
A	0,9 – 1,1 mg	1,2 – 1,4 mg	Leber, Thunfisch, Hering	Sehen, Entwicklung und Differenzierung von Zellen, Oxidationsschutz
Provitamin A	2 – 4 mg	2,3 – 2,5 mg	Gemüse, Früchte	Oxidationsschutz, Umwandlung in Vitamin A
D	5 – 10 µg	4,3 – 4,9 µg	fette Seefische, Eier	Kalzium-Stoffwechsel, Wirkungen am Skelettmuskel, an Pankreas, Immunsystem und Haut
E	12 – 15 mg	11,5 – 12,7 mg	Pflanzenkeime/-saaten, Pflanzenöle	Oxidationsschutz
K	60 – 70 µg	unklar	Grüne Gemüse, Leber	Blutgerinnung, Knochenstoffwechsel
WASSERLÖSLICHE VITAMINE				
B1	1 – 1,3 mg	1,2 – 1,3 mg	Vollkorngetreide, Hefeprodukte, (Schweine-) Fleisch	Energie- und Kohlenhydratstoffwechsel
B2	1,2 – 1,5 mg	1,5 – 1,7 mg	Milchprodukte, Leber, Eier	Energie- und Gehirnstoffwechsel
Folsäure	400 µg	214 – 235 µg	frisches Blatt-/ Grüngemüse, Leber, Getreidekeime	Erbsubstanz, Aminosäuren
Niacin	13 – 17 mg	29 – 34 mg	Fleisch, Hefeprodukte, Leber, Vollkornprodukte	Bildung und Verbrennung von Fettsäuren, Cholesterolstoffwechsel
Pantothensäure	6 mg	4,5 – 5 mg	Fleisch, Gemüse, Fisch – „pantothen" bedeutet überall	Zentrale Funktion im Energiestoffwechsel
B6	1,2 – 1,6 mg	1,5 – 1,7 mg	Fleisch, Fisch, Vollkornprodukte	Eiweiß- und Glykogenstoffwechsel
B12	3 µg	5,1 – 6,2 µg	tierische Lebensmittel	Blutbildung, Protein- und Gehirnstoffwechsel
C	100 mg	106 – 108 mg	frische Früchte und Gemüse	Oxidationsschutz, Bindegewebsaufbau, Aminosäuren-, Gallensäuren-, Gehirn-Stesshormonstoffwechsel, Eisenresorption
H (Biotin)	30 – 60 µg	40 – 45 µg	Hefeprodukte, Eigelb, Leber, Nüsse	Aminosäuren-, Glukose- und Fettstoffwechsel

Koffein – der Wachmacher

Als Hauptwirkstoff im Kaffee ist Koffein ein beliebter morgendlicher Muntermacher. Von vielen Sportlern geschätzt, wurde das pflanzliche Stimulans 2004 gänzlich von der internationalen Dopingliste gestrichen. Probeweise, denn die Diskussion, ob Koffein nicht doch auch als Doping einzuordnen sei, ist seither nicht verstummt.

von Oliver Neubauer

Eigentlich dient Koffein vielen Pflanzen als Schutz vor dem Gefressenwerden oder vor unliebsamen Parasiten. In höheren Mengen wirkt es tatsächlich als Nervengift, wobei die für den Menschen tödliche Dosis allerdings praktisch nicht zu erreichen ist. Chemisch gesehen ist Koffein ein sogenanntes Tri-Methylxanthin. Es findet sich in Kaffeebohnen, in Tee- und Mateblättern, Kakaosamen und Colanüssen. Überdies ist Koffein im Samen eines südamerikanischen Seifenbaumgewächses enthalten, wobei der Name des daraus hergestellten Pulvers geläufiger sein dürfte: Guarana. Eine Tasse Kaffee à 150 Milliliter enthält übrigens je nach Sorte und Stärke 50 bis 150 Milligramm Koffein. Zum Vergleich: ein „Tässchen" Espresso (à 60 Milliliter) 100 Milligramm, eine Tasse Tee bis zu 50 Milligramm, ein Becher Cola (à 200 Milliliter) etwa 14 bis 50 Mil-

ligramm, Energy-Drinks je nach Produkt 80 bis 130 Milligramm Koffein (Dosen à 250 Milliliter).

SIGNAL ZUM ANGRIFF

Koffeinwirkung ist keine Einbildung. Die tatsächliche Wirksamkeit von Koffein konnte in wissenschaftlichen Studien bewiesen werden. Wegen seiner Ähnlichkeit mit dem körpereigenen Signalstoff Adenosin besetzt Koffein dessen Bindungsstellen – mit gegensätzlicher Wirkung. Denn das als Stoffwechselprodukt bei der Energiebereitstellung anfallende Adenosin gibt in den Zellen aktivitätshemmende Impulse weiter, was Müdigkeit zur Folge hat. Durch die Blockierung dieser Signalkette stellt Koffein die Weichen für eine Aktivitätssteigerung. Die Zellen blasen also zum Angriff!

VIELFÄLTIGES WIRKUNGSSPEKTRUM

Da die Adenosin-Bindungsstellen im Körper sehr häufig vorkommen (nämlich in der Magen- und Darm-, der Herz- und Skelett-Muskulatur über das Fettgewebe bis hin zum Gehirn), ist das Wirkspektrum von Koffein entsprechend vielfältig. Der klassischen Theorie zufolge verstärkt Koffein die Freisetzung und Verbrennung von Fettsäuren. Der Vorteil dabei wäre eine Einsparung der mengenmäßig begrenzten Kohlenhydratspeicher des Körpers, der Glykogendepots. Aus heutiger Sicht erscheint dieser Erklärungsansatz aber unvollständig – auch, weil Koffein leistungsfördernd wirken kann, ohne dass Effekte auf den Fettstoffwechsel zum Tragen kommen. Auch dürfte die koffeinbedingte Ausschüttung von Adrenalin und anderen die Leistungsreserven mobilisierenden Hormonen geringer sein als ursprünglich angenommen. In den vergangenen Jahren sind deshalb verstärkt andere Wirkweisen in den Blickpunkt der Forschung gerückt: Neben der anregenden Wirkung auf das Zentralnervensystem zieht Koffein offenbar auch bei der Verteilung bestimmter Salze im Muskel, nämlich Kalzium und Kalium, seine Fäden und verstärkt damit die Erregbarkeit und Kontraktion der Muskelfasern.

KOFFEIN IST NICHT GLEICH KAFFEE

Vom Körper schnell aufgenommen, erreicht Koffein die höchste Blutkonzentration eine knappe Stunde nach seiner Zufuhr. Dieser Pegel hält sich auch relativ lange auf einem hohen Niveau. Erst nach etwa zwei bis vier Stunden macht sich der Koffeinabbau der Leber bemerkbar, und nach vier bis sechs Stunden ist gerade einmal die Hälfte des aufgenommenen Koffeins „entschärft". Bemerkenswert: Koffein ist nicht gleich Kaffee! Einer kanadischen Forschergruppe zufolge schwächen einige der unzähligen weiteren Komponenten im Kaffee die Wirkung von Koffein als Reinsubstanz sogar etwas ab. Darüber hinaus sind auch die Koffeinwirkungen von Kaffee, Tee und Guarana unterschiedlich. Die Effekte des Pflanzenextrakts Guarana etwa sind jenem von purem Koffein zwar ähnlich, die Wirkstoff-Freisetzung erfolgt jedoch – ebenso wie aus Tee – verzögert: Dadurch wird die Wirkungsdauer aber auch verlängert. Tee beinhaltet außer Koffein übrigens noch zwei weitere Substanzen mit vergleichbarer Wirkungsweise: die Di-Methylxanthine Theophyllin und Theobromin.

UND WAS BEWIRKT TAURIN?

Taurin ist eigentlich ein Stoffwechsel-Endprodukt bestimmter Aminosäuren und wird vom gesunden Organismus selbst gebildet. Es wurde erstmals aus Ochsengalle gewonnen – daher sein Name (griechisch von „Tauros", der Stier). Seine Fett verdauende Funktion als Bestandteil der Gallensalze ist gesichert und über seine positive Wirkung auf den Herzmuskel wird diskutiert. Eine stimulierende Wirkung à la Koffein ist jedoch nicht eindeutig belegt.

LEISTUNGSBEWEISE VON KOFFEIN

Bleiben wir also bei der bewiesenen Koffeinwirkung: Tatsächlich ist Koffein eine der wenigen (erlaubten) leistungsfördernden Wirkstoffe, die dieser Bezeichnung auch gerecht werden. Zahlreiche Studien – wenngleich nicht alle – berichten von einer Leistungsverbesserung sowohl bei intensiven Kurzzeit- als auch extensiven Langzeitbelastungen. Einige ausgewählte Ergebnisse bei trainierten Ausdauersportlern: Schwimmer waren auf 1,5 Kilometer im Mittel um 23 Sekunden schneller, wenn sie zuvor Koffein aufnahmen. In einer älteren Studie bewältigten Radfahrer eine zweistündige Einheit am Radergometer mit einer durchschnittlich um etwa sieben Prozent höheren Leistung. Niederländischen Wissenschaftlern zufolge führte im Rahmen eines simulierten, einstündigen Zeitfahrens schon die Einnahme von 2,1 Milligramm Koffein pro Kilogramm Körpergewicht – der Wirkstoffgehalt einer starken Tasse Kaffee – zu besseren Resultaten. Die deutlichsten Steigerungen (jeweils um 3:36 Minuten schneller als in der Kontrollgruppe) wurden bei einer Aufnahme von 3,2 und 4,5 Milligramm Koffein pro Kilogramm Körpergewicht erzielt. Nach einer Studie eines Forscherteams der Universität Birmingham erhöht Koffein außerdem die Energiebereitstellung von unter Belastung zugeführten Kohlenhydraten – auch nicht gerade ein Nachteil.

Ein Wermutstropfen bleibt die karge Datenlage bei Belastungen über drei Stunden. Fasst man die Studienresultate zusammen, so dürfte eine kontinuierliche, moderate Koffeinaufnahme gerade bei mehrstündigen Ausdauerwettkämpfen einer hohen Einzeldosis zu bevorzugen sein – nicht zuletzt, was die Magenverträglichkeit betrifft. Übrigens: Trotz der Toleranz- und Gewöhnungseffekte bei regelmäßigem Koffeinkonsum profitieren offenbar auch hartgesottene „Koffein-Junkies" vom pflanzlichen Stimulans, wenngleich vermutlich etwas weniger als koffeinabstinente Personen, die dafür aber empfindlicher auf Überdosierungen reagieren.

MÖGLICHE NEBENWIRKUNGEN

Apropos Negativeffekte: Eine ungünstige Begleiterscheinung von Koffein, nämlich seine harntreibende und wasserentziehende Wirkung, dürfte neueren Studienergebnissen zufolge, zumal unter Belastung, weniger drastisch sein als bisher angenommen. Bei einer einmal (zum Beispiel durch hohe Schweißverluste) eingetretenen Dehydrierung kann allerdings jeder weitere Flüssigkeitsverlust problematisch sein. ►

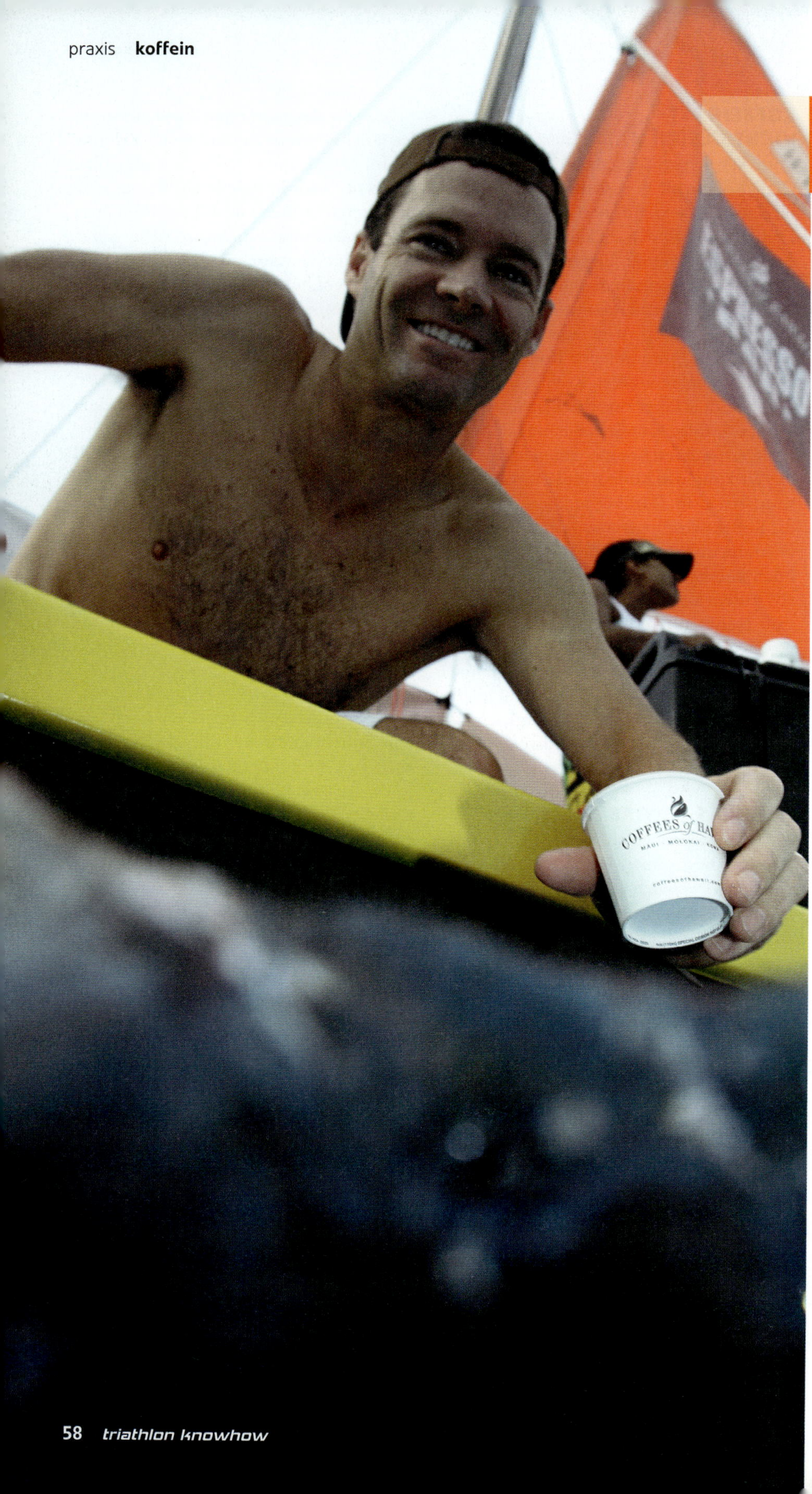

Hawaii-Kaffee:
Der berühmte Ausschank beim Schwimmtraining ist Lifestyle, keine Dopingbeihilfe

Zudem ist der Einfluss von Koffein und anderen Methylxanthinen auf den Flüssigkeitshaushalt individuell sehr unterschiedlich. Weitere nachteilige Effekte übermäßigen Koffeinkonsums sind Nervosität, Schlaflosigkeit, Kopfschmerzen, Herzrasen sowie eine Reizung des Magen-Darm-Trakts. Letztere wird von manchen Sportlern aber sogar genutzt, um zwischen Frühstück und Wettkampf noch rechtzeitig den Gang auf die Toilette einzuleiten. Auch Koffein-Entzugserscheinungen wie allgemeine Abgeschlagenheit sind bekannt. Erfahrungsgemäß sollte etwa im Rahmen einer Langdistanz nicht jede aufgenommene Portion eines Energieriegels oder Gelkonzentrats koffeinhaltig sein, um möglichen unerwünschten Auswirkungen vorzubeugen. Die Hersteller geben dazu eine Höchstmengen-Empfehlung.

GRENZFALL ZUM DOPING

Koffein bewegt – auch die Gemüter. Der pflanzliche Wirkstoff an sich ist schließlich kein für den Organismus notwendiger Nährstoff. Im Rahmen einer wissenschaftlichen Tagung 2003 in Wien bezeichnete der renommierte Hamburger Sportwissenschaftler Prof. Klaus-Michael Braumann den Grat zum Doping als „sehr schmal“. In jenem Jahr existierte für Koffein noch ein Dopinggrenzwert, um zu verhindern, dass Koffein in überhöhter Dosierung gezielt zur Leistungssteigerung missbraucht würde. In Einzelfällen, etwa bei sehr leichtgewichtigen Sportlern, konnte dieser Wert im Urin allerdings schon bei einer einmaligen Einnahme von etwa 300 Milligramm Koffein (zwei Tassen Kaffee!) überschritten werden, weiß Dr. Gunther Gmeiner, Leiter des vom Internationalen Olympischen Komitee beglaubigten Dopingkontrolllabors der Austrian Research Centers Seibersdorf. 2004 wurde Koffein versuchsweise von der internationalen Dopingliste genommen. Ein Monitoring-Programm verfolgt seither die

Auswirkungen dieser Freigabe. „In einigen Sportarten und Regionen kann man beobachten, dass der Koffeinkonsum exorbitant stark gestiegen ist“, sagt die NADA-Vorstandsvorsitzende Dr. Andrea Gotzmann. Über kurz oder lang könne die WADA den Stoff wieder verbieten.

ZWISCHEN GENUSS UND MISSBRAUCH

Allein aus gesundheitlicher Sicht spricht bei Sportlern nichts gegen den Genuss von bis zu vier Tassen Kaffee am Tag. Kaffee ist besser als sein (früherer) Ruf. Bei maßvollem Einsatz stehen die positiven Aspekte des geschätzten Wachmachers sogar im Vordergrund. Lediglich Schwangeren und Stillenden wird zu einem eingeschränkten Konsum koffeinhaltiger Getränke geraten. Teeliebhaber profitieren überdies auch noch von vor allem in Grüntee enthaltenen Flavonoiden – äußerst wirksame Substanzen im Gefecht gegen zellschädigende freie Radikale. Und auch im Training kann eine gewisse Menge Koffein die körperliche und mentale Leistungsbereitschaft für eine intensivere Einheit unterstützen. Ein guter Kaffee am Ende eines harten Arbeitstages hilft vielleicht dabei, sich überhaupt noch aufzuraffen.

Dass sich auch die Triathlon-Wettkampfleistung durch Koffein steigern lässt, legen die zitierten Untersuchungen nahe. Eine Orientierung an der dort ermittelten Dosierung (drei Milligramm pro Kilogramm Körpergewicht) birgt ein verhältnismäßig geringes Risiko für unerwünschte Nebenwirkungen und lässt die Athleten – aus sportethischen Gesichtspunkten vielleicht interessant – auch unter dem früheren Dopinggrenzwert bleiben. Es obliegt wohl der Fairness von uns Sportlern, ob Koffein freigegeben bleibt – und wir zum Wettkampffrühstück weiter in Maßen vom „schwarzen Gold“ schlürfen können. ■

Die Kraft der Kuh

Immer mehr Sportler setzen auf Nahrungsergänzungsmittel auf der Basis von Erstmilch. Doch hilft das Kolostrum von Tieren tatsächlich, die Leistungsfähigkeit eines Menschen zu verbessern?

von Dr. Mareike Großhauser

Unter Kolostrum (Synonyme: Erstmilch, bei Kühen auch Biestmilch) verstehen Biologen die Milch, die in den ersten Tagen nach der Geburt in den Milchdrüsen der Mutter gebildet wird. Nach den Aussagen der Hersteller von Kolostrumprodukten wird zunächst der Bedarf des Kalbs gedeckt, bevor weitere wertvolle Biestmilch zur Herstellung der Präparate gewonnen wird. Die meisten für den Menschen entwickelten Produkte stammen aus der Vormilch der Kuh. Kolostrum ist etwas dickflüssiger als die uns bekannte Milch und von leicht gelblicher Farbe, in ihr sind neben Eiweiß, Fett und Kohlenhydraten auch Antikörper (Immunglobuline), Zellen (zum Beispiel Leukozyten), Immunmodulatoren (unter anderem Interleukin, Interferon, Laktoferrin, Lysozym) sowie die Mengen- und Spurenelemente Kalzium und Zink, Vitamine (B-Vitamine), bioaktive Substanzen und Laxantien (abführend wirkende Substanzen) enthalten. Insbesondere die Immunglobuline und Wachstumsfaktoren geben der Vormilch einen besonderen Stellenwert. Die Immunstoffe helfen dem Neugeborenen, das noch keine eigene Krankheitsabwehr entwickelt hat, in den Körper eingedrungene Viren und Bakterien abzufangen. Zu den enthaltenen Wachstumsfaktoren gehören das Wachstumshormon (GH) und der Insulin-like Growth Factor 1 (IGF-1). Das IGF-1 überträgt wachstumsfördernde Prozesse des Wachstumshormons. Beide Hormone zusammen bilden einen wichtigen Faktor für den Aufbau von Muskelmasse.

VIELVERSPRECHENDE BEOBACHTUNGEN

Bereits Ende des 18. Jahrhunderts beschrieb der Mediziner Christoph W. Hufeland, unter anderem Leibarzt von Goethe und Schiller, die positive Wirkung von Kolostrum auf die Gesundheit und das Wachstum

neugeborener Kälber. 1955 befasste sich in Amerika eine Untersuchung mit der Anwendung von Kolostrum als Nahrungsergänzung für Menschen mit rheumatischer Gelenkentzündung (Arthritis). Spätere wissenschaftliche Untersuchungen konnten nachweisen, dass Kolostrum das Immunsystem von Neugeborenen langfristig stärkt. Die Konzentration von Immunglobulinen im Blut steigt nach dem Verzehr von Kolostrum stark an und schützt so in den ersten Lebenstagen vor Infektionen und Überempfindlichkeitsreaktionen. Aufgrund dieser immunstärkenden Wirkung begann die Pharmaindustrie bald mit der Entwicklung von Kolostrumprodukten aus der Vormilch von Säugetieren. In Form von Säften, Pulvern und Kapseln sollen sie die Leistungsfähigkeit, Regeneration und Widerstandsfähigkeit sowohl von Kranken als auch Hochleistungssportlern steigern. Derzeit boomt der Markt mit derartigen Produkten. Ist der von Herstellern gepriesene Stellenwert von Kolostrumprodukten gerechtfertigt oder überzogen? Hilft das Kolostrum der Kuh auch dem Menschen?

Entsprechend den Herstellerangaben unterstützen und normalisieren Kolostrumprodukte als Nahrungsergänzungsmittel ein geschwächtes oder strapaziertes Abwehrsystem, wie es zum Beispiel bei Erkältungen, Allergien, Neurodermitis, Schuppenflechte oder chronischen Darmerkrankungen beobachtet wird. Erfolgversprechend ist angeblich auch der Einsatz bei rheumatischen Krankheitsbildern (Arthritis, Fibromyalgien), bei offenen Verletzungen, Verbrennungen, bei Akne oder zur Unterstützung nach chirurgischen Eingriffen.

EINFLUSS AUF WACHSTUMSFAKTOREN

Nach der Veröffentlichung erster wissenschaftlicher Studien zur Wirkung tierischer (hauptsächlich aus Biestmilch gewonnener) Kolostrumprodukte beim Menschen haben viele Firmen entsprechende Supplemente auch für Sportler entwickelt. Ausschlaggebend waren Beobachtungen wie beispielsweise der Anstieg des IGF-1 nach einer achttägigen Einnahme eines Biestmilchproduktes (Mero 1997) bei Leichtathleten. ►

KOLOSTRUMPRODUKTE – RECHTLICHE GRUNDLAGEN

Nach § 18 (2) der Milchverordnung des Lebensmittel- und Bedarfsgegenstandsgesetzes (LMBG) wird Kolostrum als „Gemelk der ersten fünf Tage nach dem Kalben" bezeichnet. Dieses darf in Deutschland nicht als Milch oder als Erzeugnis auf Milchbasis in den Verkehr gebracht werden. Eine eindeutige Zuordnung zu Erzeugnissen auf Milchbasis ist rechtlich noch nicht vollständig geklärt und Gegenstand fachlicher Diskussionen.

Werbeaussagen zur Wirkung von Kolostrum-Produkten jedoch unterliegen seit dem 1. Juli 2007 den Anforderungen der neuen Health-Claims-Verordnung (EG Nr. 1924/2006), einer Verordnung des Europäischen Parlaments zu nährwert- und gesundheitsbezogenen Angaben über Lebensmittel. Ziel dieser Verordnung ist es, den Verbraucher besser über die Zusammensetzung von Lebensmitteln und einzelnen Lebensmittelbestandteilen zu informieren. Bis sämtliche Produktaussagen und -wirkungsweisen überprüft sind, gilt noch eine Übergangsfrist.

tipp

KOLOSTRUM: INHALTSSTOFFE UND DEREN BEDEUTUNG

- Immunglobuline: zerstören Mikroorganismen
- Laktoferrin: wirkt gegen Viren und Bakterien, hemmt Entzündungen
- Lysozym: zerstört Bakterien
- Prolinreiche Polypeptide (PRP): unterstützen die Abwehr
- Leukozyten: zerstören Mikroorganismen
- Wachstumsfaktoren: stimulieren den Aufbau von Gewebe
- Aminosäuren: Eiweißbestandteile, wichtig für den Aufbau von Enzymen, Zellen und Gewebe
- Vitamine: unentbehrlich für viele Stoffwechsel- und Immunprozesse
- Mengen- und Spurenelemente: wichtig für Enzymfunktion, Knochenaufbau, Muskelkontraktion, Immun system u. v. m.

Erstaunlich daran war zunächst die Erkenntnis, dass offenbar intakte Eiweiße eines Supplementes die Darmwand passieren und ins Blut aufgenommen werden können. Zwar stand die Erstuntersuchung später im Verdacht, mit falschen Messergebnissen gearbeitet zu haben, eine nachfolgende Studie derselben Gruppe wies jedoch tatsächlich eine erhöhte IGF-1-Konzentration im Blut nach. Damit war ein möglicher Einfluss tierischen Kolostrums auf hormonelle Wachstumsfaktoren und einzelne Parameter des Immunsystems beim Menschen denkbar.

Die Industrie griff die Ergebnisse auf, die Vorteile der Einnahme von Kolostrumsupplementen sollen unter anderem in einer verbesserten Regenerations- und Widerstandsfähigkeit, in einer gesteigerte Pufferkapazität der Muskulatur gegen Säuren (Milchsäure) sowie in einem beschleunigten Muskelaufbau (durch die Wirkung des IGF-1) liegen. Darin liegt – neben dem Versprechen eines widerstandsfähigeren Immunsystems – für Sportler ein besonderer Anreiz, denn die Einnahme des isolierten Hormons ist durch die Anti-Doping-Vorschriften der WADA (World Anti-Doping Agency) verboten. Die Datenlage bleibt allerdings widersprüchlich: Andere Studien konnten keine kurzfristigen Veränderungen feststellen, die mögliche Wirkung einer kurzzeitigen Einnahme von Kolostrumprodukten ist also weiterhin nicht eindeutig geklärt.

LANGZEITWIRKUNG NACH HOHEN DOSEN

Etwas anders sieht die Studienlage zur langzeitigen Einnahme aus. So beobachtete die amerikanische Wissenschaftlerin Rebecca Buckley im Jahr 2002 nach achtwöchiger Einnahme von täglich 60 Gramm Kolostrumpulver bei zuvor untrainierten Männern eine Verbesserung der Schnelligkeit. Die Probanden von Buckley und ihrem Team im Duke University Medical Center in North Carolina beobachteten Gruppe trainierten dreimal wöchentlich, die Kontrollgruppe erhielt statt des Kolostrumpulvers ein geschmacksgleiches Placeboprodukt auf Weizenbasis. Allerdings führte Buckley keine weiteren Untersuchungen durch, um den Anstieg der Leistungsfähigkeit zu erklären. Auch weitere Studien, die punktuell eine verbesserte Leistungsfähigkeit bei Sportlern beobachten konnten, gaben keinen Aufschluss über mögliche Wirkungsmechanismen. Widersprüchlich bleiben auch die Untersuchungsergebnisse zur Veränderung der Körperzusammensetzung: Während amerikanische Forscher nach einer achtwöchigen Kolostrumeinnahme von 20 Gramm täglich bei Athleten einen Anstieg der fettfreien Körpermasse beobachteten, stellten neuseeländische Wissenschaftler in einer anderen Studie keine Veränderungen fest.

ZURÜCKHALTUNG BEI DEN KRITIKERN

Kritiker bemängeln, dass die im Kolostrum enthaltenen Immunglobuline den Weg über den menschlichen Darm in die Blutbahn wohl kaum überstehen dürften und bereits im oberen Magen-Darm-Trakt in ihre Einzelbestandteile zerlegt würden. Wenn aber der Hauptunterschied der Vormilch zur späteren Normalmilch im Gehalt der Immunglobuline bestehe, dann reiche die Einnahme normaler Milchprodukte aus. Denn Eiweiß, Kohlenhydrate, Vitamine, Mengen- und Spurenelemente seien schließlich in beiden vorhanden. Zudem wirkten aufbauende (anabole) Substanzen wie das IGF-1 nicht spezifisch. Werde also ein Kolostrumprodukt zur Stimulierung des Muskelwachstums eingenommen, so bestehe die Gefahr, dass durch den nachfolgenden Anstieg des Wachstumshormons auch andere Gewebearten mit Wachstum reagierten.

Es bleibt also festzuhalten, dass großangelegte Studien zu Wirkungen und Wirkmechanismen des Kolostrums im Ausdauersport noch ausstehen, um das zu belegen, was einige der erfolgreichsten Triathleten der Welt der Substanz zusprechen: Immerhin werben auch Spitzenathleten wie die Ironman-Europameisterin Nicole Leder und der zweifache Hawaii-Sieger Chris McCormack für die immunmodulierenden Wirkungen des Kolostrums. Auch die Industrie ist sich des weiteren Forschungsbedarfs durchaus bewusst. So heißt es auf der Website des in Sportlerkreisen am weitesten verbreiteten Produkts: „Eine Substanz sucht ihren Weg zwischen Naturwissenschaft und Naturheilkunde.“ Und beide Welten haben im Ausdauersport durchaus Einfluss und Geschichte. ■

Forschungsobjekt:
Die Frühmilch der Kuh und ihre Wirkungen im Sport

373
89 373

Leistungssteigerung durch ergogene Substanzen?

In der Werbung werden ergogene Substanzen als ultimative Lösung zur Leistungsverbesserung beziehungsweise -steigerung gehandelt. Doch was bewirken diese Mittel wirklich und welchen Nutzen haben Triathleten davon?

von Olaf Sabatschus

Früher glaubte man, die Eigenschaften von Tieren würden uns zu eigen, wenn wir deren Fleisch verzehren – heute wird mit dem zunehmenden Wissen über die Stoffwechselvorgänge und Nahrungsinhaltsstoffe weitaus subtiler vorgegangen. Doch können wir mit den heutzutage angebotenen Substanzen bessere Ergebnisse erzielen, als unsere Vorfahren mit dem vergeblichen Wunsch, die Schnelligkeit der Hirsche oder die Kraft eines Bären per Nahrung gewinnen zu können? Was also verbirgt sich hinter ergogenen Stoffen? Der Begriff „ergogen" setzt sich übrigens aus den griechischen Wörtern ergon (Arbeit) und gennan (produzieren) zusammen. Eine längst nicht vollständige Auflistung (siehe Kasten) der im Sport verwendeten Substanzen zeigt den Versuch vieler Athleten beziehungsweise Hersteller, das Potenzial unserer Nahrungsinhaltsstoffe vollständig auszuschöpfen, um die Leistungsfähigkeit zu beeinflussen.

SCHNELLER MIT KOFFEIN

Dieses anregende Alkaloid findet sich in Cola, Energy-Drinks, Kakao, Guarana, Kaffee, schwarzem und grünem Tee oder wird von dem einen oder anderen in Tablettenform eingenommen. Eine Tasse Kaffee enthält etwa 60 bis 120, Cola-Getränke bis zu 320 Milligramm pro Liter. Das zugeführte Koffein wird verlustfrei aufgenommen und der Koffeinspiegel im Blut erreicht nach 30 bis 60 Minuten ein Maximum.

Bei Ausdauerleistungen konnten Leistungsverbesserungen nachgewiesen werden, die vor allem auf zwei Effekten beruhen sollen: Zum einen werden nach Koffeinkonsum vermehrt freie Fettsäuen im Blut gemessen, die bei wenig intensiven Ausdauerbelastungen zu einem Glykogen-Spareffekt führen können. Für die Rennsituation spielt dies allerdings keine Rolle mehr, denn dann werden unausweichlich die effektiveren Energielieferanten Kohlenhydrate genutzt. Zum anderen werden zentralnervöse Effekte für eine verbesserte psychomotorische Leistungsfähigkeit und ein verringertes Ermüdungsempfinden verantwortlich gemacht. Beim Überschreiten einer individuellen Verträglichkeitsgrenze jedoch werden die oben genannten Effekte durch Fahrigkeit, Muskelschwäche und ähnliche Symptome negiert.

DOPING DURCH KAFFEE UND COLA?

Bis 2004 gab es einen Grenzwert des Internationalen Olympischen Komitees (IOC), ab dem Koffein als Dopingmittel galt. Dieser lag bei 12 µg Koffein pro Milliliter Urin und ist durch eine Koffeinaufnahme von 500 bis 600 Milliliter (etwa sechs Tassen Kaffee oder 1,5 bis 2 Liter Cola), abhängig von Stoffwechsel und Gewicht, zu erreichen. Bei Flüssigkeitsmangel (der durch Kaffee und andere koffeinhaltige Getränke und deren wasserabführende Wirkung verstärkt werden kann), reichen sogar im Einzelfall schon zwei bis drei Tassen Kaffee am Morgen vor einem Rennen. Übrigens führt eine Gewöhnung an Koffein durch regelmäßigen Genuss zu einer Verminderung der leistungssteigernden Effekte auf zentralnervöser Ebene.

TRANSPORTSUBSTANZ L-CARNITIN

Diese Substanz wird aus den Aminosäuren Lysin und Methionin in Leber, Nieren und Gehirn gebildet. Die pro Tag synthetisierte Menge von etwa 16 Milligramm reicht aus, um den Bedarf zu decken – somit gehört L-Carnitin zu den nichtessenziellen Nährstoffen, Sie müssen es also nicht von außen zuführen. Zusätzlich zur Eigensynthese nehmen Sie mit einer gemischten Kost etwa 32 Milligramm pro Tag auf. Verschiedene Fleischsorten sind die besten Lieferanten, andere Lebensmittel enthalten nur geringe Mengen. Bei der Synthese sind außerdem Vitamin C, Eisen, Vitamin B6 und Niacin notwendig. Fehlen sie, wird die Carnitin-Eigenproduktion vermindert. Eine gesteigerte Zufuhr an Lysin und Methionin mit der Nahrung erhöht die Carnitinsynthese nicht!

95 Prozent der Körpervorkommens an L-Carnitin von 16 bis 20 Gramm sind in der Skelettmuskulatur lokalisiert. Hier dient die Substanz als Transporter für langkettige Fettsäuren in die Mitochondrien, die Kraftwerke der Zellen. An dieser Stelle setzt

die Werbung an und behauptet, dass durch zusätzlich aufgenommenes L-Carnitin die Fettverbrennung beschleunigt würde. Bislang konnte dies in keiner seriösen Studie nachgewiesen werden. Die Erklärung dafür liegt auf der Hand, denn L-Carnitin wird bei den Vorgängen im Fettstoffwechsel nicht verbraucht, sondern immer wieder „regeneriert". Somit steht stets eine so große Menge an L-Carnitin zur Verfügung, dass eine orale Zufuhr nichts an der Transportgeschwindigkeit der Fettsäuren ändert. Erst wenn ein Synthesemangel vorliegt, ist eine Substitution notwendig. Außerdem hängt das Ausmaß der Fettverbrennung maßgeblich vom Sauerstoffangebot ab, und für dieses müssen Sie schlicht besser trainieren ...

Es gibt weitere postulierte Wirkungen für L-Carnitin, darunter immunstimulierende Wirkungen, trainingsähnliche Effekte (Erhöhung der Aktivität von fettsäureoxidierenden Enzymen, Beeinflussung der Mitochondrien-Dichte, Körperfettanteil etc.), die allesamt nicht nachweisbar und erklärbar sind. Ein Effekt ist auf jeden Fall nachweisbar: Eine Verminderung der Anzahl freier Geldstücke im Portemonnaie, falls doch der Kauf eines Carnitin-Supplements getätigt wird.

KREATIN ALS ENERGIEVERSORGER

Kreatin wird hauptsächlich in Leber, Niere und Bauchspeicheldrüse aus den Aminosäuren Arginin, Glycin und Methionin gebildet. 95 Prozent unserer Vorräte befinden sich in der Muskulatur. Kreatin stellt in Form des Kreatinphosphats neben Adenosintriphosphat (ATP) die wichtigste „Energiewährung" dar, wenn man die elementaren Stoffwechselvorgänge betrachtet. Der Versuch, durch zusätzliche Aufnahme eine Leistungssteigerung zu erzielen, liegt daher nah. Der Mensch benötigt täglich etwa zwei Gramm Kreatin, wobei ein Gramm vom Körper gebildet und etwa ein Gramm mit der Nahrung zugeführt wird.

Tierische Lebensmittel enthalten mehr Kreatin als pflanzliche. Besonders reich sind Fisch und Fleisch. Aber auch die hier enthaltenen Mengen besitzen keinen leistungssteigernden Effekt. Ein solcher lässt sich nur bei Megadosen beobachten (anfangs 20 Gramm täglich, später zwei Gramm zusätzlich) und zwar ausschließlich bei Sportarten, die durch kurze und/oder intervallartige Belastungsspitzen gekennzeichnet sind und ausreichend große Ruhephasen zwischen den Belastungen aufweisen und bei mehr oder weniger Untrainierten. Keinerlei Wirkung zeigte sich bei Ausdauersportarten: Dabei wird nämlich die Energie hauptsächlich über die Herstellung von ATP aus Zuckern und Fetten gewonnen, das Kreatinphosphat spielt praktisch keine Rolle.

Die Einnahme von Kreatin hat durch verstärkte Wassereinlagerungen eine Zunahme des Körpergewichts zur Folge. Bei Sportarten, die in Gewichtsklassen eingeteilt sind, ist dieser Aspekt mit einzukalkulieren, beim Ausdauersport ist ein erhöhtes Körpergewicht ebenso unerwünscht. Obwohl kurzfristig keine Nebenwirkungen unter Kreatin-Supplementierung beobachtet wurden, gibt es bislang keine kontrollierten Langzeitstudien, die eine völlige Unbedenklichkeit garantieren.

BESCHLEUNIGER COENZYM Q10

Coenzym Q10 ist der Gruppe der Ubichinone zuzurechnen, einer in fast allen Lebensmitteln vorkommenden Molekülfamilie. Die Zahl hinter dem Q gibt die Länge einer Seitenkette an, beim Coenzym Q10 wird diese von 50 Kohlenstoffatomen beziehungsweise zehn sogenannten Isoprenresten gebildet. Der gesunde Organismus kann ausreichende Mengen selbst herstellen, allerdings gibt es Krankheitsbilder, die mit einem Mangel einhergehen. Die für den Sportler interessanteste Aufgabe des Q10 ist dessen Elektronenüberträgerfunktion in der Atmungskette, also dem Energiestoffwechsel. Gibt es einen beschleunigten aeroben Abbau unserer Energiesubstrate durch zusätzliche Q10-Gaben? Bislang sind die diesbezüglichen Studien zu einem negativen Urteil gekommen: Bei Athleten mit normalen Q10-Ausgangswerten ist keine Leistungssteigerung feststellbar.

ENERGIESCHUB DURCH MCT-FETTE?

MCT-Fette (englisch medium chain triglycerides) enthalten mittellangkettige Fettsäuren aus sechs bis zwölf Kohlenstoffatomen und kommen natürlicherweise in Kokosfett und Palmkernöl sowie Butter beziehungsweise Milchfett vor. Früher eher als nicht weiter verwendbares Nebenprodukt angesehen, werden die MCT mittlerweile in größeren Mengen für diätetische Zwecke künstlich hergestellt. Ausgangssubstanz ist hier auch das Kokosfett. Die gegenüber den langkettigen Fettsäuren kleineren Moleküle bewirken eine bessere Wasserlöslichkeit. Daher kann die Verdauung und Absorption schneller ablaufen ►

als bei den „großen" Verwandten, die den Löwenanteil der mit der Nahrung aufgenommenen Fette ausmachen. Letztere können erst durch die Kombination unter anderem mit Proteinen und Cholesterin als Chylomikronen mit dem Blut transportiert werden.

Übrigens werden die MCT unabhängig von L-Carnitin in die Mitochondrien transportiert. MCT-Fette liefern etwa 15 Prozent weniger Energie pro Gramm als langkettige Triglyceride, dafür stehen diese aber wesentlich schneller zur Verfügung. Der Zusatz dieser Fette soll laut Werbung Kohlenhydrate „sparen", und insgesamt mehr Energiezufuhr erlauben, als dies durch alleinige Kohlenhydratzufuhr möglich ist. Die wissenschaftlichen Ergebnisse hierzu sind trotz der positiven Eigenschaften der MCT-Fette wenig ermutigend: Die in größeren Mengen ungewohnten Fette sorgen ohne Gewöhnung schon ab zehn bis 30 Gramm für Leibschmerzen, Sodbrennen und Durchfall. Ein wesentlicher Energieschub ist nicht zu erwarten, denn diese geringe Menge ist ja nur ein Tropfen auf dem heißen Stein. Eine Leistungsverbesserung durch Austausch von Kohlenhydratenergie durch MCT, weder langfristig noch kurzfristig, ist in seriösen Studien nicht nachgewiesen worden. Auf Ihr „Zückerchen" während des Sports können Sie also auch in Zukunft nicht verzichten. Auch, wenn bei Langdistanzrennen spätestens beim Laufen die meisten schon vom „Bier danach" oder etwas anderem Herzhaften träumen ...

AUSGEWOGENE ERNÄHRUNG

Die gewohnten und bekannten Ernährungsstrategien bringen Sie auf jeden Fall weiter – und eine sinnvolle Ernährung kann durchaus Ihre langfristige Leistungsentwicklung fördern. Solange Sie keinen Mangel an einzelnen Substanzen haben, der im Regelfall nur durch eine wenig abwechslungsreiche Ernährung oder Krankheitszustände hervorgerufen wird, gibt es derzeit keinerlei Helfer, die Sie in Form von Supplementen mit einzelnen Wirkstoffen die entscheidenden Sekunden vorwärts bringen – zumindest keine legal erhältlichen! ■

ERGOGENE SUBSTANZEN IM ÜBERBLICK

SUBSTANZ	VORKOMMEN
HMB (Hydroxy-Methyl-Butyrat)	Fermentierte (durch Bakterien oder Pilze hergestellte) Lebensmittel (z.B. Käse)
Kreatin	Fisch (Hering, Lachs, Thunfisch, Dorsch), Fleisch (Schwein, Rind), pflanzliche Lebensmittel enthalten sehr wenig Kreatin
Carnitin	Fleisch (Schaf, Lamm, Rind, Schwein, Kaninchen, Huhn), sonstige Lebensmittel (Hefe, Milch, Eier, Erdnüsse, Brot, Weizenkeime, Avocado)
CLA (konjugierte Linolsäure)	Pflanzenöle (Maisöl, Leinöl, Sonnenblumenöl, Olivenöl), Fischöle (Seefische, Lebertran)
Chrom	Gewürze, Kakao, Tee, Schokolade, Mohn, Haselnüsse, Vollkornbrot und Weizenvollkornmehl
Phosphatsalze	Wurst, Fleisch, Käse, Cola-Getränke, Nüsse, Hülsenfrüchte, Obst, Gemüse, viele Lebensmittelzusatzstoffe (Antioxidationsmittel, Emulgatoren, Konservierungsstoffe, etc.)
Alkalisalze (Bicarbonat, Citrat)	Bicarbonat (Salz der Kohlensäure), Citrat (Salz der Zitronensäure) Obst und Gemüse enthalten viele organische Salze, die der Körper in Bicarbonate umwandelt
Chitosan	Als Chitosan wird ein unverdaulicher Ballaststoff bezeichnet, der aus dem Polysaccharid Chitin hergestellt wird. Chitin findet sich natürlicherweise in den Panzern von Schalentieren wie Krabben und Garnelen sowie in Insekten.
Bienenerzeugnisse	
Gelatine	Im Haushalt kommt Gelatine als Gelier- und Verdickungsmittel in zahlreichen Lebensmitteln vor (Sülzen, Geleewaren, Tortengüsse, Speiseeis, etc.)
Inosin	
Coenzym Q10	praktisch in allen Lebensmitteln vorkommend
Verzweigtkettige Aminosäuren Valin, Leucin, Isoleucin	Sind in vielen tierischen und pflanzlichen Lebensmitteln in großer Menge vorhanden (Weizenkeime, Thunfisch, Erdnüsse, Lachs, Rindfleisch, Kichererbsen etc.)
Koffein	Cola, Energy-Drinks, Kakao, Guarana, Kaffee, schwarzem und grünem Tee
MCT Mittelkettige Triglyceride	Kokosfett, Palmkernöl sowie Butter und Milchfett
Eisen	Leber, Hefe, Kakao, Sojabohnen, Linsen, weiße Bohnen, Haferflocken, Weizenkeime, Petersilie, Spinat, Mandeln, Haselnüsse, Sonnenblumenkerne, Aprikosen, Feigen, Vollkornprodukte, Rind- und Kalbfleisch, Schokolade

POSTULIERTE WIRKUNG	BEURTEILUNG
Stimulation von Muskelaufbau und Fettverbrennung	wissenschaftlich nicht belegt
Leistungssteigerung durch erhöhten Kreatinphosphat-Speicher (Speicher für die kurzfristigste Energiebereitstellung, eine bis zwei Sekunden)	bei kurzfristigen, submaximalen und wiederholten Belastungen im untrainierten Organismus wirksam, bei Trainierten und Ausdauerleistungen kein Effekt
erhöhte Fettverbrennung	nicht essenziell, ohne Synthesestörung kein Effekt
anaboler Effekt	wissenschaftlich nicht belegt
Verstärkung der Insulinwirkung als Bestandteil des Glukose-Toleranz-Faktors (GTF)	widersprüchliche Ergebnisse
Leistungssteigerung, da Bestandteil von Adenosintriphosphat (ATP, die Energiewährung des menschlichen Körpers) und Kreatinphosphat (KP, siehe oben)	widersprüchliche Ergebnisse
Leistungssteigerung durch Neutralisation der Milchsäure im Blut	widersprüchliche Ergebnisse, Magen-Darm-Beschwerden unter Bicarbonat beobachtet
Verminderung der Fettaufnahme durch Hemmung des fettspaltendes Enzyms (Lipase)	kann gesunde Ernährung nicht ersetzen, Nebenwirkungen: Blähungen, Fettstühle, Durchfall
hochkonzentrierte Mischung aus Vitaminen, Mineralstoffen, Kohlenhydraten und Aminosäuren	keine Leistungssteigerung, der Bedarf kann durch gesunde Ernährung gedeckt werden
Schutz des Bindegewebes, da ähnliche Aminosäurenzusammensetzung	wissenschaftlich nicht belegt
Leistungsverbesserung, da Cofaktor bei Glykogenolyse und als Inosinmonophosphat Vorstufe des Adenosintriphosphats (ATP)	wissenschaftlich nicht belegt
verbesserter oxidativer Abbau der Hauptnährstoffe als Bestandteil der Atmungskette	wissenschaftlich nicht belegt
Ermüdungsverzögerung durch Beeinflussung des Serotoninstoffwechsels (Neurotransmitter)	wissenschaftlich nicht belegt
Stimulation von Fettverbrennung, zentralnervöse Stimulierung	Stand bis 2004 auf der Dopingliste
zusätzliche Energiequelle	kann schon bei geringer Dosierung zu Magen-Darm-Beschwerden führen, trägt nur minimal zur Energielieferung bei
erhöhte Sauerstofftransportkapazität	Von Selbstmedikation ist abzuraten: Überdosierung ist schädlich! Bei unterkalorischer Kost sind vor allem junge Athletinnen von Mangel betroffen.

Salz, bitte!

Elf Liter Flüssigkeit verliert ein Triathlet während eines Ironmanrennens. Die will der Körper zwar möglichst schnell wiederhaben – aber nur zusammen mit Elektrolyten.

von Sina Horsthemke

Kona, Hawaii, Ironman. Sie befinden sich auf der Laufstrecke irgendwo auf dem „Queen K Highway". Die Luft flirrt vor Hitze, es ist drückend und der Teer fühlt sich unter der sengenden Sonne seltsam weich an. Sie laufen – eigentlich noch guter Dinge – einen kurzen Hügel hinauf und spüren, dass Ihnen eine Schweißperle langsam Stirn und Wange herunter läuft und an Ihrer Oberlippe hängen bleibt. Ein salziger Geschmack ... Salzig? Salz?! Salzverlust! Das Salz, das Sie da schmecken, sollte Sie an etwas erinnern. Etwas, das über Sieg und Niederlage, über Finishen und Aufgeben entscheiden kann – nämlich unterwegs ausreichend zu trinken. Nicht zu viel und nicht zu wenig. Und dabei die Elektrolyte nicht zu vergessen.

Menschlicher Schweiß, der bei hohen Außentemperaturen oder unter Belastung von den zwei bis drei Millionen Schweißdrüsen in der Haut produziert und ausgeschieden wird, soll Verdunstungskälte erzeugen und so den Organismus kühlen und vor Überhitzung schützen. Je nach individueller Konstitution, der Umgebungstemperatur, dem Akklimationszustand und der Belastungsintensität besteht der Schweiß zu 99 Prozent aus Wasser und zu einem Prozent aus Natriumchlorid, also Kochsalz. Enthalten sind auch noch andere Salze, Harnstoff und Harnsäure, Fett- und Aminosäuren, Ammoniak, Milchsäure und ein bisschen Zucker.

ELF LITER AUF 226 KILOMETERN

Sie biegen auf den schwersten Teil der Strecke ab, den Wendepunktabschnitt am „Natural Energy Lab". Hier scheint die Luft zu stehen – die plötzlich noch größere Hitze verunsichert Sie. Haben Sie heute Morgen auf der Radstrecke genug getrunken? Während eines Ironmanrennens, gerade bei hohen Temperaturen, verlieren Sie nämlich mehr als elf Liter Flüssigkeit. Das hat eine Studie deutscher Wissenschaftler ergeben. Ein Verlust, der natürlich wieder ausgeglichen werden muss, am besten so schnell wie möglich, also noch während des Rennens.

Viele machen jedoch aus Angst vor einer Dehydrierung den Fehler, schon vor der Belastung „auf Vorrat" zu trinken. Oder sie trinken unterwegs zu viel auf einmal und vergessen dabei auch noch die Elektrolyte, die neben dem Wasser mit dem Schweiß verloren gegangen sind. Zum Beispiel die fast sechs Gramm Natrium, die beim Schwitzen während eines Langdistanzrennens durchschnittlich ausgeschieden werden. Eine Zeit lang kann der Körper den Salzverlust noch in Grenzen halten, indem er mit Hilfe der Hormone Aldosteron und Urodilatin die Natrium- und Chloridausscheidung – zumindest die über den Harn – minimiert. Doch irgendwann kommt der Organismus gegen die Schweißmengen nicht mehr an. Und dann drohen lebensgefährliche Folgen.

JEDER SIEBTE MIT ZU WENIG SALZ

In Kombination mit einer zu geringen Salzeinnahme birgt exzessives Trinken unter Belastung die Gefahr einer sogenannten Hyponatriämie, einer zu geringen Natriumkonzentration im Blut, schlicht Salzmangel. Normalerweise befinden sich in einem Liter Blut 135 bis 145 Millimol Natrium, das in den Gefäßen physikalisch ►

Wasser bindet. Wenn dieser Wert sinkt (von einer mittelschweren Hyponatriämie spricht man bei einer Konzentration von 120 bis 130 Millimol, niedrigere Werte können zum Tod führen) kann das Wasser nicht mehr in der Blutbahn gehalten werden. Es folgt dem Konzentrationsgefälle und sickert in die umliegenden Gewebe. So entstehen Wassereinlagerungen, in der Fachsprache Ödeme genannt. Zu Beginn macht sich das durch geschwollene Hände und Füße bemerkbar. Gesundheitlich noch nicht bedenklich. Doch wenn jetzt weiter Wasser getrunken wird, ohne den Salzverlust auszugleichen, gelangt das Wasser irgendwann in die Lunge oder ins Gehirn. Kopfschmerzen, Kreislaufbeschwerden, Übelkeit, Atemnot und Bewusstseinsstörungen sind die Folge. Genauso wie ein Lungenödem, das einen Atemstillstand hervorrufen kann, ist auch ein Hirnödem ein medizinischer Notfall. Wenn nicht spätestens jetzt sofort Gegenmaßnahmen ergriffen werden – durch das Stoppen der Flüssigkeitszufuhr und die Aufnahme von Salz – und der Druck im Schädel weiter steigt, kann der verminderte Blutrückfluss zum Hirntod führen.

Was dramatisch klingt, ist bei langen Ausdauerwettkämpfen fast schon Realität: Beim Boston-Marathon brach vor einigen Jahren eine 28-jährige Läuferin im Ziel tot zusammen, nachdem sie dort trotz Hyponatriämie große Mengen Wasser getrunken hatte, ein Jahr später wurden nach dem London-Marathon 14 Läufer mit Hyponatriämie im Krankenhaus behandelt.

Wissenschaftler von der Harvard-Universität wollten es vor sechs Jahren genau wissen und nahmen 488 Teilnehmern des Boston-Marathons im Ziel Blut ab, um den Salzgehalt der Proben zu untersuchen. Bei der vor einigen Jahren im Fachmagazin „New England Journal of Medicine" veröffentlichten Studie stellte sich heraus, dass jeder Siebte nach den 42,195 Kilometern zu wenig Natrium im Blut hatte. Drei Läufer schwebten mit Werten unter 120 Millimol sogar in akuter Lebensgefahr. Hochgerechnet auf die 15.000 Teilnehmer des Marathonrennens müsste man also bei rund 1.900 Läufern mit einer Hyponatriämie rechnen, die in 90 Fällen den kritischen Wert von 120 Millimol unterschreitet. Vor allem bei untergewichtigen Läufern erschien den Forschern um Christopher Almond nach der Auswertung der Ergebnisse das Risiko eines Natriummangels hoch. Die meisten Testteilnehmer hatten bei der ergänzenden Befragung angegeben, unterwegs zwar viel Wasser, aber kaum Salz zu sich genommen zu haben. Auch Sophie Richter vom Funktionsbereich Nephrologie am Klinikum der Johann-Wolfgang-Goethe-Universität in Frankfurt am Main stellte fest: „Lungen- und Hirnödeme, die durch Natriummangel bei langen Ausdauerbelastungen entstehen, sind meistens die Folge exzessiven Trinkens."

AUFMERKSAMKEIT FÜR GETRÄNKE

Natürlich dürfen Ausdauersportler vor und während eines Wettkampfs nicht auf die Zufuhr von Flüssigkeit verzichten – schon ein Wasserverlust von einem bis zwei Prozent, was bei einem 70 Kilogramm schweren Sportler nur 0,7 bis 1,4 Liter sind, beeinträchtigt die Leistungsfähigkeit. Doch das früher viel empfohlene „Vorratstrinken" sei nicht zu empfehlen, meint der Sportwissenschaftler Prof. Timothy Noakes aus Kapstadt. Menschen könnten keine Flüssigkeitsreserven anlegen, sie seien schließlich keine Kamele. Wer in den Stunden vor dem Start zu viel Flüssigkeit aufnimmt, kurbelt zudem die Urinproduktion an, unnötige (Pinkel-)Pausen seien dann vorprogrammiert. Noakes rät dazu, im Zweifelsfall auf das Durstgefühl zu hören, denn ein Flüssigkeitsverlust von einem bis zwei Litern sei immer noch besser als das Risiko einer Hyponatriämie.

Auch Sportwissenschaftler der Universität Bayreuth haben die Folgen einer extremen Ausdauerbelastung für den Salz- und Wasserhaushalt untersucht und Langdistanztriathleten vor und nach einem Wettkampf Blut und Urinproben entnommen. Drei von 14 Probanden zeigten nach dem Rennen eine „moderate Hyponatriämie", die Nierenfunktion war hormonell unterdrückt, um möglichst viel Wasser im Körper zu behalten. „Das errechnete Netto-Defizit an Natrium, das hauptsächlich durch Schweißverluste verursacht wurde, konnte durch die viel zu geringe Natriumzufuhr während des Rennens bei weitem nicht kompensiert werden", so das Fazit der Wissenschaftler. Der Salzzufuhr durch geeignete Getränke solle daher mehr Aufmerksamkeit geschenkt werden. Diese sollten pro Liter 300 bis 800 Milligramm Natrium enthalten, eine Konzentration, die „ohne Beein-

ELEKTROLYT	FUNKTIONEN	TAGESBEDARF FÜR SPORTLER (G)*
Natriumchlorid	Muskelarbeit, Erregungsweiterleitung in Nervenzellen, Wasserhaushalt, Säuren-Basen-Haushalt	15,0
Kalium	Muskelkontraktion, Erregungsweiterleitung in Nervenzellen, Glykogenbildung	5,0
Magnesium	Muskelentspannung, Energiegewinnung, Enzymreaktionen	10,6
Kalzium	Knochenaufbau, Muskelkontraktion, Erregungsweiterleitung in Nervenzellen	2,0

* nach Georg Neumann: „Ernährung im Sport"

DARREICHUNGS-FORM	INFORMATIONEN
Salztabletten	Am preisgünstigsten sichern Sie Ihre Salzversorgung mit Tabletten aus der Apotheke. Je nach Marke wird empfohlen, bei starkem Schweißverlust jede halbe Stunde vier Tabletten mit viel Flüssigkeit einzunehmen. Aufgrund einer speziellen Rezeptur rufen die meisten Tabletten trotz der relativ großen Menge Kochsalz, die sie enthalten, keine Übelkeit hervor.
Energie-Riegel	Viele Hersteller setzen ihren Energieriegeln für Sportler inzwischen nicht mehr nur hochkonzentrierte Kohlenhydrate, sondern auch Natriumchlorid zu, um den gefährlichen Salzverlust bei starkem Schwitzen auszugleichen.
Energie-Gels	Kaum einem Energie-Gel für Sportler sind heute keine Salze mehr zugesetzt – hier haben die Hersteller genauso wie bei den Riegeln und Getränken reagiert.
Energie-Getränke	Auch die Hersteller von Sportgetränken haben längst erkannt, dass Salz in der Radflasche nicht fehlen darf. Deshalb sind neben Natrium oft noch Kalium, Kalzium und Magnesium zugesetzt, um Krämpfen und Leistungseinbrüchen im Rennen vorzubeugen.
Saltstick	Die amerikanische Firma Saltstick bietet Mineralstoffkapseln mit hohem Salzgehalt (215 Milligramm pro Kapsel) speziell für Sportler an. Der praktische Kapselspender aus Plastik kann im Rohr des Rennlenkers verstaut werden und fasst je nach Modell vier oder sieben Tabletten.

trächtigung von Geschmacksqualität und Osmolarität realisierbar" sei.

SALZ IN TABLETTENFORM

Ihr Salzproblem nur über Getränke zu lösen, ist für Sie nicht ganz optimal, haben Sie im Training festgestellt. Nachdem Sie das „Natural Ernergy Lab" verlassen haben und wieder auf den Highway abgebogen sind, nutzen Sie also an der nächsten Verpflegungsstelle die Gelegenheit und spülen mit isotonischem Sportgetränk zwei Salztabletten herunter – diese Möglichkeit schien Ihnen vor dem Rennen am geeignetsten, um die Salzversorgung bei dieser langen Belastung sicherzustellen. Sie denken an einen Ihrer Vereinskollegen, der auch gerade irgendwo auf den 226 Kilometern rund um Kailua-Kona unterwegs ist. Er hat in den vergangenen Monaten sogar versucht, sich salzarm zu ernähren, nachdem er in einer wissenschaftlichen Studie gelesen hatte, dass der Körper in dem Bestreben, den Salzgehalt im Blut konstant zu halten, umso mehr Natrium ausscheidet, je mehr ihm jeden Tag über die Nahrung zugeführt wird. Kurz: Der Körper gewöhnt sich an die tägliche Salzzufuhr und wer sich grundsätzlich salzreich ernährt, der wird unter Belastung eine höhere Natriumzufuhr brauchen, damit der gewohnte Pegel im Blut aufrecht erhalten werden kann, obwohl durch das Schwitzen viel Salz verloren geht.

UNTER ERSCHWERTEN BEDINGUNGEN

Die schon erwähnten Wissenschaftler der Universität Bayreuth untersuchen derzeit die individuelle Schweißzusammensetzung von Sportlern. So wollen sie diesen ermöglichen, durch die gezielte Substitution von Flüssigkeit und Natrium im Wettkampf einer Dehydratation und möglichen Hyponatriämie vorzubeugen. In einer Vorabveröffentlichung heißt es: „Der Ersatz verloren gegangenen Natriums dürfte neben der Flüssigkeitszufuhr zur Aufrechterhaltung der körperlichen Leistungsfähigkeit von größerer Bedeutung sein, als bisher angenommen." Unter Belastung ist es für den Körper allerdings gar nicht so einfach, alles aufzunehmen, was ihm geboten wird: Studien zufolge kann der Darm im Wettkampf nur 30 bis 50 Prozent der Elektrolyte absorbieren, die über den Schweiß verloren gegangen sind. Wichtig ist bei der Wahl von salzhaltigen Nahrungsergänzungsmitteln oder Sportlernahrung daher die sogenannte Bioverfügbarkeit: Sie definiert den Anteil eines Stoffes, den der Körper aufnehmen kann.

Sie öffnen gerade ein letztes Energiegel – auch diese kleine Kohlenhydratbombe enthält Salz, darauf haben Sie beim Kauf extra geachtet – , als Sie an einem Schild vorbeilaufen, das Vorfreude weckt. Noch während Sie das klebrige Gel mit Wasser herunterspülen, spüren Sie Adrenalin durch Ihre Adern strömen: Keine fünf Meilen mehr, dann werden Sie am Alii Drive als Ironman ins Ziel laufen. ■

Eisen für den Eisenmann

Ihre Leistungsfähigkeit lässt trotz intensiven Trainings, ausgewogener Ernährung und der richtigen Einstellung zu wünschen übrig? Vielleicht ist ja eine kleine, aber entscheidende Stellschraube namens Eisen Schuld an Ihrer momentanen Formschwäche. Aber wie viel Eisen braucht eigentlich ein Ironman?

von Dr. Wolfgang Schillings

Ein echter Leistungseinbruch. Kurz vor ihrem ersten großen Triathlonwettkampf läuft bei Lena Meiners (42) überhaupt nichts mehr. Und dass, obwohl sie schon so viele Trainingsstunden investiert hat. Müde, blass und schlapp stellt sie sich bei ihrem Hausarzt vor, der ihr Blut abnimmt und einen Hämoglobin-Wert von 7,2 g/dl feststellt. „Normal sind Werte zwischen 12 und 14. Wahrscheinlich fehlt Ihnen Eisen", vermutet er.

WERTSTOFF EISEN

Eisen gehört zu den lebenswichtigen Mineralstoffen, denen gerade Sportler besondere Aufmerksamkeit widmen sollten. Als zentraler Bestandteil des roten Blutfarbstoffs (Hämoglobin) sowie des Muskelfarbstoffs (Myoglobin) spielt Eisen eine entscheidende Rolle für den Sauerstofftransport und die Sauerstoffverwertung. Auch an zahlreichen Stoffwechselvorgängen, vor allem am Energiestoffwechsel in den Zellen, ist Eisen maßgeblich beteiligt. Der Körper verfügt neben dem freien Eisen noch über Eisenspeicher (Ferritin), eine eiweißgebundene Form des Eisens (Transferrin) sowie die Eisen-Eiweiß-Verbindung Hämosiderin, die auch eine Speicherform von Eisen im Organismus darstellt. Etwa 70 Prozent des körpereigenen Eisens sind aktiv am Stoffwechsel beteiligt, 30 Prozent finden sich in den Depots, vor allem in Leber, Milz und Knochenmark.

BEDARF GEDECKT?

Unser Bedarf an Eisen beträgt zwischen einem und eineinhalb Milligramm pro Tag. Da aber nur zehn Prozent des Eisens aus der Nahrung vom Körper aufgenommen werden, müssen wir täglich 10 (Männer) bis 15 Milligramm (Frauen, Heranwachsende, Leistungssportler) zu uns nehmen. In Nahrungsmitteln kommt Eisen in zwei Formen vor. Häm-Eisen ist in Lebensmitteln tierischer Herkunft, zum Beispiel in Fleisch, Leber, Geflügel und Fisch, Non-Häm-Eisen in Pflanzen, vor allem in Trockenobst und Hülsenfrüchten, enthalten. Häm-Eisen wird wesentlich besser im Magen-Darm-Kanal resorbiert als Non-Häm-Eisen. Eisen wird ferner mit dem Wasser aufgenommen, in das es über die eisenhaltigen Leitungen kommt, ebenso mit allen Lebensmitteln, die in eisernen Kochgeräten zubereitet werden.

Die Aufnahme von Eisen im Körper wird durch bestimmte Faktoren beeinflusst. So begünstigt zum Beispiel Vitamin C die Resorption des Non-Häm-Eisens, Kalzium aus Milchprodukten bildet dagegen unverdauliche Verbindungen mit Eisen und erschwert dessen Aufnahme. Auch Polyphenole aus Hülsenfrüchten, Phytate aus Nüssen und Getreiden sowie Phosphat gelten als Hemmstoffe für die Eisenresorption – genauso wie Cola, Kaffee und Nikotin.

MANGELSYMPTOME

Eisenmangel gehört in den westlichen Industrieländern zu den häufigsten ernährungsbedingten Mangelerscheinungen. Betroffen sind vor allem Frauen aufgrund ihres erhöhten Bedarfs durch den Blutverlust während der Menstruation sowie Heranwachsende. „Praktisch alle 13- bis 14-Jährigen bei uns leiden an Eisenmangel, weil sie nicht optimal ernährt sind", sagt Peter Nielsen, der am Hamburger Universitätsklinikum Deutschlands einzige Eisenstoffwechselambulanz leitet. Auch Blutspender und Veganer haben oft einen zu niedrigen Eisenwert. Menschen mit Eisenmangel neigen zu Infektionen, sind müde, blass, schwach und unkonzentriert. Außerdem haben sie Herzrasen, Atemnot und höhere Laktatwerte bei Belastung und weisen eine geringere Ausdauerleistung auf.

SPORT KOSTET EISEN

Gerade bei Sportlern kann es schnell zu einem Eisenmangel kommen, da bei ihnen zum einen ein erhöhter Bedarf zum Aufbau von Muskulatur (Muskelfarbstoff) sowie roten Blutkörperchen (Hämoglobin) vorliegt, zum anderen ein vermehrter Verlust stattfindet: Unter körperlicher Belastung gehen mit dem Schweiß viele eisenhaltige Hautzellen (Schuppen) verloren. Ferner können durch das harte Aufsetzen der Fußsohle beim Laufen rote Blutkörperchen in größeren Mengen mechanisch zerstört werden (sogenannte Marschhämolyse), wodurch Eisen verloren geht. Auch mit dem Stuhl kann Eisen den Körper verlassen. Bei manchen Sportlern wird die Darmtätigkeit durch das Laufen so stark angeregt, dass es zur vermehrten Abschilferung von Darmzellen und zu Eisenverlusten bis hin zu Darmblutungen kommt.

Der empfindlichste Nachweis für einen Eisenmangel besteht in einer Messung der

Transportsubstanz im Serum, des Serum-Ferritins. Erst wenn der Bedarf auch hieraus nicht mehr gedeckt werden kann, sinkt die Eisenkonzentration im Blut. Erst danach entwickelt sich bei ausgeprägtem Eisenmangel eine Blutarmut (Eisenmangelanämie), da für die Erythrozytenbildung keine ausreichenden Eisenmengen mehr verfügbar sind.

tipp

EPO & CO

Die Ausdauerleistungsfähigkeit ist wesentlich vom Sauerstoffaufnahmevermögen des Sportlers abhängig. Mit Höhentraining, aber auch mit verbotenen Bluttransfusionen und der Gabe von Erythropoietin (EPO) versuchen Athleten, dies zu verbessern. Während ein Höhentraining eine erlaubte Maßnahme zur Leistungssteigerung im Sport darstellt, stehen Bluttransfusionen und EPO auf den Dopinglisten der Sportverbänden und Welt Anti-Doping Agentur (WADA).

Das natürliche Hormon Erythropoietin ist ein Glykoprotein, das in der Niere gebildet wird und die Produktion der roten Blutkörperchen ankurbelt, wodurch die Sauerstoffversorgung der Körperzellen und damit die Ausdauerleistungsfähigkeit verbessert werden. Der Effekt ist mit dem eines Höhentrainings vergleichbar, allerdings gefährdet künstlich zugeführtes EPO die Gesundheit. Die zunehmende Zähflüssigkeit des Blutes durch eine Manipulation mit EPO kann in Kombination mit der für Ausdauersportler charakteristischen niedrigen Herzschlagzahl und niedrigem Blutdruck zu einer lebensbedrohenden Thromboembolie (Gefäßverschluss) führen.

Blutdoping ist die Übertragung von Eigen- oder Fremdblut mit der Absicht, die Anzahl an Erythrozyten zu erhöhen, um eine Verbesserung der Sauerstoffversorgung bei Ausdauerleistungen zu erreichen. Bei der Eigenbluttransfusion lässt sich der Sportler bis zu einem Liter Blut abnehmen, das anschließend gekühlt gelagert wird. In der Zwischenzeit wird aufgrund des Blutverlustes die Produktion der Erythrozytenbildung stimuliert. Nach circa vier Wochen, wenn das Blut wieder normale Erythrozytenwerte erreicht hat, wird das gelagerte Blut dem Athleten wieder zugeführt. Er hat dann eine erhöhte Gesamtzahl an Erythrozyten in seinem Blut. Auch mit der Eigenbluttransfusion sind schwerwiegende gesundheitliche Risiken verbunden.

SPEICHER FÜLLEN

Für einen Triathlon über die Langdistanz wird ein Ferritingehalt im Blut von 50 bis 60 mg/l empfohlen. Wer es beispielsweise aufgrund einer veganen Lebensweise nicht schafft, seinen Eisenbedarf aus der Nahrung zu decken, für den sind Tabletten mit 100 bis 200 Milligramm Eisen täglich über mehrere Monate ein sicherer Weg aus der Mangelsituation. Etwa zehn Prozent des zugeführten Metalls werden dabei vom Körper aufgenommen. Die Tabletten sollten auf jeden Fall zweiwertiges Eisen enthalten. Da an der Wiederherstellung von Erythrozyten auch Vitamine beteiligt sind (Folsäure, Vitamin B12), ist die Einnahme von Vitamin-Eisenpräparaten bedenkenlos, solange die übliche Tagesmenge von 10 bis 15 Milligramm nicht überschritten wird. Eine medikamentöse Behandlung einer vorhandenen Eisenmangelanämie oder auch nur eines vermuteten Eisenmangels sollte nur unter ärztlicher Kontrolle erfolgen. Denn obwohl der Körper eine sehr gute Regulationsfähigkeit für die Eisenaufnahme besitzt, um sich vor unnötigen und giftig wirkenden Eisenmengen zu schützen, kann es zu allergischen Reaktionen und Beeinträchtigungen der Gesundheit, zum Beispiel zu Leberschäden (sogenannte Eisenspeicherkrankheit) kommen. Außerdem behindert eine übermäßige Eisenzufuhr auch die Aufnahme weiterer essenzieller zweiwertiger Spurenelemente, vorrangig Zink, die für den Organismus sehr wichtig sind.

Den geplanten Wettkampf hat Lena Meiners lieber abgesagt. Wahrscheinlich aufgrund ihrer fleischlosen Ernährung und des zunehmenden Ausdauertrainings hatte sie tatsächlich zu niedrige Ferritin-Werte, wie sich nach weiteren Untersuchungen herausstellte. Mit den Eisentabletten, die sie von ihrem Hausarzt bekommen hat, fühlt sie sich aber inzwischen besser und fitter beim Sport. So lässt die Triathlon-Premiere sicher auch nicht mehr lange auf sich warten. ■

Säuren und Basen im Sport

Kann eine ausgewogene Zufuhr von „sauren" und „basischen" Nahrungsmitteln helfen, chronische Krankheiten zu vermeiden? Kann sie vielleicht sogar die sportliche Leistungsfähigkeit steigern? Immer mehr Studien befassen sich mit dem sogenannten Säure-Basen-Haushalt.

von Olaf Sabatschus

Richtig sauer finden unsere Körpersysteme nicht lustig. Damit der Stoffwechsel der Zellen in der Haut, den Muskeln und inneren Organen optimal funktionieren kann, ist ein in engen Grenzen eingeregelter pH-Wert die Voraussetzung, zu starke Abweichungen würden diese Prozesse zum Stillstand kommen lassen. Denn die Enzyme, die Katalysatoren aller Energie oder Substanz erzeugenden biochemischen Reaktionen, erreichen ihre maximale Aktivität nur innerhalb eines engen pH-Optimums.

Ein neutrales Verhältnis von Säuren und Basen besitzt Wasser mit einem pH-Wert von 7,0. Das Blut muss dagegen vom Organismus im leicht basischen Bereich von pH 7,4 (beim Gesunden in Ruhe zwischen 7,36 und 7,45) eingeregelt werden, schon Abweichungen um eine halbe pH-Einheit bedeuten Lebensgefahr.

FLÜCHTIGE UND GELÖSTE SÄURE

Da bei allen Stoffwechselvorgängen Säure entsteht – so zum Beispiel Milchsäure (Laktat) bei der anaeroben Verbrennung von Zucker in den Muskelzellen – hat die Natur Mechanismen eingebaut, um die überschüssigen Wasserstoffionen zu neutralisieren und den pH-Wert damit „zu puffern". Die wichtigsten Puffersysteme im Blut sind das in der Flüssigkeit gelöste Bikarbonat und der in den roten Blutzellen

WAS IST DER PH-WERT?

Der pH-Wert ist das Maß für die Konzentration von Wasserstoffionen freigebenden (saure) und Wasserstoffionen aufnehmenden (basische) Substanzen in einer Lösung. Der Blut-pH-Wert gibt auf einer Skala von null bis 14 an, wie sauer oder basisch dieses ist. Die Normalwerte für Erwachsene liegen zwischen 7,36 und 7,44. Ein pH-Wert höher als 7,44 wird als Alkalose (basisch) bezeichnet und ein niedrigerer als 7,36 als Azidose (sauer). Bei großen Schwankungen des pH-Werts kann es zu Störungen des gesamten Stoffwechsels und der Atmung kommen, da die Aktivität der Enzyme in den Zellen nur bei einem konstanten pH-Wert gewährleistet ist. Damit Veränderungen aufgefangen werden können, gibt es im Blut eine Reihe von Puffersubstanzen. Neben Phosphaten und Proteinen, die kurzfristig Säure binden können, spielen Bikarbonat und Hämoglobin die größte Rolle. Sie binden das entstehende Kohlendioxid und transportieren es in Form von Kohlensäure zur Lunge, wo es abgeatmet werden kann.

angereicherte Farbstoff Hämoglobin. Hierüber wird das bei der Verbrennung entstehende, flüchtige Kohlendioxid gebunden und zum Teil als Kohlensäure zur Lunge transportiert, wo es freigesetzt und abgeatmet werden kann. Den Vorgang nennt man respiratorische Regulation. Daneben können auch Phosphate und Eiweißmoleküle des Blutplasmas kurzfristig Säure binden, sie spielen aber eine untergeordnete Rolle. Dagegen scheidet die Niere vor allem solche Säuren aus, die nicht als CO_2 abgeatmet werden können, in erster Linie Abbauprodukte aus dem Eiweißstoffwechsel. Für den Mechanismus wird der Begriff metabolische Regulation verwendet. Auch langfristig kann über die Niere ein erhöhtes Säureaufkommen ausgeglichen werden.

LEBENSWICHTIGER PUFFER

Unsere normale gemischte Kost enthält einen Säureüberschuss von täglich etwa 50 bis 80 Millimol (mmol/d), maximal liegt er bei 150 mmol/d. Die maximale Säureausscheidungsfähigkeit der Niere dagegen beträgt 300 bis 400 mmol/d, genug Reserve also, um auch bei einem größeren Säureüberschuss aus der Nahrung den pH-Wert stabil zu halten. Werden diese Kompensationsmechanismen für längere Zeit belastet, kann eine Laboruntersuchung des Blutes allerdings eine leichte Verminderung der Bikarbonat-Reserve nachweisen. Besteht diese über lange Zeit, werden viele Stoffwechselvorgänge negativ beeinflusst. So laufen Regenerationsprozesse nach hoher körperlicher Belastung verlangsamt, weil die notwendigen Entzündungs- und Reparaturprozesse ebenfalls von der Pufferreserve abhängen. Über die mögliche Leistungssteigerung nach der Zufuhr von basischen Puffersubstanzen existieren verschiedene Theorien: Vor allem während kurzer, intensiver (anaerober), aber auch bei langen (vorwiegend aeroben) Ausdauerleistungen entstehen vermehrt saure Substanzen wie Kohlensäure und Laktat im Stoffwechsel. Eine Erschöpfung der natürlichen Puffersysteme und dadurch in den sauren Bereich sinkende pH-Werte könnten leistungsmindernde Effekte sowohl in den Muskeln als auch im zentralen Nervensystem zur Folge haben. Daher liegt der Gedanke nahe, durch die Zufuhr von basischen Präparaten die Puffer zu unterstützen. In Studien finden vor allem die Substanzen Natriumbikarbonat und Natriumcitrat Verwendung. Kurzfristige (bis einige Stunden vor der Belastung) und langfristige (über mehrere Tage) Gabe führte zu vergleichbaren Effekten, wenn durch die Substitution tatsächlich eine Erhöhung der Blutkonzentration an Bikarbonat beziehungsweise des Blut-pH-Wertes erreicht wurde.

MILCHSÄURE VOR DEM NADELÖHR

Eine Studie aus dem Jahr 2000 (McMaster University Medical Center, Hamilton, Canada) ergab, dass durch eine Basensubstitution die anaerobe Energiegewinnung beschleunigt wird: Komplexe Veränderungen im Zellstoffwechsel bewirken eine erhöhte Aktivität der Schlüsselenzyme (Phosphorylase und Phosphofruktokinase) für den Glykogen- und anaeroben Glukoseabbau. Dadurch werden in der Muskulatur und im Blutkreislauf höhere Laktatwerte möglich, anaerobe Leistungen werden dadurch im Schnitt verbessert. Die Weiterverarbeitung des Laktats im Energiestoffwechsel der Arbeits- und Herzmuskulatur allerdings wird dadurch nicht beschleunigt. Die Aktivität des dafür erforderlichen „Kontrollenzyms", kann mit dem erhöhten Aufkommen an Milchsäure nämlich nicht Schritt halten. Sozusagen das Nadelöhr im Energiestoffwechsel. Ob die veränderte Gewichtung der Stoffwechselwege auch zu einer schnelleren Entleerung der Kohlehydratreserven führt – bei Langzeit-Ausdauerbelastungen ein Nachteil – wird derzeit noch kontrovers diskutiert. Interessant für uns Triathleten bleibt vor allem der Blick auf langfristige gesundheitliche Aspekte, während die Steigerung der kurzfristigen Leistungsfähigkeit in unserer Sportart eine untergeordnete Rolle spielt.

DIE LETZTE RESERVE

Knochensubstanz ist nicht so statisch, wie man denkt. Jeder kennt die Bilder von Astronauten, die schon nach kurzen Aufenthalten in der Schwerelosigkeit nur mit Hilfe aufrecht gehen. Nach wenigen Tagen im All sind bereits starke Abbauerscheinungen in der Muskulatur, aber auch im Knochengerüst nachweisbar. Spezialisierte Zellen, die Osteoklasten und Osteoblasten, sorgen für einen stets an die Belastung angepassten Auf- und Abbau des Knochengewebes. Interessanterweise konnten in vielen Untersuchungen der letzten Jahre Auswirkungen der Säure-Basen-Balance auf den Knochen festgestellt werden. Es gilt als gesichert, dass eine chronische Übersäuerung zur Knochendemineralisation führt: Die Osteoklasten, die den Abbau der Knochensubstanz erledigen, werden durch den Säurereiz stimuliert und geben vermehrt die basischen Mineralien des Knochens frei, um einen Ausgleich der chronisch erhöhten Wasserstoffionenkonzentration im Blut zu ermöglichen. Schauen Sie sich Ihre Lebensmittel mal genauer an: Welche sind nun überwiegend Säure- und welche eher Basenlieferanten? Sauer verstoffwechselt werden vor allem Fleisch, Käse und Getreide. Basenbildend sind in erster Linie Obst und Gemüse und daraus hergestellte Säfte. Außerdem sind viele bikarbonatreiche Mineralwässer erhältlich. ►

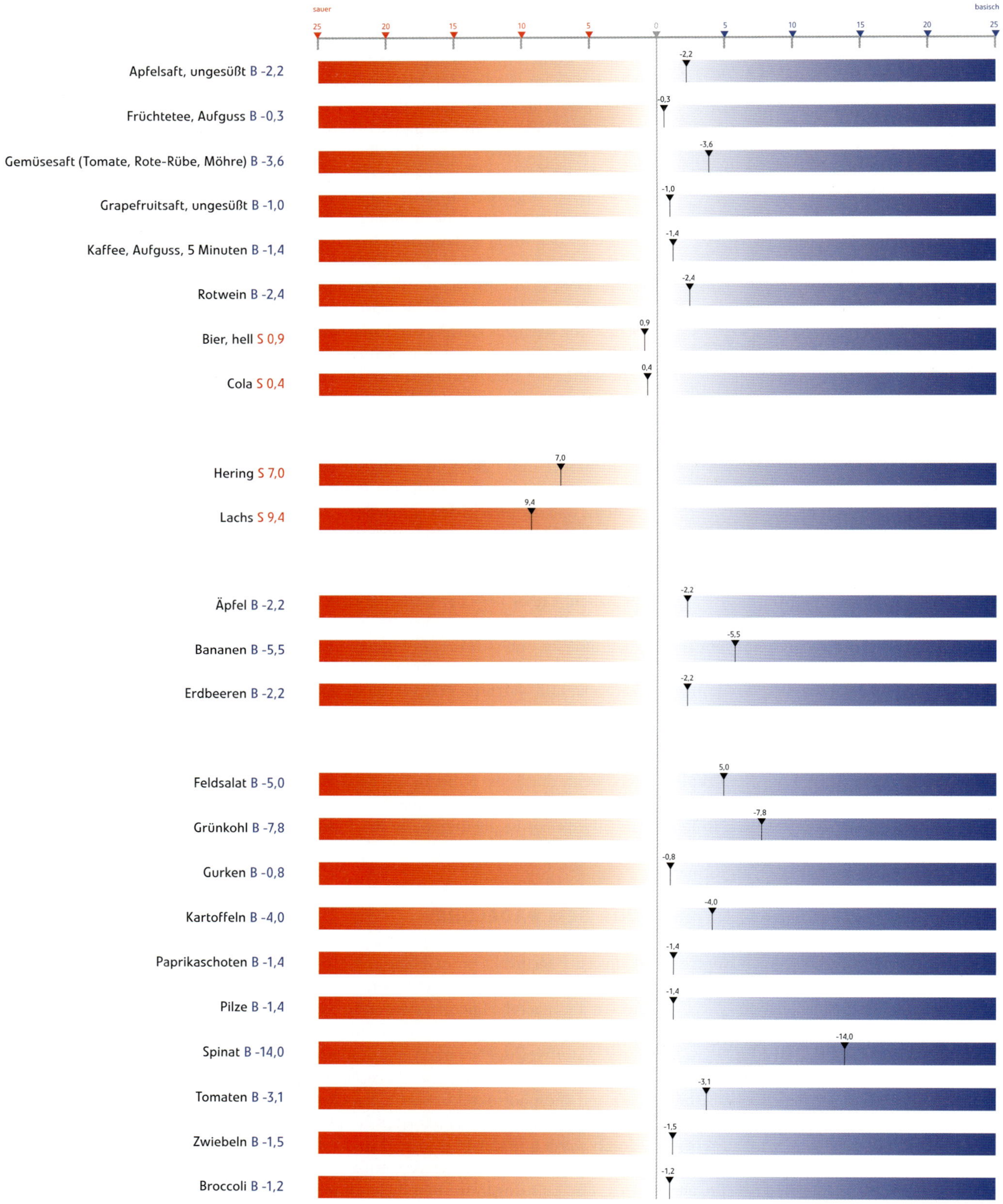
sauer
basisch
25 20 15 10 5 0 5 10 15 20 25
Apfelsaft, ungesüßt B -2,2
Früchtetee, Aufguss B -0,3
Gemüsesaft (Tomate, Rote-Rübe, Möhre) B -3,6
Grapefruitsaft, ungesüßt B -1,0
Kaffee, Aufguss, 5 Minuten B -1,4
Rotwein B -2,4
Bier, hell S 0,9
Cola S 0,4
Hering S 7,0
Lachs S 9,4
Äpfel B -2,2
Bananen B -5,5
Erdbeeren B -2,2
Feldsalat B -5,0
Grünkohl B -7,8
Gurken B -0,8
Kartoffeln B -4,0
Paprikaschoten B -1,4
Pilze B -1,4
Spinat B -14,0
Tomaten B -3,1
Zwiebeln B -1,5
Broccoli B -1,2

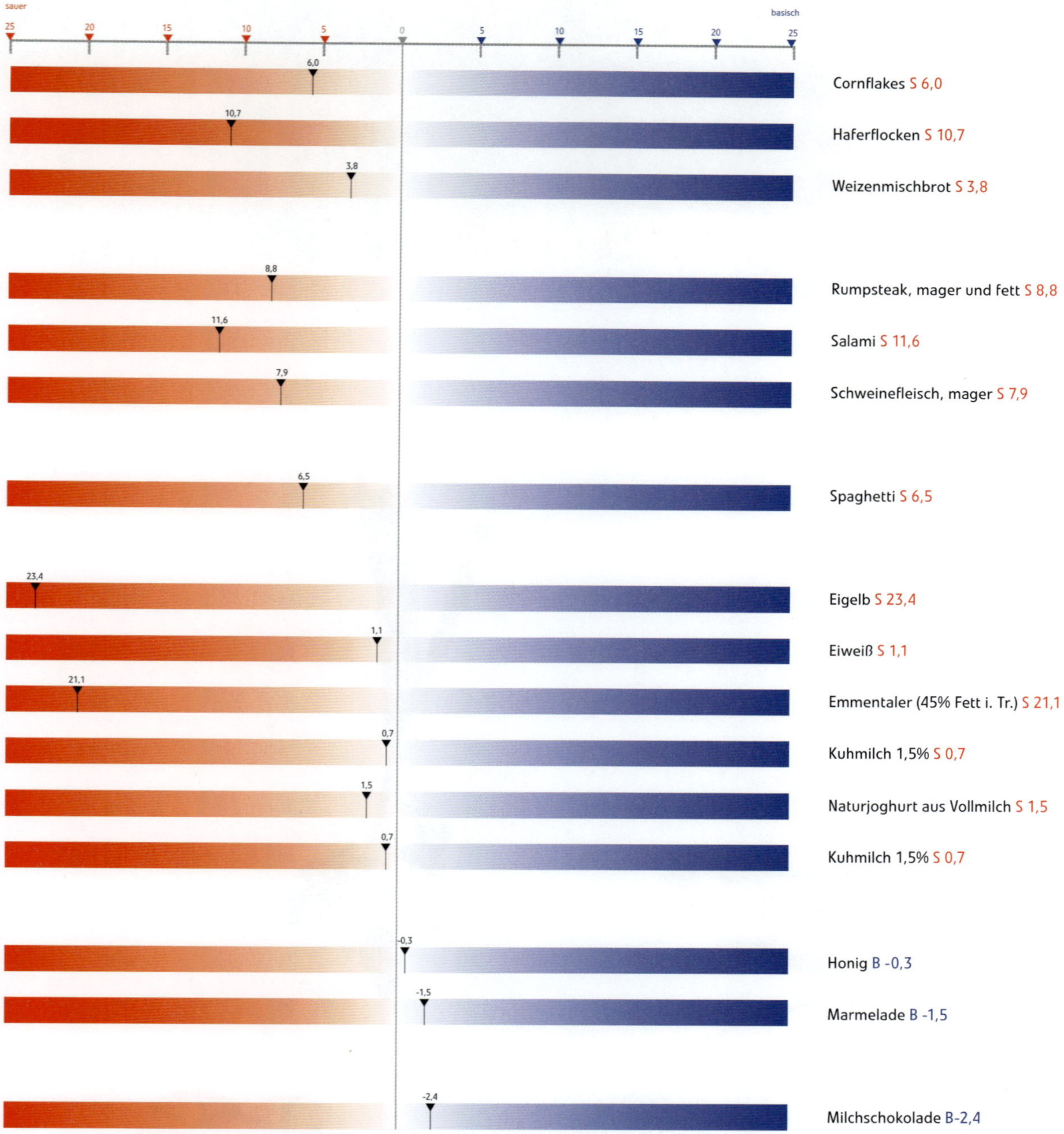

LEBENSMITTEL IM ÜBERBLICK

In der Übersicht finden Sie die Werte für sauer oder basisch geladene Teilchen. Die Berechnung dieser Werte unterliegt natürlichen Schwankungen.
PRAL (potential renal acid load – potenzielle Nierenbelastung mit sauren Nahrungsvalenzen) in mEq Säure (S) oder Base (B) pro 100 g verzehrfertigem Lebensmittel

trainingsalltag

Nachdem Sie nun eine ganze Menge über die Inhaltsstoffe unserer Nahrung und ihre Bedeutung im Sport gelesen haben, geht es im nun folgenden Kapitel um den Transfer dieses Wissens in Ihren Alltag: Wie ernähren Sie sich in Training und Wettkampf richtig, um erfolgreich ans Ziel zu gelangen?

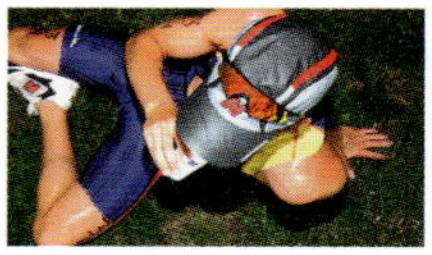

Mahlzeit!

Magenknurren, schlechte Laune, Kopfschmerzen – Hunger und Durst machen sich auf verschiedene Weisen bemerkbar. Dahinter stecken Triebe, die überlebenswichtig sind.

von Dr. Mareike Großhauser

Der menschliche Organismus ist darauf angewiesen, neben Sauerstoff und Wasser auch Energie in Form von Nahrung aufzunehmen. Auslöser für die Nahrungsaufnahme ist das Gefühl von Hunger. Dieser ist wie Durst oder Müdigkeit ein allgemeiner Gefühlszustand, der keinem einzelnen Sinnesorgan zugeordnet werden kann, sondern ein komplexes Wechselspiel im Organismus darstellt. Das körperliche Empfinden für Hunger ist individuell unterschiedlich: Manche spüren ein Gefühl der Leere im Bauch, andere ein unangenehmes Grummeln oder ein mulmiges Gefühl. Oder bekommen Sie bei Hunger schlechte Laune oder Kopfschmerzen, werden müde oder frieren sogar? Hunger ist ein innerer Trieb, der zur schnellen Nahrungsaufnahme führen soll. Er lässt wie jeder Trieb erst nach, wenn er befriedigt ist, wenn Sättigung (= Ende der Nahrungsaufnahme) und Sattheit (= Zeitdauer bis zum nächsten Hungergefühl) eintreten, um wiederum eine übermäßige Energiezufuhr zu verhindern. Psychologen bezeichnen Hunger als homöostatischen Trieb. Homöostase bedeutet in diesem Zusammenhang, dass der Körper neben der kurzfristigen Regulation auch langfristig versucht, seine Energiereserven und damit das Körpergewicht konstant zu halten. Er misst seine Reserven, vergleicht sie mit der aktuellen Energieabgabe und „verteidigt" sein Gewicht.

Hervorgerufen wird Hunger durch einen Mangel an Energie. Während die Größe der einzelnen Mahlzeiten und die Dauer zwischen den Mahlzeiten kurzfristig reguliert wird, unterliegt das Bestreben eines konstanten Körpergewichts und konstanter Körperfettdepots langfristigen Steuerungen. Beide Mechanismen sind eng miteinander verknüpft; teilweise beeinflussen auch die Signale der langfristigen Regulationsmechansimen die Größe einer Mahlzeit oder

den Abstand zu einer nächsten Mahlzeit. Die Wahrnehmung von Hunger entsteht im zentralen Nervensystem und wird durch neurale, hormonelle und metabolische Signale vermittelt. So haben sowohl der Füllungszustand des Magen-Darm-Trakts, einzelne Hauptnährstoffe (Kohlenhydrate, Fette) und deren Stoffwechselabbauprodukte, Hormone und andere Signalstoffe einen Einfluss auf die Entstehung des Hungergefühls. Schon wenn Sie nur an eine Speise denken, können bestimmte biochemische und physiologische Aktivitäten wie vermehrter Speichelfluss oder eine gesteigerte Magensäureproduktion in Gang gesetzt werden. Sie sollen die Nahrungsaufnahme vorbereiten.

SIGNAL ZUR HUNGER-HAUPTZENTRALE

Die Nahrungsaufnahme wird von Ihrem Gehirn über ein komplexes Netzwerk von Nervenzellen gesteuert, das den Energiezustand des Körpers „misst“. Am Zustandekommen der „Verzehrsantwort“ ist eine Vielzahl von Botenstoffen innerhalb bestimmter Gehirnabschnitte (Hirnanhangdrüse, verlängertes Mark) beteiligt. Verzehrssteigernd wirken zum Beispiel das Neuropeptid Y, Catecholamin, Noradrenalin, Galanin, das „agouti-related peptide“ und Orexine, während das Corticotropinfreisetzende Hormon, a-Melanocyten, Serotonin und Histamin verzehrshemmend wirken.

Die Hauptzentrale des Hungertriebs ist der Hypothalamus, der durch viele Sättigungssignale aus der Umgebung gesteuert wird. In diesem Gehirnbereich befinden sich Glukosesensoren, die die Zuckerkonzentration messen und Auskunft über bestehende Reserven geben können. Solche Sensoren befinden sich auch in ►

tipp

GUTEN APPETIT

Wer sich von Geschmack und Geruch einer Speise leiten lässt, hat wahrscheinlich eher Appetit als Hunger. Während Hunger ein elementares Bedürfnis des Körpers ist, um sich vor unzureichender Nahrungsaufnahme zu schützen, stellt Appetit eine Art „Esslust“ dar, die eher im Großhirn als im Stammhirn auf psychologischer Ebene erzeugt wird. Das Verlangen nach einem bestimmten Lebensmittel steht dabei im Mittelpunkt, ohne dass es zur Aufrechterhaltung der Leistungsfähigkeit gebraucht würde. Als appetitauslösend gelten Langeweile oder der Anblick einer schmackhaften Speise, steigende Umgebungstemperaturen und Infektionskrankheiten hemmen dagegen das Bedürfniss nach Nahrung. Vorlieben für Süßes oder Herzhaftes sind überwiegend genetisch bedingt, können aber durch Umwelterfahrungen beeinflusst werden.

tipp

HUNGERAST: WAS TUN?

Ein Hungerast ist eine Unterzuckerung (Hypoglykämie) während sportlicher Belastung, die sich durch plötzliche Hungergefühle, Schweißausbrüche, Muskelzittern, Schwindelgefühle, Blässe, Unkonzentriertheit, Kraft- und Antriebslosigkeit bemerkbar macht. Um die Symptome einzudämmen und den drastisch gesunkenen Bluzuckerspiegel wieder zu stabilisieren, sollten Betroffene bei den ersten Anzeichen schnell verfügbare Kohlenhydrate wie Traubenzucker oder Cola zu sich nehmen. Eine weitere Unterzuckerung lässt sich durch den Verzehr von Vollkornbackwaren, Reiskuchen oder Energieriegeln vermeiden, da die darin enthaltenen Kohlenhydrate langsamer ins Blut gelangen und für längere Zeit Nachschub liefern. Vorbeugen können Sie einem Hungerast, indem Sie mit gut gefüllten Kohlenhydratspeichern in die Belastung starten und auch während dieser auf eine regelmäßige Kohlenhydratzufuhr achten (ca. 60 g pro Stunde).

► der Leber, wo sie die mit der Nahrungsaufnahme schwankenden Glukosekonzentration messen. In Versuchen konnte nach einer intravenösen Glukosegabe direkt in die Leberpfortader eine Unterdrückung der Nahrungsaufnahme nachgewiesen werden – die Reizweiterleitung an das zentrale Nervensystem bei hohen Zuckerkonzentrationen trägt also zur Entstehung von Sättigung bei, beziehungsweise führen umgekehrt niedrige Konzentrationen zu Hungergefühlen. Auch Fette üben einen regulierenden Einfluss auf das Hunger-Sättigungsempfinden aus: Je mehr Fettgewebe vorhanden ist, desto höher ist im Blut die Konzentration von Leptin, einem Hormon, das Auskunft über den Zustand der Energiereserven gibt. Zwar dämpft ein Leptinüberschuss den Hunger nicht, bei einem Mangel reagiert der Körper jedoch mit Hungergefühlen.

VORÜBERGEHEND SATT

Wenn Sie Hungergefühle bewusst unterdrücken, tritt nach etwa einer Viertelstunde eine Art Sättigung ein, die aber nicht lange anhält, weil der Nährwert ja über Rezeptoren erfasst wird. Da der Körper seinen Energiebedarf trotzdem decken muss, hilft er sich, indem er zunächst seine Kohlenhydratvorräte abbaut. Anschließend greift er auf die Fettreserven und auch Eiweiß zurück. Da es für Eiweiß keine Depots gibt, wird bei anhaltendem Hunger zunehmend Muskelmasse abgebaut. Verzichten Sie trotz Hunger für mehrere Stunden auf Nahrung, schaltet Ihr Körper auf den Hungerstoffwechsel um: Er reduziert seinen Energieverbrauch drastisch, indem er die Kreislauffunktionen und die Temperatur herabreguliert.

Während Sie essen, erhält das Gehirn die ersten Sättigungssignale mit zunehmender Magenfüllung von Dehnungsrezeptoren in der Magenwand. Die Reizung dieser Rezeptoren führt auch zu einer Reaktion der Sensoren für Wasser, Glukose, Amino- und Fettsäuren in der Darmwand; Ihr Darm bereitet sich auf den weiteren Verdauungsprozess vor. Auch Chemorezeptoren in Darm und Leber, die den Nährstoffgehalt der aufgenommenen Nahrung ermitteln, geben später Hinweise zur Sättigung. Weitere Signale lösen die Hormone aus, die für die Stoffwechselprozesse einzelner Nährstoffe im Verdauungstrakt notwendig sind; zum Beispiel das Cholecystokinin, das „gastrin-releasing peptide", das „glucagon-like peptide-1", Glukagon, Insulin und das Sättigungshormon Amylin. Auch das Hormon PYY3-36, das nach den Mahlzeiten von Zellen des Verdauungstrakts freigesetzt wird, gelangt über das Blut zum Gehirn und fördert über eine Stimulierung der Nervenzellen hungerdämpfende Prozesse. Anschließend senden die aktivierten Glukosesensoren im Pfortadergebiet und Leberzellen Sättigungssignale zum zentralen Nervensystem. Als hungerdämpfend greift auch die Wärme ein, die bei der Verstoffwechselung der Nährstoffe in Ihrem Körper entsteht. Wenn die Dehnung des Magens etwa ein Fünftel seiner normalen Größe überschreitet, wird eine weitere Nahrungsaufnahme über vermittelnde Mechanorezeptoren verhindert.

Ist der Nährstoffanteil einer Mahlzeit zu gering, werden erneut Hungergefühle ausgelöst. Interessanterweise nimmt dann der Genusswert der zugeführten Nahrung ab, was die Zufuhr anderer Speisen mit einer anderen Relation der Hauptnährstoffe fördert.

WASSER HALTEN MIT ALLEN MITTELN

Ein weiterer Trieb unter der Kontrolle des Hypothalamus ist der Durst. Mit Hilfe von Wasseraufnahme und -abgabe werden vom Durstzentrum aus der osmotische Druck in den Gefäßen und die Menge an Körperflüssigkeiten im Zusammenspiel mit der Niere beeinflusst. (Unter osmotischem Druck versteht man die Kraft, mit der Wasser durch eine einseitig durchgängige Membran in eine konzentrierte Lösung hineingezogen wird.) Schon leichte Wasserdefizite führen zu einer Minderung des Wohlbefindens: Sobald der Wasserverlust ein bis fünf Prozent des Körpergewichts beträgt, wird das Verlangen nach Flüssigkeit geweckt.

Typische erste Anzeichen sind nachlassende Speichelbildung und in der Folge ein trockener Mund- und Rachenbereich. Dass der Hydratationszustand des Körpers zu gering ist, erfassen auf zellulärer Ebene Sensoren, deren Informationen über das verringerte Blutvolumen im Gehirn als Durstgefühl erfasst werden. Um zusätzliche Wasserverluste über die Niere zu verhindern, wird bei einem Flüssigkeitsmangel vermehrt das Hormon ADH (antidiuretisches Hormon) aus der Hirnanhangdrüse ins Blut abgegeben. Dieses ermöglicht die Rückresorption von Flüssigkeit aus den Sammelröhrchen der Niere zurück ins Blut. Ist dagegen die Salzkonzentration im Blut zu groß, was ebenfalls der Kontrolle sensibler Sensoren unterliegt, greifen die Hormone Renin, Angiotensin und Aldosteron ins Geschehen ein. Sie bewirken eine Verringerung von Harnproduktion und Natrium-Rückresorption. Durstempfinden kommt auf.

Würde Sie dieses ignorieren, käme es zu einer Dehydratation, schlicht Wassermangel. In dessen Folge nimmt die körperliche Leistungsfähigkeit ab, die Koordinationsfähigkeit verschlechtert sich und das Risiko für Muskelkrämpfe steigt an. Neben einer allgemeinen Kraftlosigkeit kommt es auch zu Kreislaufbeschwerden mit Kollapsgefahr, erhöhter Herzfrequenz und Körpertemperatur, oft begleitet von Übelkeit. Ein Verlust der Körperflüssigkeit von mehr als zehn Prozent macht sich in Form von Sprachstörungen, Schwindelgefühlen und Atemnot bemerkbar. Ein lang anhaltender Wassermangel kann sogar die Nieren schädigen, weil er das Blut eindickt. Flüssigkeitsverluste von 15 Prozent können tödlich sein.

REGENERATIVES ESSEN

Als Sportler sollten Sie auf jeden Fall schon essen und trinken, bevor Hunger- oder Durstgefühle eintreten. Gerade wenn Sie schon Durstgefühle verspüren, haben Sie bereits ein Flüssigkeitsdefizit, das sich negativ auf Ihre physische und psychische Leistungsfähigkeit auswirken kann. Direkt nach einer dem Wettkampf oder Training verspüren Sie wahrscheinlich selten Hunger. Doch gerade nach intensiven Belastungen ist es wichtig, sich schnell zu erholen, damit Sie für die nächste Einheit fit sind. Die empfohlenen Ernährungsstrategien dienen in erster Linie der Wiederauffüllung von Muskel- und Leberglykogenspeichern, dem schnellen Ersatz von Flüssigkeit und Mineralien, der Förderung von Reparatur- und Adaptationsprozessen in der Muskulatur und der Bewahrung des Immunschutzes.

Vor allem in den ersten beiden Stunden nach Belastungsende können Ihre Muskelzellen Zucker aufnehmen, was einer effizienten Wiederauffüllung dient. Auch die Aufnahme von hochwertigem Eiweiß innerhalb der ersten 30 Minuten nach Belastungsende fördert die Reparatur und den Aufbau muskulärer Strukturen. Ungefähr die eineinhalbfache Menge der während des Sports verlorenen Flüssigkeit sollten Sie in den ersten zwei bis vier Stunden danach aufnehmen. Am schnellsten erfolgt die Rehydratisierung, wenn Ihre Getränke Kohlenhydrate und 1,5 Gramm Salz pro Liter enthalten. ■

Stoff für Kalorien-Junkys

Mit den richtigen Ess- und Trinkstrategien können Triathleten öfter, intensiver und motivierter trainieren und sind darüber hinaus schneller wieder fit. Doch was müssen Sie bei einer optimalen Ernährung im Trainingsalltag alles beachten? von Olaf Sabatschus

Ganz egal, ob Sie nun ambitionierter Ausdauersportler oder reiner Gesundheitssportler sind – Ihre Ernährung sollte grundsätzlich die gleichen Kriterien erfüllen. Allerdings gibt es bei der optimalen Planung von Frequenz und Menge der Nahrungsaufnahme Unterschiede. Generell gibt es viele Studien, die den positiven Effekt von kohlenhydratbetonter Ernährung für Sportler nachweisen. Hohe Leistungsfähigkeit, geringe Ermüdungsempfindung, schnelle Erholung sind die wichtigsten Effekte, die uns eine hohe Kohlenhydrataufnahme nach gängiger Lehrmeinung beschert. Dies liegt an der Effektivität dieser Brennstoffe, denn sie liefern uns pro Liter eingeatmeten Sauerstoffs etwas mehr Energie als Fette und Proteine und sind diesen in punkto Energielieferung pro Zeiteinheit sogar haushoch überlegen. Kohlenhydrate sorgen erstaunlicherweise

außerdem dafür, dass wir Fette auf dem normalen Wege im Organismus verbrennen können.

WENN DIE SPEICHER LEER SIND

Fast jeder wird den Hungerast kennen, wenn die Kohlenhydratspeicher erschöpft sind und „nix mehr geht" – obwohl selbst ein „Hungerhaken von Marathonläufer" noch ein Vielfaches der benötigten Energiemenge in seinen Fettspeichern brach liegen hat. Die Fette tragen beim Ausdauersportler während und nach den Belastungen zwar zu einem Großteil der Energielieferung bei, aufgrund der Umwandlungsmöglichkeit von Kohlenhydraten zu Fetten ist es aber aus rein energetischen Gründen nicht notwendig, die verbrauchten Fette wieder zuzuführen. Trotzdem benötigt unser Organismus die Zufuhr von Fetten, zum einen von solchen, die er für die Produktion von körpereigenen Substanzen heranzieht und für deren Synthese keine Stoffwechselwege bestehen, zum anderen werden vor allem fettlösliche Vitamine mit den Nahrungsfetten transportiert.

Proteine sind unser wichtigster „Baustoff". Im Ausdauertraining haben wir einen erhöhten Bedarf für die Strukturerhaltung beispielsweise von Muskelgeweben. Auch das Immunsystem ist stärker gefordert und benötigt etwas mehr Eiweiß als bei Nichtsportlern. Im Energiestoffwechsel von Ausdauersportlern werden Proteine verstärkt zur Energiegewinnung herangezogen. Traditionell wird daher eine Nährstoffrelation von 9 bis 15 Prozent Eiweiß, 60 bis 70 Prozent Kohlenhydraten und etwa 20 bis 25 Prozent Fett empfohlen. Je mehr Energie wir aufgrund von erhöhter Trainingsbelastung verbrauchen, desto eher empfiehlt es sich, den Eiweißanteil zu verringern, da wir unseren Proteinbedarf mit der normalen Kost locker decken können – essen wir sehr viel, dann nehmen wir automatisch sehr viel mehr Eiweiß auf als der Körper verwenden kann. Außerdem haben wir bei der Ausscheidung der überflüssigen Stoffe neben einer hohen Nierenbelastung vermehrte Wasser- und Mineralverluste.

FISCH AUF DEN TISCH

Die Forschung geht mittlerweile davon aus, dass wir aus gesundheitlichen Gründen besonders auf die sogenannten Omega-3-Fettsäuren achten sollten. Diese gehören zu den oben angesprochenen Nahrungsbestandteilen, die der Körper nicht selbst herstellen kann. Sie sind vor allem in bestimmten Seefischen wie Seelachs, Hering, Makrele und Thunfisch enthalten, zu einem nicht so gut ausnutzbaren Anteil aber auch in Soja-, Raps- und Leinöl oder Walnüssen. Es kommt auf die relativen Mengen einzelner Fettsäuren in der Nahrung an. Daher sollten wir die Gesamtfettaufnahme gering halten und regelmäßig die angesprochenen Nahrungsmittel verzehren, die Fettsäuren aus der Omega-3-Familie enthalten – mit einer insgesamt fettreichen Ernährung ist es schwer, eine gesunde Mischung zu erzielen.

Die kohlenhydratreichen Lebensmittel können uns eine Menge wichtiger Stoffe gleich mitliefern, wenn wir das Richtige essen: So enthalten die naturbelassenen Lebensmittel, zum Beispiel Vollkorn- statt Auszugsmehlprodukte unter anderem mehr Vitamine und Mineralstoffe. Je nach Energiebedarf, muss man sich allerdings nicht ausschließlich „vollwertig" ernähren, um die von den Wissenschaftlern empfohlenen Mengen an Nahrungsinhaltsstoffen zu erreichen: Je mehr jemand essen muss, desto eher darf er auch mal sündigen. Denn die Energie-Nährstoffbedarfs-Relation wird in vielen Punkten günstiger – Gott sei Dank, denn ohne Energiepräparate, Zucker und Co. wird es kaum jemand schaffen, auf Dauer die im Hochleistungstriathlonsport leicht nötigen 5.000 kcal/Tag zuzuführen.

OBST UND GEMÜSE – AM BESTEN ROH

Dennoch sollten wir keinesfalls beim Obst und Gemüse sparen, denn diese enthalten eine Fülle von gesundheitsrelevanten Inhaltsstoffen, die man unter dem Oberbegriff sekundäre Pflanzeninhaltsstoffe zusammenfasst. Hier wird derzeit geforscht, denn es gibt unter anderem immunmodulierende und antioxidative Wirkungen, die für Ausdauersportler immer wieder als besonders wichtig dargestellt werden. Ernährungsexperten empfehlen der weniger aktiven Bevölkerung, fünf Portionen (entspricht zusammen etwa 750 g) Obst und Gemüse pro Tag zu verzehren – und das möglichst roh, um Verarbeitungsverluste zu vermindern. Um das ständige ►

► Abwiegen und Nachschauen in Lebensmitteltabellen zu vermeiden, seien Leistungssportler folgende Verzehr-Grundsätze ans Herz gelegt: viel Obst und Gemüse, Getreideprodukte, Reis, Brot und Kartoffeln, viel trinken (abhängig vom Energieverbrauch mehr oder weniger kalorienfrei), regelmäßig Milch- und Milchprodukte, ausgewählte Öle und Fette, zweimal pro Woche Fleisch und Fisch sowie Eier und Wurst.

FIT FÜR DAS NÄCHSTE WORKOUT

Und wann sollten Sie am besten essen? Bei der Beantwortung der Frage ist entscheidend, wie oft am Tag Sie trainieren. Für viele Triathleten heißt es ja: Nach dem Training ist vor dem Training, denn insbesondere an Wochenenden sind zwei Trainingseinheiten oder mehr am Tag keine Seltenheit. In diesem Fall müssen Sie Ihre Glykogenspeicher und Flüssigkeitsreservoirs schnell wiederauffüllen, um fit in das nächste Workout zu gehen. Beachten Sie, dass nach der Nachtruhe die Kohlenhydratspeicher der Leber in der Regel leer sind – und somit ein erstes Training vor dem Frühstück schnell an die Substanz gehen kann. Doch was ist noch bei der Ernährung zu beachten? An erster Stelle sollte der Jodmangel genannt werden, da er praktisch jeden betrifft! Die Bundesbürger nehmen im Durchschnitt leider nur etwas mehr als halb so viel Jod auf wie die Wissenschaftler empfehlen: Mindestens 200 µg Jod pro Tag sollte ein Erwachsener zu sich nehmen, in bestimmten Situationen sollen es auch mehr sein. Da Jod aber in den Böden Mangelware ist und in nennenswerten Mengen nur im Meer und somit daraus stammenden Lebensmitteln vorkommt, liegt die durchschnittliche tatsächliche Zufuhrmenge nur bei etwa 115 µg pro Tag. Trotz der höheren Verzehrmengen von Sportlern liegen sie meist unter den geforderten Mengen, da sie nicht die dafür notwendigen zwei Seefischmahlzeiten in der Woche essen und nicht konsequent Jodsalz verwenden. Wer kein Fischfan ist, sollte die Einnahme von Jodtabletten erwägen – in einer Dosierung von 100 µg/Tag.

SINNVOLLE SELBSTMEDIKATION?

Oftmals hapert es auch bei der Folsäure. Bei der küchentechnischen Zubereitung geht ein Großteil der Folsäureverbindungen verloren, so dass die Empfehlungen der Wissenschaftler nur erreicht werden können, wenn Sie jeden Tag mehrere Portionen frisches, rohes Obst und Gemüse verzehren. Folsäure ist unter anderem wichtig für die Arteriosklerose-Prävention und an zahlreichen Stoffwechselvorgängen beteiligt. Unter Wissenschaftlern wird diskutiert, ob bei hoher Trainingsbelastung eine Gabe von antioxidativ wirksamen Vitaminen (beispielsweise Vitamin E) und Mineralstoffen (unter anderem Selen) sinnvoll ist. Fest steht, dass eine Selbstmedikation höchstens in der Höhe der Tagesempfehlungen der Deutschen Gesellschaft für Ernährung stattfinden sollte, denn es gibt kaum einen Nahrungsinhaltsstoff, der nicht auch negative Wirkungen bei zu hoher Zufuhr entfalten kann. Bei den meisten Nahrungsinhaltsstoffen können Sie, sofern Ihr Speisezettel abwechslungsreich gestaltet ist, aber ausreichende Mengen zuführen – eine Leistungssteigerung durch natürliche Nahrungsinhaltsstoffe ist nicht möglich. ■

4 GRUNDREGELN FÜR VIELTRAINIERER

1. GEHEN SIE NICHT OHNE FRÜHSTÜCK AUS DEM HAUS!

Ist die letzte Tagesmahlzeit länger als vier bis sechs Stunden her, so empfiehlt es sich, zumindest eine kleine Mahlzeit vor dem Training einzunehmen und kohlenhydratreiche Snacks und Getränke während des Trainings bereitzuhalten.

2. ESSEN SIE DIREKT NACH DEM TRAINING!

Direkt nach dem Training ist die Kohlenhydratspeicherung am schnellsten. Essen und trinken Sie also spätestens in den ersten zwei Stunden. Keine Angst vor dem „Fettwerden": Nach dem Training gehen überschüssige Kohlenhydrate in die Muskulatur.

3. ESSEN SIE REGELMÄSSIG!

Drei Hauptmahlzeiten sind das absolute Minimum für Vieltrainierer. Nachtisch geht immer noch – Pudding und Obstsalat sind ideal. Besser sind vier oder fünf ordentliche Mahlzeiten, bauen Sie beispielsweise ein zweites Frühstück und Kaffeetrinken in Ihren Ernährungsplan ein.

4. TRINKEN SIE REGELMÄSSIG UND KOHLENHYDRATREICH!

Saftschorlen oder auch mal Saft pur sollten Ihre ständigen Begleiter sein, denn sie stellen die „gesündesten" Energiegetränke dar. Trinken Sie außerdem genug Wasser – wir benötigen pro Stunde Sport zusätzlich 0,5 bis zwei Liter. Während langer Einheiten, vor allem auf dem Rad, sollten Sie pro Stunde im Minimum 60 g Kohlenhydrate nachführen – dann erholen Sie sich schneller und müssen die verbrauchte Energie nicht in wenigen Minuten mit einer Riesenmahlzeit nachführen. Eine ausreichende Trinkmenge sorgt außerdem für ein verbessertes Allgemeinbefinden, große Müdigkeitsattacken nach dem Training werden abgeschwächt.

3 GRUNDREGELN FÜR WENIGTRAINIERER

1. DREI HAUPTMAHLZEITEN AN DEN TAGEN OHNE TRAINING SOLLTEN AUSREICHEN!

Zwischenmahlzeiten sollten klein und fettarm sein und nur bei zu langem Abstand der Hauptmahlzeiten eingesetzt werden – wenn es bis zur nächsten „richtigen" Mahlzeit länger als vier bis sechs Stunden dauert.

2. ESSEN SIE NACH DEM TRAINING!

Planen Sie an den Sporttagen am besten nach dem Training eine „Auffüllmahlzeit" ein. Dann bleibt der Heißhunger zu späteren Zeitpunkten eher aus. Auch hier gilt: Kohlenhydrate nach dem Sport machen Sie nicht dick! Essen Sie vor dem Sport nur dann einen kleinen kohlenhydratreichen Snack, wenn die letzte Mahlzeit länger als drei bis vier Stunden zurückliegt.

3. TRINKEN SIE ENERGIEARM!

Trinken Sie an den Nichtsporttagen hauptsächlich kalorienarm, beziehungsweise -frei – beispielsweise ungesüßten Tee oder Mineralwasser. Drei Liter sollten Sie am Ende des Tages getrunken haben.

Do and Don't im Trainingslager

Das nächste Trainingslager in südlichen Gefilden ist bereits gebucht. Damit Sie fit durch das erhöhte Trainingspensum kommen, stellen wir einige häufige Fehler vor und zeigen, wie man sie vermeiden kann.

von Olaf Sabatschus

Ich kann mich noch gut erinnern: Mein erstes Trainingslager auf Mallorca, Anfang der 90er-Jahre. Abends gab es die „Schlacht am Büfett" mit dem anschließenden Rekord im Eis essen, obwohl wir alle eigentlich schon satt waren. Um es auf den Punkt zu bringen: Ich habe abends stets einen Riesenhunger gehabt, weil ich während der Trainingseinheiten zu wenig gegessen und getrunken habe. Morgens und abends alles „hereinzuschaufeln", was man über den Tag verbraucht bei vier, fünf oder mehr Stunden harter körperlicher Arbeit, das ist praktisch unmöglich und mit einem nicht optimalen Trainingsverlauf verbunden. Schließlich haben wir mit vollem Bauch Anlaufschwierigkeiten in jeder Trainingseinheit. Nach spätestens drei Stunden kommt außerdem der Hunger wieder, der gestillt werden möchte – sonst droht der Hungerast und infolge dessen eine deutlich sinkende Trainingsintensität sowie eine ebenso deutlich steigende Infektanfälligkeit.

1. FEHLER: NICHT FRÜHSTÜCKEN

Frühstücken Sie abhängig von der anstehenden ersten Trainingsdisziplin ordentlich, aber nicht zu viel. Es bieten sich kohlenhydratreiche Lebensmittel an, wie Müsli, Brot, (Trocken-)Obst, schon mal ein Stück Trockenkuchen oder Obstkuchen mit Hefeteigboden. Vergessen Sie das Trinken nicht: Wasser, Obstsäfte, Tee, Kakao und Kaffee in Maßen ist auch in Ordnung. Probieren Sie statt der gewohnten Nuss-Nougat-Creme einen neuen, frischen Brotaufstrich aus. Wie wäre es mit Honig und Bananenscheiben oder Quark mit Orangenstückchen auf dem Toast? Natürlich müssen Sie auf Ihr gewohntes Frühstücksei, Käse oder Wurst nicht komplett verzichten. Allerdings sollten die Kohlenhydratlieferanten eindeutig im Vordergrund stehen, das kommt Ihnen bei dem vielen Training zugute. Absolvieren Sie längere Einheiten nicht im nüchternen Zustand. Gegen einen 20-minütigen lockeren Lauf vor dem Frühstück ist nichts einzuwenden.

2. FEHLER: ZU GERINGE ENERGIEAUFNAHME

Wenn Sie zu wenig Energie getankt haben, geht es bei harten Einheiten ans „Eingemachte“: Sie verbrennen statt der gewollten Fette und Kohlenhydrate auch vermehrt Aminosäuren, und bewegen sich in Richtung Hungerast. Die nächsten Einheiten fallen Ihnen mental und körperlich schwerer, und der Trainingseffekt lässt möglicherweise auch länger auf sich warten.

Die längste Zeit verbringen Sie im Trainingslager normalerweise auf Ihrem edlen Zweiradrenner. Die lassen sich ja optimal mit Zusatzflaschenhaltern ausrüsten, und in den Trikottaschen ist auch etwas Platz für die optimalen Lebensmittel „on the go“: Es bietet sich an, pro Stunde rund 60 bis 100 Gramm (je nach Trainingsintensität) an Kohlenhydraten zu sich zu nehmen. Sie können dazu auf Trockenfrüchte, Müsliriegel und Energiegetränke zurückgreifen. Bei den Energieriegeln sollten Sie beachten, dass diesen häufig Vitamine zugesetzt sind – zuviel davon ist daher auch nicht empfehlenswert. Viele schwören auch auf Kekse.

3. FEHLER: ZU WENIG TRINKEN

Viele Triathleten nehmen im Trainingslager zu wenig Flüssigkeit auf. Doch wer zu wenig trinkt, wird schnell Leistungseinbußen spüren: Sie fühlen sich müde und finden nicht mehr so recht ins Training. Deshalb muss die optimale Versorgung Ihres Flüssigkeitshaushalts immer Priorität haben. Am besten greifen Sie während der Sportausübung auf Getränke zurück, die Ihnen außer des erforderlichen Wassers gleich die ausgeschwitzten und absorptionsförderlichen Mineralien mitliefern. Im Trainingslager empfiehlt sich ein Kohlenhydratanteil von fünf bis acht Prozent, damit Sie nicht so viel feste Nahrungsmittel „mitschleppen“ müssen.

Kommerzielle Produkte bieten entweder eine Anleitung zur Selbstmixtur oder sind schon fertig in der Flasche abgefüllt. Letzteres ist auf Dauer aber eine recht teure Lösung. Allerdings ergibt es auch, nach der Packungsanleitung hergestellt, stets ein optimales Getränk. Wenn ich nach dem Baukastenprinzip selbst ein Getränk herstelle, greife ich idealerweise auf den gut verträglichen Grundstoff Maltodextrin („Zucker“) zurück (rund 50 bis 80 Gramm pro Liter, mehr nur bei langen und intensiven Einheiten) und mische etwas Natrium (Kochsalz, ca. 1,5 Gramm pro Liter beziehungsweise etwa 500 Milligramm Natrium) dazu. Für den Geschmack kann etwas Obstsaft sorgen, am besten aber in kleiner Menge (rund 100 Milliliter pro Liter Wasser), damit das Energiegetränk nicht für unliebsame Überraschungen verdauungstechnischer Art sorgt. Weitere Mineralstoffe neben dem Kochsalz sind in der Regel nicht nötig, diese können Sie langfristig mit den festen Mahlzeiten aufnehmen.

tipp

Eine salzarme Kost im Trainingslager ist für gesunde Sportler nicht angebracht. Nehmen Sie besser das zusätzlich ausgeschwitzte Salz zu den Mahlzeiten wieder zu sich und trinken Sie ordentlich Wasser dazu.

4. FEHLER: EINSEITIGE ERNÄHRUNG

Beachten Sie, dass bei Ausdauersportlern beispielsweise bei Magnesium häufig eine suboptimale Versorgungslage besteht. Das kann passieren, wenn Obst (Beerenobst, ►

Orangen, Bananen), Milch(-produkte), Gemüse und Vollkornprodukte, Fisch sowie Fleisch zu selten auf dem Speiseplan stehen. Es reicht also nicht, wenn Sie morgens Toast mit Marmelade und abends Auszugsmehl-Spaghetti essen. Eine abwechslungsreiche, wenn auch kohlenhydratbetonte Kost (klassische Beilagen als Hauptsache und regelmäßig, aber mäßig von allen anderen Lebensmitteln) versorgen Sie am besten mit allen benötigten Nahrungsinhaltsstoffen.

5. FEHLER: ÜBERFLÜSSIGE ZUSATZPRÄPARATE

Aus Sorge, nicht gut versorgt zu sein, nimmt ein Großteil der Athleten Zusatzpräparate ein. In der Regel ist dies aber nicht nötig, im Einzelfall sogar schädlich. Solange Sie allerdings die von der Deutschen Gesellschaft für Ernährung empfohlene Tagesdosis nicht überschreiten, können Vitamin- und Mineralstoffe zwar gefahrlos eingenommen werden. Bei einer abwechslungsreichen Ernährung macht das aber wenig Sinn. Vitamin C zum Beispiel wird – für ein Vitamin unüblich – in recht großer Menge mit dem Schweiß ausgeschieden. Rund 50 Milligramm pro Liter Schweiß gilt es auszugleichen. Dazu reichen schon drei Orangen aus!

Eiweißpräparate können dann sinnvoll sein, wenn Sie mit den Kalorien sowie Eiweißlieferanten unter den normalen Lebensmitteln sparen – beispielsweise nach einer langen Radeinheit mit deutlich zu wenig Energiezufuhr. 20 bis 30 Gramm pro Tag sollten in jedem Fall genügen, um auf eine ausreichende Zufuhr von Eiweiß beziehungsweise Aminosäuren zu kommen. Achten Sie dabei auf eine hohe biologische Wertigkeit des Produkts, um den Stoffwechsel nicht unnötig zu belasten. Natürliche Eiweißquellen sind Milchprodukte und Milche, Fleisch, aber auch Kombinationen aus Kartoffeln mit Ei oder Milch, Milchprodukten und Getreide, Getreide und Hülsenfrüchte (Bohnen, Erbsen, Linsen, Sojabohnen oder Sojabohnenprodukte wie Tofu), Getreide mit Eiern, Getreide und Fleisch, Weizen und Fisch.

Ganz anders sieht es mit Eisen aus. Besteht ein Mangel, können Sie diesen nicht problemlos durch eine gezielte eisenreiche Kost beseitigen. Wenn Ihrem Körper Eisen fehlt, kann dies nur ein Arzt nach einer Blutuntersuchung feststellen – und ein entsprechendes Präparat verordnen. Ansonsten ist speziell für das Trainingslager keine Substitution notwendig. Nahrungsmittel mit einem hohen Eisengehalt sind Brot, Fleisch, Wurstwaren, Gemüse.

6. FEHLER: NACH DER EINHEIT NICHT ESSEN

Nach den Trainingseinheiten sollten Sie zügig essen und trinken. Da die Kohlenhydratspeicherung beziehungsweise Wiederauffüllung direkt nach der Belastung am schnellsten funktioniert, sollten Sie auch tagsüber Kekse, (Trocken-)Obst, Cerealien und Riegel sowie geeignete Getränke bereithalten. Da Sie im Trainingslager oft mehrere Einheiten am Tag bewältigen, ist eine stete Energiebasis eine Grundvoraussetzung für gescheites Training.

7. FEHLER: FRITTIERTES AM BÜFETT

Vorsicht bei allzu fettigen Soßen, in Fett ausgebackenem (meist paniertem) Fleisch oder Frittiertem! Gehen Sie sparsam mit diesen Fettbomben um und lassen Sie den Großteil des Fetts beiseite. Sie benötigen den Kohlenhydrat-Refill, das Fett ist bei großer Menge nur überflüssiges (wenn auch schmackhaftes) Beiwerk. Wenn Sie das Hauptgericht näher unter die Lupe genommen haben, sollten Sie dies auch beim Nachtisch tun. Pudding ist beispielsweise ein guter Kohlenhydrat-Lieferant. Genauer betrachten sollten Sie aber den Kuchen – bei Sahnetorte reicht ein kleines Stück, die meisten Obstkuchen aber sind prima Sportleressen und ein optimaler Abschluss eines langen Trainingstags! ▬

tipp

DAS GEHÖRT IN DIE REISETASCHE

Damit Sie im Trainingslager keine bösen Überraschungen auf dem Rad erleben, sollten Sie die Verpflegung, an die Ihr Magen gewöhnt ist, aus Deutschland mitnehmen. Empfehlenswert sind: Trockenobst, Riegel, Getränkepulver und als Zwischensnack Müsliriegel. Denken Sie auch an genügend Trinkflaschen.

SO LANGE HALTEN ENERGIELIEFERANTEN VOR

MENGE	ENTSPRICHT KOHLENHYDRATE	VERBRAUCH MINUTEN
1 Stück Traubenzucker (Dextroenergen, 5 g)	5 g	6
1 Müsliriegel	15 g	18
1 Käsebrötchen	25 g	30
5 Stück Trockenobst-Aprikosen	25 g	30
1 Banane	29 g	35
1 Energieriegel (Powerbar)	43 g	51

Wie lange kommt man eigentlich mit seiner Radverpflegung aus? Hier ein kleines Rechenbeispiel: Ein 70 Kilogramm schwerer Modellathlet fährt durchgehend bei 30km/h, flach und ohne Wind. Legen wir zugrunde, dass er bei dieser Geschwindigkeit 50 Prozent seiner Energie durch Fette bereitstellt, den Rest durch Kohlenhydrate, braucht er insgesamt für eine Stunde Radfahren etwa 800 Kalorien. Die verbrannten Fette müssen wir nicht wieder zuführen, davon haben wir genug gespeichert. Wir gehen außerdem davon aus, dass unser Athlet am vorabendlichen Büfett gut gegessen hat und mit etwa 200 Gramm in den Kohlenhydratspeichern startet, die er auf einer vierstündigen Fahrt verbrauchen kann. Er braucht pro Stunde also 400 Kalorien weniger – die 50 Gramm pro Stunde aus den Speichern, macht 50 Gramm in Form von Kohlenhydraten, da ein Gramm Kohlenhydrate mit vier Kalorien gerechnet wird.

DO AND DON'T AM BÜFETT

DO	DON'T
Marmelade, Honig	Nuss-Nougat-Creme
Früchtemüsli	Schokomüsli
Körnerbrot	Weißbrot
Quark, Frischkäse	Butter
Gekochter Schinken	Salami
(körniger) Frischkäse	Butterkäse, viele Hartkäsesorten
Salat mit Essig und Olivenöl	Salatdressing mit Mayonnaise
Nudeln mit Tomatensoße	Gnocchi in Käse-Sahne-Soße
Gegrilltes Geflügelfleisch oder Fisch	Paniertes Fleisch
Gedämpftes Gemüse	Buttergemüse
Reis, Pellkartoffeln	Pommes frites
Obstsalat	Sahnetorten, Eis
Obstkuchen aus Hefeteig	Plundergebäck
Pudding	Mousse au Chocolat

Pasta als Henkersmahlzeit

Um viel Energie in kurzer Zeit umsetzen zu können, brauchen die Muskelzellen des Triathleten vor allem Sauerstoff und Kohlenhydrate. Im Gegensatz zum Sauerstoff kann der Körper die Kohlenhydrate allerdings einlagern, wenn der Athlet seine Ernährung auf den Wettkampf abstimmt.

von Frank Wechsel

So unterschiedlich die Sportarten und Sportler auch sind, so ähnlich sind sich ihre Ernährungsstrategien vor dem Wettkampf: Triathleten und Bodybuilder versuchen gleichermaßen, so viele Kohlenhydrate wie möglich in ihren Zellen einzulagern. Der Bodybuilder, weil jedes Gramm der Kohlenhydrat-Speicherform Glykogen drei Gramm Wasser bindet und die Muskeln fülliger aussehen lässt. Der Triathlet, weil jedes Gramm Glykogen rund vier Kilokalorien Energie enthält, die später im Wettkampf zur Verfügung stehen.

DIE KAPAZITÄTEN SIND BEGRENZT

Zwar wird ein großer Teil der Energie im Triathlon bei gut trainierten Athleten aus Fetten bereitgestellt, doch scheinen diese Reserven selbst bei mageren Ausdauersportlern schier unerschöpflich, so dass eine zusätzliche Zufuhr vor und während der Belastung nicht notwendig ist. Anders ist das bei den Kohlenhydraten, die der Körper nur im begrenzten Maße speichern kann und die auch im Fettstoffwechsel eine Rolle spielen: „Fette verbrennen im Feuer der Kohlenhydrate" lautet ein Leitsatz der Sporternährung, der sich auch biochemisch begründen lässt. Doch die Zufuhrmöglichkeiten während einer Ausdauerbelastung sind begrenzt, da der Körper die Durchblutung und Tätigkeit des Verdauungstrakts während des Sports reduziert und sich auf die Versorgung von Nerven- und Muskelsystem konzentriert. Daher ist das Ziel der Vorwettkampfernährung, möglichst viele Kohlenhydrate mit an die Startlinie zu bringen.

Während die Fettspeicher nahezu unbegrenzt sind, reichen die Kohlenhydratvorräte des Sportlers nur für eine Belastungsdauer von rund 90 Minuten aus, wobei die Geschwindigkeit, der Trainingszustand, die Konstitution des Athleten und andere Faktoren einen großen Einfluss auf diese Zeitdauer ausüben. Kohlenhydrate werden im menschlichen Körper in Form von Glykogen gespeichert, einem verzweigten Molekül aus einer Vielzahl von Glukosebausteinen (Glukose = Traubenzucker). Die Muskulatur des Menschen besteht zu einem bis zwei Prozent aus Glykogen, die Leber zu bis zu zehn Prozent. Da der Mensch aber mehr Muskel- als Lebermasse hat, ist die Muskulatur der größere Speicher: 400 Gramm des „Supertreibstoffs" kann der trainierte Athlet in seinen Muskelzellen speichern, 100 weitere in der Leber. Ein halbes Kilogramm Glykogen beinhaltet immerhin 2.000 Kilokalorien – genug für einen halben Marathon, den ein 70-Kilogramm-Athlet bei einem Tempo von vier Minuten pro Kilometer läuft.

Die Kohlenhydrate, die wir mit unserer Ernährung zu uns nehmen, werden durch Spaltungsenzyme (die sogenannten Amylasen) im Magen-Darm-Trakt in Einzelbausteine zerlegt. An den Speicherorten werden diese Einzelzucker wieder zu Netzwerken verflochten. Wenn die Speicher voll sind, werden überschüssige Kohlenhydrate in Fett umgewandelt. Schwedische Forscher fanden 1967 zum ersten Mal heraus, dass die gezielte Zufuhr von Kohlenhydraten vor dem Wettkampf die Ausdauerleistungsfähigkeit steigern kann. Zahlreiche Studien haben diese Strategie verfeinert, die wichtigsten Erkenntnisse fassen wir im Folgenden zusammen.

AUS LEER MACH VOLL

Eine wichtige Grundlage für die bestmögliche Füllung der Glykogenspeicher in der Muskulatur beruht auf dem Prinzip der Superkompensation, das für verschiedenste Mechanismen in der Physiologie des Menschen erkannt wurde: Wenn ein System mit einem starken Reiz belastet wird, dann erholt es sich in der nachfolgenden Belastungspause vorübergehend auf ein höheres Niveau als zuvor. Für die Glykogenspeicher bedeutet das: Sie können mehr Glykogen einlagern, wenn Sie die Vorräte zuvor entleeren.

Für Triathleten hat die Sache allerdings einen Haken: Die Superkompensation des Muskelglykogens ist ortsgebunden – sie findet nur in der Muskulatur statt, deren Speicher entleert wurden. Wenn Sie die Sache perfekt machen wollen, kommen Sie also um eine Entleerung aller beteiligten Muskelgruppen nicht herum. Triathleten sollten die Entleerung Ihrer Kohlenhydratspeicher daher in mehreren Stufen oder Trainingseinheiten in Angriff nehmen.

FÜNF TAGE VORLAUF

Das höchste Speicherniveau im Rahmen dieser Superkompensation erreichen Sie drei Tage nach der letzten Trainingseinheit. Wenn Sie die letzten Tage bis zum Wettkampf nur noch mit kleinen Umfängen und Intensitäten trainieren, können Sie dieses Speicherniveau drei weitere Tage lang halten. Der ideale Zeitpunkt für die harten Belastungen ist damit am Montag und Dienstag, wenn am folgenden Sonntag Ihr Renntag ist.

Nach einer Phase von 24 Stunden, in der Sie sich kohlenhydratarm ernährt haben, legen Sie am Montagabend zunächst eine harte Schwimmeinheit von 60 bis 90 Minuten ein und ernähren sich anschließend kohlenhydratarm und eiweißreich (zum Beispiel Fisch mit Quark). Am Dienstagmorgen folgt eine zweite harte Einheit auf dem Rad von maximal 90 Minuten, bei der Sie gegen Ende ein Versiegen Ihrer Energiereserven spüren sollten – während der Belastung nehmen Sie selbstverständlich weiterhin keine Kohlenhydrate auf, für Flüssigkeitsersatz sollten Sie allerdings sorgen. Die Belastung sollte an der anaeroben Schwelle liegen. Auch danach ernähren Sie sich bis zur letzten harten Einheit weiterhin kohlenhydratarm.

Am Dienstagmittag oder unmittelbar nach Feierabend erfolgt die dritte und krönende Einheit: Laufen Sie 45 Minuten mit steigender Geschwindigkeit und absolvieren Sie danach noch zwei oder drei harte 1.000-Meter-Läufe, bis Sie feststellen: Jetzt geht gar nichts mehr!

DAS COUCH-POTATO-PRINZIP

Unmittelbar nach dieser Trainingseinheit beginnen Sie mit dem angenehmen Teil der Vorbereitung: der intensiven Kohlenhydratzufuhr nach dem Couch-Potato-Prinzip („Carbo-Loading“). Viel Erholung und eine gute Kohlenhydratversorgung lassen Ihre Form stündlich steigern. Die Kohlenhydrataufnahme ►

Carbo-Loading: Nudeln, Reis, Kartoffeln als Henkersmahlzeit vor dem Wettkampf unmittelbar nach der letzten Trainingseinheit realisieren Sie am besten mit zuckerhaltigen Sportgetränken und Energieriegeln, später folgen Nudeln, Reis, Kartoffeln oder Müsli. Studien haben gezeigt, dass eine Aufnahme von 25 Gramm Kohlenhydraten pro Stunde (600 Gramm in 24 Stunden) für das Auffüllen der Glykogenspeicher ideal ist. Höhere Dosierungen erzeugen keine verstärkte Wirkung, da die Kapazität der beteiligten Enzymsysteme begrenzt ist. Wenn Sie also alle drei Stunden 75 Gramm Kohlenhydrate zu sich nehmen (das entspricht etwa 100 Gramm Nudeln oder Reis beziehungsweise 500 Gramm Kartoffeln), stellen Sie sicher, dass für ausreichend Nachschub gesorgt ist.

Auch die Auswahl der Kohlenhydrate spielt eine Rolle: Die Speicheraufbaurate ist bei einfachen Kohlenhydraten wie Glukose am höchsten. Allerdings führt die vermehrte Zufuhr von Fruktose (Fruchtzucker) nur zu einer Einlagerung von Glykogen in die Leber, nicht aber in die Muskulatur, da das Enzym, das Fruktose in Glukose umbaut, hauptsächlich in der Leber arbeitet.

Die Risiken der Superkompensation liegen in der Gratwanderung zwischen Glykogenentleerung einerseits und Übersäuerung andererseits sowie in der Magenunverträglichkeit durch den schnellen Wechsel von Kohlenhydratverzicht (mit einhergehender übermäßiger Fett- und Eiweißaufnahme) und Kohlenhydrat-Mast. Sie sollten einen solchen Ablauf daher unbedingt vor einem weniger wichtigen Wettkampf ausprobieren. Beachten Sie auch, dass Sie bei maximaler Glykogeneinlagerung in den letzten Tagen vor dem Wettkampf durch das eingebundene Wasser bis zu zwei Kilogramm zunehmen können.

10 TIPPS ZUM CARBO-LOADING

SO STARTEN SIE AM BESTEN IN IHREN WETTKAMPF

1 KEINE EXPERIMENTE
Testen Sie schon im Training, was Sie vor einer intensiven Einheit am besten essen können, damit während der Belastung keine Probleme auftreten.

2 VIEL TRINKEN
Achten Sie darauf, dass Sie gut hydriert am Start stehen – am besten, indem Sie schon am Vortag des Rennens ausreichend trinken.

3 PASTAPARTY
Vermeiden Sie es, zu Ihrer Pasta am Vorabend stark fetthaltige Saucen zu essen (z. B. Käse-Sahne-Saucen).

4 NERVENNAHRUNG
Wenn Sie am Abend vor dem Rennen Lust auf Schokolade haben, greifen Sie ruhig zu: Ein Stück Nervennahrung schadet sicher nicht.

5 FRÜHSTÜCK
Sofern der Wettkampf nicht erst am Abend stattfindet, sollten Sie nur Leichtverdauliches frühstücken – zum Beispiel Toastbrot mit Marmelade oder Honig.

6 KOFFEIN
Vermeiden Sie es, vor dem Wettkampf Kaffee zu trinken, wenn Sie empfindlich sind: Koffein wirkt vorübergehend harntreibend.

7 PROVIANT
Bedenken Sie, dass die Zeit zwischen Ankunft und Start lang werden kann, und decken Sie sich schon vorher entsprechend mit Snacks oder Riegeln ein.

8 DREI STUNDEN
Nehmen Sie die letzte größere Mahlzeit spätestens drei Stunden vor dem Start zu sich und achten Sie darauf, dass diese wenig Fett enthält, da das den Magen unnötig belasten würde.

9 ZUCKER
Verzichten Sie kurz vor dem Wettkampf auf stark zuckerhaltige Speisen – die würden eine zu schnelle Insulinantwort hervorrufen, was später zu einer Unterzuckerung führen könnte.

10 KLEINE PORTIONEN
Essen Sie kurz vor dem Wettkampf keine großen Mengen mehr, um Magenprobleme während des Rennens zu vermeiden.

Erfolg geht durch den Magen

Magen-Darm-Probleme haben Ihr letztes Finish verhindert? Solche Dramen gehören im Triathlon zwar dazu, aber als gegeben hinnehmen sollten Sie Schwierigkeiten mit der Wettkampfverpflegung nicht. Unser Ernährungsverhalten entscheidet in erheblichem Maß darüber, ob wir tatsächlich 100 Prozent unserer Leistungsfähigkeit ausschöpfen können – oder eben weniger.

von Oliver Neubauer

Erschöpfung der Kohlenhydratspeicher, Dehydrierung, Störungen im Elektrolythaushalt, Magen-Darm-Probleme, Ermüdung unseres Zentralnervensystems – bei näherer Betrachtung der häufigsten Gründe für Leistungseinbrüche bei Wettkämpfen wird klar: All diese leistungsbegrenzenden Faktoren sind aufs Engste verbunden mit dem Verbrauch an Energiequellen, dem Verlust an Flüssigkeit und Mineralstoffen sowie unserem Versuch, diese Defizite wieder wettzumachen. Ein Triathlon ist lang und kann, wenn man ihn falsch angeht, noch länger werden. Nehmen wir einige Ernährungsstrategien einmal genauer unter die Lupe.

ENERGIE, BITTE

Die leistungsbeschränkenden Einflüsse betreffen sowohl Kurz- als auch Langstreckler. Naturgemäß gewinnen sie mit zunehmender Belastungsdauer an Bedeutung. So verbrauchen Eisenmänner auf 226 Kilometern rund 10.000 Kilokalorien, Eisenfrauen rund 8.600. Einer Studie kanadischer Forschunger zufolge stehen dem jedoch nur Energieaufnahmen zwischen 3.110 und 3.900 Kilokalorien gegenüber. Die Aufnahmefähigkeit des Verdauungssystems macht uns einen Strich durch die Rechnung.

Erklärbar ist das Phänomen dieses satten Energieminus durch die enorme – weil jahrelang trainierte – Fettverbrennungskapazität: Die Fettsäuren liefern den Löwenanteil der benötigten Energie und sind im Muskel- und Unterhautfettgewebe auch bei niedrigem Körperfettanteil zur Genüge vorhanden. Nichtsdestotrotz läuft ohne die in Form von Leber- und Muskelglykogen gespeicherten Kohlenhydrate aber nichts – nämlich nicht einmal die Fettverbrennung. Und erst die Kohlenhydrate als Energiespezialisten befähigen uns zur Tempohärte. Sind die mengenmäßig begrenzten Glykogendepots allerdings erschöpft, sinkt der Blutzuckerspiegel und mit ihm unsere körperliche und mentale Leistungsbereitschaft (Stichwort: Hungerast). Mit dem Speed ist es dann vorbei. Im ungünstigsten Fall nagt unser Körper sogar am Muskeleiweiß, um aus dessen Bausteinen, den Aminosäuren, Blutzucker neu zu bilden.

Unsere Motoren brauchen also Treibstoff, klar! Sämtliche Zellarbeit einschließlich jener der Muskelzellen setzt aber eine ausgeglichene Flüssigkeitsbilanz voraus. Wasser in Form von Schweiß gibt unser Körper nur deshalb freiwillig ab, weil er uns so vor Überhitzung schützen kann – in der Hoffnung, dass wir ihm diese Flüssigkeit wieder zuführen. Passiert letzteres nicht, kommt es zur Dehydration. Die Folgen sind bekannt: Ein Verlust von nur zwei Prozent unseres Körpergewichts (KG) an Wasser vermindert unsere Leistungsfähigkeit um grausige 20 Prozent. Bei höheren Verlusten kann es zu Durchblutungsstörungen, Schwindel und Krämpfen kommen und auch gesundheitlich kritisch werden.

Auch die Zusammensetzung der Flüssigkeit um die Körperzellen und im Blut ist für eine optimal funktionierende Nervenleitung und Muskelkontraktion entscheidend. Bestimmte Mineralstoffe, die Elektrolyte, spielen dabei eine wesentliche Rolle. Obwohl Schweiß zu 99 Prozent aus Wasser besteht und Trainingsanpassungen die Verluste minimieren, gehen immer auch Mineralstoffe buchstäblich den Bach hinunter: allen voran Natrium (beziehungsweise Natriumchlorid, also Salz). Unter Extrembelastungen ist Natrium deshalb das heikelste Mineral. Folgen eines Salzmangels sind neben Krampfneigung, Leistungseinbrüche und mentale Verwirrtheit bis hin zur Ohnmacht. Im Extremfall wird die Situation sogar lebensbedrohend.

RANDVOLLE SPEICHER

Kommen wir zur unmittelbaren Wettkampfvorbereitung: Sowohl Kurz- als auch Langdistanztriathleten profitieren von zum Bersten gefüllten Glykogenspeichern. Die Kohlenhydrat-Superkompensation (kurz: Carboloading) ist hierzu ein altbewährtes Mittel. Eine renommierte Forschergruppe der britischen Universität in Birmingham rät allerdings, anstatt einer belastenden, fast kohlenhydratfreien Entladephase an den Tagen sechs bis vier vor dem Wettkampf zu einem moderaten Kohlenhydrat-Verzehr von täglich etwa fünf Gramm Kohlenhydrate pro Kilogramm Körpergewicht (KH/kg KG) bei aufrecht erhaltenem Training.

In den letzten drei Tagen wird dann bei gleichzeitiger Trainingsreduktion auf acht bis zehn Gramm KH/kg KG erhöht. Gute Erfolge können Sie aber auch mit nur einer speicherentleerenden Trainingseinheit erzielen, an die Sie direkt eine ein- bis dreitägige Ladephase koppeln (viel Pasta, Kartoffeln, Reis, Brot, Obst und Trockenfrüchte). Drei bis vier Stunden vor dem Wettkampf legen Sie am besten 200 bis 300 Gramm Kohlenhydrate in Form eines leicht verdaulichen und deshalb (ausnahmsweise!) ballaststoffarmen Frühstücks nach. Geeignet wären beispielsweise helles Brot mit Honig und etwas Butter oder Margarine. Etwa zwei Stunden vorher empfiehlt das britische Forscherteam 400 bis 600 Milliliter und eine Viertelstunde vor dem Startschuss nochmals etwa 200 Milliliter eines elektrolyt- und leicht kohlenhydrathaltigen Getränks zu trinken. Vorsicht: Manche Athleten reagieren auf Kohlenhydrate mit Blutzuckerturbulenzen, deshalb sollten Sie 60 bis 15 Minuten vor dem Auftakt sicherheitshalber keine Zucker mehr zu sich nehmen.

ZU VIEL ZUCKER MACHT DEM DARM STRESS

Mit der Ernährung unter Belastung geht es nun ans Eingemachte. Zugegeben: Mancher wird sich angesichts von Empfehlungen, wann, was und wie oft gegessen und getrunken werden soll, denken: Gut und schön. Aber ist das im Wettkampf auch so praktikabel? In einer Feldstudie hat der Ernährungswissenschaftler Dr. Frank Hemm die tatsächlichen Auswirkungen der Wettkampfernährung auf Leistungsbereitschaft und Befindlichkeit überprüft. Nach ausführlicher Befragung von 308 Startern von Langdistanzwettkämpfen in Deutschland zieht der Experte einen eindeutigen Schluss: „Die Zusammenhänge zwischen dem Allgemeinbefinden und der Zufuhr an Kohlenhydraten, Wasser und Natrium während der Belastung sind sehr eng." Dabei liegen jene Zufuhrmengen, die den Athleten am besten bekamen, durchaus im Bereich aktueller Empfehlungen. Diejenigen Sportler, die am deutlichsten unter (oder über) den Empfehlungen lagen, gaben hingegen am häufigsten Probleme und Leistungseinbrüche an.

Zur Sache: Einer der Schlüssel zum Erfolg ist die regelmäßige Zufuhr von Kohlenhydraten. Idealerweise werfen Sie etwa 60 bis 70 Gramm, beim Radfahren auch bis zu 80 Gramm Kohlenhydrate pro Stunde ins Muskelfeuer. Viel mehr, so die Experten der Birminghamer Uni, wird von Darm und Leber gar nicht ins Blut weitergegeben, überfordert also nur den Verdauungstrakt. In Getränkeform liegt der optimale Kohlenhydratgehalt zwischen 50 und 80 Gramm pro Liter, wobei ein Gemisch aus verschiedenen Zuckern (beispielsweise Glukose, Fruktose und Maltodextrin) die Aufnahme aus dem Darm beschleunigt. Konzentrationen über 100 Gramm Kohlenhydrate pro Liter hingegen stören die Flüssigkeitsaufnahme und verursachen häufig sogar Verdauungsprobleme – dabei sollten Sie auch die gleichzeitige Kohlenhydrataufnahme in flüssiger oder Gelform berücksichtigen.

WASSER UND SALZ

Kommen wir zum Flüssigkeitsausgleich: Eine Studie an Langdistanztriathleten berichtet von Gesamtwasserverlusten von etwa 1,1 Litern pro Stunde. Bei extremer Witterung sind sogar Schweißverluste von zwei bis drei Litern pro Stunde möglich – Hawaii lässt grüßen. In solchen Extremfällen hinken die Sportler aufgrund der begrenzten Magenentleerungsrate einer ausgeglichenen Flüssigkeitsbilanz zwangsweise hinterher. Es bedarf einer besonderen Energieleistung, der drohenden Dehydrierung entgegenzuwirken. Durst ist bereits ein erstes Symptom eines beginnenden Flüssigkeitsdefizits, also sollten Sie mit dem Trinken nicht erst darauf warten: 600 bis 800 Milliliter sollten es pro Stunde sein, bei großer Hitze auf der Langdistanz speziell während des Radsplits eher mehr. ►

► Die geringsten Befindlichkeitsstörungen verzeichnete Hemm in seinen Untersuchungen bei einer stündlichen Aufnahme von 1.000 bis 1.250 Millilitern auf dem Rad und über 750 Millilitern während des Laufens. Optimal verträglich sind alle 10 bis 20 Minuten 100 bis 200 Milliliter. Übrigens: Ein guter Getränkegeschmack erleichtert den regelmäßigen Griff zur Trinkflasche erheblich. Um Entgleisungen im Elektrolythaushalt zu vermeiden, muss die zugeführte Flüssigkeit aber gleichzeitig auch eine Mischung der wichtigsten Elektrolyte enthalten. Erst kürzlich berichtete ein südafrikanisches Forscherteam im Rahmen der dortigen Ironman-Premiere von einem Fall eines schweren Natriummangels. Durch die übermäßige Aufnahme von reinem Wasser oder sehr natriumarmen Getränken wird das Blut so stark verdünnt, dass der Natriumspiegel unter eine kritische Grenze sinkt. Der betroffene Athlet war infolge dieser „Wasserüberladung“ nach dem Wettkampf gar um 3,6 Kilogramm schwerer!

Die optimale Natriumkonzentration bei längeren Belastungen liegt zwischen 400 und 1.100 Milligramm Natrium pro Liter. Geringere Mengen sollte ein Wettkampfgetränk keinesfalls enthalten. Laut Prof. Stehle vom Institut für Ernährungswissenschaften der Universität Bonn hat Natrium im Getränk den zusätzlichen Vorteil, dass die Wassermoleküle wie im Sog ins Blut nachgezogen werden. Konzentrationsempfehlungen für weitere Elektrolyte lauten: Kalium: 115 bis 230, Magnesium: 25 bis 100, Kalzium: 80 bis 225 Milligramm pro Liter.

EINE GRATWANDERUNG

Die Nährstoffzufuhr im Wettkampf gleicht oft einer Gratwanderung. Um Verdauungsverstimmungen als missliebigen Begleitern die rote Karte zu zeigen, sollte Ihr Getränk nicht zu reich an Kohlenhydraten, nicht zu fruktosehaltig (maximal 35 Gramm Fruktose pro Liter), nicht zu sauer, kohlensäurehaltig, aber auch nicht zu elektrolytreich sein. Cola, wegen der stimulierenden Koffeinwirkung von vielen geschätzt, enthält mehr als zehn Gramm Zucker pro Liter und ist deshalb mit Vorsicht und nicht zu früh im Wettkampf zu genießen.

Achten Sie auch auf ballaststoff-, eiweiß- und fettarme Wettkampfverpflegung. Die Aufnahme von Fett hemmt die Magenentleerung und ist deshalb unter Belastung nicht sinnvoll. Auch bei den rascher verfügbaren mittelkettigen Fettsäuren (MCT) halten sich Erfolge von laborexperimentellen Studien in Grenzen. Allerdings, berichtet Dr. Helmuth Ocenasek, medizinischer Betreuer des österreichischen Siegers beim Race Across America, gibt es mit MCT-Fetten bei Belastungszeiten oberhalb von vier Stunden auch gute Praxiserfahrungen. Mit MCT angereicherte, hochkalorische Nahrungskonzentrate sollten Sie jedoch unbedingt auf die individuelle Verträglichkeit testen – natürlich vor dem Wettkampf!

Wenig charmant findet unser Magen die höhere Intensität auf der Kurzdistanz – obwohl ja hier schlecht zu einer Temporeduktion geraten werden kann. Eine flüssige und gelförmige Nährstoffzufuhr eher im unteren Bereich der genannten Empfehlungen kann hierbei aber schon hilfreich sein. Als Kurzdistanzler, aber auch als Ironman sollten Sie jedenfalls die etwas ruhigere Lage des Verdauungstraktes auf dem Rad für vermehrtes Trinken und eine höhere Nährstoffaufnahme nutzen. Besonders auf der Langdistanz kann dies auch in Form von Energieriegeln und reifen (!) Bananenstücken geschehen. Noch ein Tipp: Bei ausgesprochenen Hitzerennen sollten Sie der Flüssigkeitszufuhr den Vorzug geben – es reichen dann 50 bis 60 Gramm Kohlenhydrate pro Stunde!

EILIGE REPARATUR

Gefinisht! Die Aufnahme von mindestens 100 Gramm Zuckerverbindungen und 30 bis 40 Gramm hochwertigem Eiweiß innerhalb der ersten zwei Stunden nach dem

Wettkampf verspricht jetzt eine optimale Erholung der Glykogenspeicher und der Muskulatur. Für die zunächst meist bevorzugte flüssige Nahrungszufuhr bieten sich zum Beispiel Molkegetränke an. Als erste feste Mahlzeit sind dann Getreideprodukte oder Kartoffeln, kombiniert mit Milchprodukten, etwas Fleisch, Ei oder Fisch, bestens geeignet. Speziell in den folgenden Tagen sollte Ihre Kost nicht nur kohlenhydratbetont, sondern auch sehr nährstoffreich sein, um das jetzt besonders infektanfällige Abwehrsystem zu stärken: Essen Sie also viel Vollkornprodukte, Kartoffeln, Gemüse, Obst, fettarme Milchprodukte sowie fettarmes Fleisch und Fisch.

ERNÄHRUNGSSTRATEGIEN SIND TRAINIERBAR

Eines soll zum Abschluss unbedingt noch erwähnt werden: Interessanterweise können wir auch unser Verdauungssystem an extremere Bedingungen anpassen. So „lernt" der Magen, größere Flüssigkeitsmengen zu tolerieren. Eine der besten allgemeinen Empfehlungen, die somit unter dem Strich gegeben werden kann, lautet: Probieren Sie Ihre Ernährungsstrategien unter möglichst wettkampfähnlichen Bedingungen aus und stimmen Sie diese individuell weiter ab. Trainieren Sie Ihre Wettkampfverpflegung genauso wie Ihre Ausdauer und Kraft. Wundern Sie sich dann beim nächsten Wettkampf aber nicht über besonders gute Ergebnisse … ■

Fremde Hilfe: Wer weiß, was am Streckenrand gereicht wird, kann seine Strategie planen

Grummeln im Bauch

In kaum einem anderen Sport spielt die Ernährung eine so große Rolle wie im Langdistanztriathlon. Sie entscheidet nicht nur über Sieg oder Niederlage, sondern auch darüber, ob Sie überhaupt ins Ziel kommen. Lesen Sie, wie Magen-Darm-Probleme zustande kommen – und wie Sie ihnen vorbeugen können.

von Prof. Asker Jeukendrup

Während eines Triathlons ausreichend Nahrung zu sich zu nehmen, um die Energiebalance zu halten, ist schlichtweg unmöglich. Sie werden im Rennen immer mehr verbrauchen, als Sie zu sich nehmen können – und genau das macht die Energieaufnahme während eines Wettkampfs, besonders über die Langdistanz, so wichtig. Der durchschnittliche Energieverbrauch im Ironman wird auf 8.000 bis 11.000 Kilokalorien geschätzt. Ein Wert, den Dr. Brent Ruby von der Universität Montana vor einigen Jahren bestätigen konnte: Er ermittelte beim Ironman Hawaii seinen Energieverbrauch mit Hilfe von chemisch markiertem Wasser – eine sehr exakte Methode. Sein Verbrauch lag bei gut 9.000 Kilokalorien, doch aufnehmen konnte er nicht einmal ein Drittel davon. Auf kürzeren Strecken wie der olympischen Distanz ist das Energiedefizit sogar noch größer, da hier der Energieverbrauch pro Stunde höher (siehe Tabelle) und die Energieaufnahme aufgrund der hohen Belastung schwieriger ist.

Wie viel Energie Sie pro Stunde verbrauchen, hängt natürlich auch stark von Ihrem Leistungsniveau ab. Profiathleten kommen auf der Kurzdistanz auf bis zu 1.200 Kilokalorien pro Stunde und auf der Langdistanz auf maximal 1.000 Kilokalorien. Der Großteil dieser Energie stammt vor allem auf der olympischen und der Mitteldistanz aus Kohlenhydraten. Diese Energiequelle ist besonders bedeutend, da der Kohlenhydratbedarf viel größer ist als die im Körper gespeicherten Vorräte.

ENTSCHEIDUNG AUF DEM KLO

Magen-Darm-Beschwerden sind unter Ausdauersportlern weit verbreitet: 30 bis 50 Prozent aller Langstreckenläufer haben vermutlich mit der Belastung zusammenhängende Darmprobleme. Bill Rodgers, Marathon-Legende der 1970er-Jahre, der sowohl den Boston-Marathon als auch viermal in Folge den New-York-City-Marathon gewinnen konnte, behauptete sogar: „Auf den Dixi-Klos werden mehr Marathons entschieden als beim Abendessen." Womit er Recht haben könnte: Im Rahmen einer Studie während des Langstreckentriathlons im französischen Embrun berichteten 93 Prozent der Teilnehmer über mindestens ein Problem mit dem Magen-Darm-Trakt. Jeder Dritte von ihnen hatte Beschwerden, die seine Leistung negativ beeinflussten. Zu den häufigsten zählten Aufstoßen, Bauchschmerzen, Übelkeit, Erbrechen, Sodbrennen und Magenkrämpfe. Auch unter Blähungen, zu weichem Stuhl, Durchfall oder sogar blutigem Durchfall litten die Athleten. Diese Beschwerden lassen sich in zwei Kategorien unterteilen: Probleme, die den oberen Verdauungstrakt betreffen, und solche, die sich im unteren Verdauungstrakt bemerkbar machen. Darüber hinaus gibt es eine dritte Art von Symptomen, die zwar nicht direkt zu der einen oder anderen Kategorie gehören, aber mit dem Verdauungsapparat zusammenhängen könnten (zum Beispiel Seitenstiche).

All diese Beschwerden können auf jeder Etappe eines Triathlons auftreten. Beim Laufen, der letzten und körperlich anspruchsvollsten Disziplin, kommen sie allerdings besonders häufig vor. Eine Umfrage bei Marathonläufern zeigte, dass Beschwerden, die den unteren Verdauungstrakt betreffen, offenbar häufiger vorkommen als Magenprobleme: Knapp 40 Prozent der Befragten klagten über Stuhldrang während des Rennens und direkt danach, auch von Durchfall direkt nach dem Marathon berichtete jeder fünfte Läufer. 17 Prozent der befragten Sportler mussten noch auf der Strecke austreten, die Hälfte davon litt dabei unter Durchfall. Von blutigem Stuhlgang berichteten ein bis zwei Prozent der Teilnehmer.

DREI VERSCHIEDENE URSACHEN

Bis heute können die Gründe für Magen-Darm-Probleme bei Sportlern noch nicht vollständig erklärt werden. Sie lassen sich allerdings auch nur schwer erforschen, weil sie oft in konkreten Wettkampfsituationen auftreten und deshalb nicht in Versuchen simuliert werden können. Dennoch wurden einige Laborstudien und Feldversuche zu diesem Thema durchgeführt, in denen die Probleme mit der Nahrungsaufnahme und anderen Faktoren in Zusammenhang gebracht werden konnten. Anhand dieser Untersuchungen kann man Magen-Darm-Beschwerden in drei verschiedene Kategorien unterteilen – abhängig davon, ob ihnen physiologische, mechanische oder ernährungsbedingte Ursachen zugrunde liegen.

1. Physiologische Ursachen

Zu den physiologischen Ursachen gehören eine verminderte Durchblutung des

ENERGIEBEDARF IM RENNEN

Wettkampf-strecke	Energiebe-darf pro Stunde (kcal)	Energiebedarf für das gesamte Rennen (kcal)	Anteil Kohlenhydrat-verbrauch (%)	Anteil Fettverbrauch (%)
Kurzdistanz	600–1.200	2.500–3.000	90	10
Mitteldistanz	550–1.100	4.500–5.500	70	30
Langdistanz	500–1.000	8.000–11.000	50	50

Magen-Darm-Trakts und eine starke Nervosität (besonders vor Wettkämpfen). Während der Belastung wird Ihr Blut vor allem in den beanspruchten Muskeln benötigt, weshalb sich die Durchblutung des Verdauungstrakts um bis zu 80 Prozent verringern kann. Eine so geringe Blutversorgung kann dessen Leistung einschränken und führt oft zu Problemen wie beispielsweise Krämpfen. In ernsthafteren Fällen kann es sogar zur sogenannten ischämischen Kolitis kommen, einer Schädigung des Dickdarms aufgrund einer Mangeldurchblutung. Obwohl diese Unterversorgung durch regelmäßiges Ausdauertraining vermindert werden kann, gibt es keinen Beweis dafür, dass weniger trainierte Menschen für Mangeldurchblutungen anfälliger sind. Auch starke Nervosität beeinflusst Ihre Darmtätigkeit: Angst hat Auswirkungen auf den Hormonhaushalt, was wiederum die Aktivität des Darms beeinflussen und zu unvollständiger Nährstoff- und Wasseraufnahme und deshalb zu weichem Stuhl führen kann.

2. Mechanische Ursachen

Die mechanischen Gründe für Magen-Darm-Probleme werden entweder durch direkte Einwirkungen der Bewegung während des Sports oder durch die Körperhaltung bedingt. So sind Blutungen im Verdauungstrakt vor allem bei Läufern weit verbreitet. Schätzungen zur Häufigkeit variieren zwischen 8 und 85 Prozent – je länger die Distanz, desto häufiger ist offenbar auch das Auftreten von Blut im Stuhl. Eine Umfrage unter Läufern ergab, dass 16 Prozent schon mindestens einmal nach einem Wettkampf oder hartem Training blutigen Durchfall hatten. Als Ursache wird neben der Mangeldurchblutung vor allem die Laufbewegung vermutet, deren wiederkehrende Stöße zu winzigen Schäden in den Darmwänden führen könnten.

Ferner vermutet man, dass auch das ständige Durchschütteln des Magens zu Darmproblemen wie Blähungen, Durchfall ►

und Harndrang beiträgt. Auch die Körperhaltung kann eine entscheidende Rolle spielen: Bei Radfahrern treten Beschwerden im oberen Verdauungstrakt häufiger auf, was wahrscheinlich am erhöhten Druck liegt, der vor allem in der Aeroposition auf den Bauchraum ausgeübt wird. Zu geringen bis mittelstarken Bauchschmerzen kann auch das „Luftschlucken" durch intensive Atmung und das Trinken aus Radflaschen führen.

3. Ernährungsbedingte Ursachen
Natürlich kann auch die Ernährung ein wichtiger Auslöser für Magen-Darm-Beschwerden sein. So stehen Ballaststoffe, Fett, Eiweiß und Fruktose im Verdacht, das Risiko von Verdauungsproblemen zu erhöhen. Flüssigkeitsmangel, der meist Folge unzureichenden Trinkens ist, kann die Probleme noch verschlimmern. Belgische Wissenschaftler haben einen direkten Zusammenhang zwischen Ernährungsgewohnheiten und Magen-Darm-Beschwerden während eines Mittelstreckentriathlons nachgewiesen. Verdauungsprobleme traten demnach während des Wettkampfs häufiger auf, wenn Ballaststoffe, Fett, Eiweiß oder konzentrierte Kohlenhydratlösungen verzehrt worden waren. Vor allem Getränke mit hoher Osmolarität (Anzahl der gelösten Teilchen) über 500 Milliosmol pro Liter schienen dabei für die Beschwerden verantwortlich zu sein. Offenbar besteht auch ein Zusammenhang zwischen dem Konsum von Milchprodukten und Verdauungsproblemen. So könnte eine inzwischen in der Bevölkerung weit verbreitete Laktose-Intoleranz zu erhöhter Darmaktivität und leichtem Durchfall führen.

VORBEUGENDE MASSNAHMEN

Obwohl bereits einige Risikofaktoren bekannt sind, ist immer noch unklar, warum manche Menschen eher zu Verdauungsbeschwerden neigen als andere. Um Ihre Beschwerden zu minimieren, sollten Sie deshalb alle Risikofaktoren bedenken. So können Sie vorbeugen:

Verzichten Sie auf Milchprodukte, die Laktose enthalten, denn selbst eine geringe Laktose-Intoleranz kann unter Belastung zu Problemen führen. Kaufen Sie statt Kuhmilch besser laktosefreie Milch wie Soja-, Reis- oder Mandelmilch.

Verzichten Sie auf ballaststoffreiche Nahrungsmittel am Wettkampftag oder noch besser bereits einige Tage vorher. Während des Trainings unterstützt eine ausgewogene Ernährung mit einem gewissen Anteil an Ballaststoffen zwar die Verdauung. Allerdings sind Ballaststoffe selbst nicht verdaulich, sie passieren den Verdauungstrakt also, ohne verarbeitet zu werden. Eine erhöhte Darmaktivität während körperlicher Anstrengung ist jedoch nicht wünschenswert, da sie den Flüssigkeitsverlust fördert. Darüber hinaus werden vermehrt Gase produziert, die Krämpfe auslösen können. Besonders Menschen, die zu Magen-Darm-Beschwerden neigen, sollten sich deshalb vor dem Rennen vor allem von weißen Nudeln, weißem Reis und Weizen anstelle von Vollkornbrot und ballaststoffreichem Müsli ernähren. Auch die meisten Gemüse- und Obstsorten enthalten viele Ballaststoffe. Ausnahmen sind Zucchini, Tomaten, Oliven, Weintrauben und Grapefruits, die weniger als ein Gramm Ballaststoffe pro Portion enthalten. Überprüfen Sie den Ballaststoffgehalt eines Produkts auch anhand seiner Nährwertangaben!

Verzichten Sie auf Aspirin und nichtsteroidale Entzündungshemmer (NSARs) wie zum Beispiel Ibuprofen. Sowohl Aspirin als auch NSARs fördern nachweislich die Durchlässigkeit der Darmschleimhaut und können die Häufigkeit von Verdauungsbeschwerden erhöhen.

Verzichten Sie auf fruktosereiche Nahrungsmittel und besonders auf Getränke, die ausschließlich Fruktose enthalten. Fruchtzucker kommt nicht nur in Früchten, sondern in Form von Glukose-Fruktose-Sirup auch in fast allen Süßigkeiten (Bonbons, Kekse etc.) vor. Einige Fruchtsäfte enthalten sogar nahezu 100 Prozent Fruchtzucker. Dieser wird langsamer verdaut als Glukose und ist weniger verträglich, die Folgen können Krämpfe, zu weicher Stuhl und Durchfall sein.

Vermeiden Sie Dehydration. Da eine Austrocknung Ihre Magen-Darm-Beschwerden noch verschlimmern kann, ist es wichtig, gut hydriert an den Start zu gehen.

Testen Sie neue Ernährungsstrategien ausgiebig im Training, denn nur dann haben Sie die Möglichkeit herauszufinden, was Ihnen bekommt. Und nur dann steht einem beschwerdefreien Rennen nichts mehr im Weg.

DIE HÄUFIGSTEN BESCHWERDEN

oberer Verdauungstrakt/ Magenbereich	Aufstoßen, Erbrechen, Sodbrennen, Blähungen
unterer Verdauungstrakt/ Darmbereich	Unterleibskrämpfe, Blähungen, Stuhldrang, Durchfall, Blutungen
andere Symptome	Übelkeit, Schwindel, Harndrang, Seitenstiche

Regeneration: Fitmacher in Pillenform?

Über eine gezielte Ernährung können Sie Ihre Regenerationsprozesse nach Training und Wettkampf, aber auch die Wiederherstellungsprozesse nach Krankheiten beeinflussen. Doch viel hilft nicht immer viel.

von Olaf Sabatschus

Essen und Trinken sind lebensnotwendig, doch neben dem Auffüllen Ihrer Flüssigkeits- und Energiespeicher hat die Ernährung auch einen großen Einfluss auf Ihr Immunsystem. Das Immunsystem ist wiederum nicht nur bloßer Garant für die Abwehr von Infekten, sondern regelt auch viele Regenerationsprozesse auf verschiedenen Ebenen des Organismus: Unzählige Botenstoffe, zum großen Teil von den immunkompetenten Zellen produziert, können zum Beispiel in die Entzündungs- und in deren Folge Regenerations- und Wachstumsprozesse von (zerstörten) Muskelzellen eingreifen und den Verlauf dieser Vorgänge beeinflussen. Die Werbung verspricht mit Fitmachern in Pillenform eine schnellere Erholung und eine niedrigere Infektionsrate, einen besseren Schutz vor durch den Sport vermehrt produzierten Sauerstoff-Radikalen und vieles mehr. Doch halten diese Nahrungsinhaltsstoffe, was sie versprechen? Und welche Gefahren lauern bei einer akuten oder langfristigen Überdosierung?

VERÄRGERTE IMMUNZELLEN

Es besteht kein Zweifel daran, dass Sie mit einer guten Auffüllung und Zufuhr vor und während körperlicher Belastungen kurzfristig eine höhere Belastungsintensität im Training und dadurch langfristig eine bessere sportliche Form aufbauen können. Aber auch das Immunsystem wird von der Verfügbarkeit von Kohlenhydraten stark beeinflusst. Beispielsweise ist die Aktivität von „Fresszellen" abhängig von der Menge der zur Verfügung stehenden Glukose (die universelle Kohlenhydratwährung unseres Körpers). Durch körperliche Belastungen wird vermehrt das Hormon Kortisol gebildet, ein niedriger Kohlenhydratspiegel im Blut fördert dies zusätzlich. Auf Kortisol reagieren bestimmte Immunzellen wenig erfreut, unter anderem sind die Produktion von Immunglobulinen und die Aggressivität von Killerzellen gegenüber gefährlichen Fremdkörpern negativ betroffen.

Wenn Sie Kohlenhydrate während und vor sportlichen Belastungen zu sich nehmen, führt dies zu geringeren Änderungen der Blutglukose-Werte und in deren Folge zu einem geringeren Kortisolgehalt des Bluts und weniger stark ausgeprägten Schwankungen der immunologischen Parameter. Kurz gesagt: Sie sind „abwehrstärker" mit einer ausreichenden Kohlenhydratversorgung. Auch Entzündungsparameter nach sportlicher Belastung korrelieren mit den Blutglukose-Leveln. Diese Werte sind wahrscheinlich unter anderem mit dem Ausmaß der Zerstörung von Muskelzellen verknüpft. Da eine überhöhte Aufnahme von Kohlenhydraten (mehr als 70 Prozent) dazu führen kann, dass andere wichtige Nahrungsinhaltsstoffe aus protein- und fettreichen Lebensmitteln in zu geringer Menge aufgenommen werden, ist trotz der sehr wichtigen Rolle der Kohlenhydrate von einer einseitigen Kohlenhydratmast abzuraten. Während und unmittelbar nach den Trainings- und Wettkampfbelastungen ist allerdings die Kohlenhydrataufnahme das Wichtigste.

DAS RICHTIGE FETT-VERHÄLTNIS

Fette genießen gerade bei Ausdauersportlern einen schlechten Ruf. Sie sind jedoch nicht nur „schlecht" für Personen, die mit Gewichtsproblemen und deren Folgen zu kämpfen haben. Nein, Fette sind absolut unverzichtbare Bestandteile unserer Nahrung, denn sie erfüllen so wichtige Funktionen wie den Aufbau und die Funktion von Zellmembranen, die Produktion von Hormonen und den Transport von fettlöslichen Vitaminen. Allerdings spielt es eine sehr große Rolle, in welcher Menge und in welchen Relationen Sie die unterschiedlichen Fette zu sich nehmen. Zum Beispiel können zu viel aufgenommene sogenannte Omega-3-Fettsäuren die Zellmembranen von fremdkörperpräsentierenden Zellen derart verändern, dass weniger krankheitsverursachende Keime unschädlich gemacht werden. Ein Zuwenig dieser Fettsäuren sorgt allerdings für eine proentzündliche Hormonlage. Die Arachidonsäure ist die Ausgangssubstanz für den das Immunsystem herunterregulierenden Botenstoff PGE2. Eine hohe Aufnahme von Omega-3-Fettsäuren, die diesbezüglich mit der Arachidonsäure konkurrieren, kann die Produktion von PGE2 verringern. Stattdessen wird vermehrt das „harmlosere" PGE3 produziert.

Nach dem heutigen Wissensstand ist eine Relation von Omega-3- zu Omega-6-Fett-

säuren von ungefähr 1 zu 5 und eine Fettaufnahme (für Ausdauersportler) von etwa 20 Prozent der Gesamtenergiezufuhr am günstigsten. Diese Relationen erreichen allerdings wenige Sportler – wenn Sie jedoch zwei- bis dreimal pro Woche Seefisch (besonders Seelachs, Thunfisch, Makrele oder Hering) essen und sich ansonsten kohlenhydratbetont ernähren, liegen Sie gut im Rennen. Wer Omega-3-Fettsäuren substituiert, sollte nicht mehr als etwa ein bis zwei Gramm pro Tag zusätzlich aufnehmen und gleichzeitig überlegen, Vitamin E (etwa 20 bis 50 Milligramm pro Tag zusätzlich) zu sich zu nehmen. Vitamin E hilft, die oxidationsanfälligen mehrfach ungesättigten Fettsäuren zu stabilisieren und die „Lipidperoxidation" (die Veränderung dieser Fettsäuren durch Stoffwechselradikale, denen die Zellmembranen von Immunzellen besonders ausgesetzt sind) zu vermindern.

FUTTER FÜR DIE KILLER-ZELLEN

Normalerweise nehmen Athlet bei einer gesunden Ernährung genügend Proteine auf. Ausnahmen sind Phasen der Gewichtsreduktion oder Athleten, die sich vegan ernähren. Deshalb sei hier exemplarisch nur eine derzeit stark beworbene Aminosäure, das Glutamin, genannt. Deren Rolle im Immunsystem besteht vor allem in der Energielieferung (fünf bis zehn Prozent der Lymphozyten- und Makrophagen-Energie wird daraus gewonnen) und in der Vorstufenfunktion für Genbestandteile – also letztlich der rechtzeitigen Herausbildung der nötigen Immunfunktionen unserer Immunzellen. Der Glutamin-Blutspiegel korreliert außerdem mit der Aktivität unserer Killer-Zellen. Glutamin kann vom Körper selbst hergestellt werden, ist also nicht „essenziell".

Wenn Sie sich ausreichend mit Energie und Proteinen versorgen, ist eine zusätzliche Gabe von Protein oder Glutamin nicht nötig. Im Gegenteil: Es würde die optimalen Regenerationsvorgänge durch unnötige Ausscheidungs- und Umwandlungsprozesse mit zusätzlichen Wasser- und Elektrolytverlusten sogar behindern. Wenn Sie allerdings einen Kohlenhydratmangel haben ►

► IMMUNWIRKSAME INHALTSSTOFFE UNSERER ERNÄHRUNG

SUBSTANZ	DGE-Empfehlung pro Tag (m/w) ohne geringe (!) Sportzulage	Sichere höchste Zufuhr pro Tag (langfristig) bzw. Gefährdung durch	Lebensmittel mit hohem Gehalt	Mangelgefährdet sind (abgesehen von Gewichtsreduktionsphasen)
Vitamin C	100 mg	1.000 mg	fast alle Obst- und Gemüsearten	sehr geringer Obst- und Gemüseverzehr
Vitamin A (Retinoläquivalent)	1/0,8 mg	3 mg	Karotten, Feldsalat, Fenchel, Spinat, Mango, Innereien (Achtung: Überdosierung sehr leicht möglich!)	bei geringem Obst- und Gemüseverzehr
Vitamin B12	3,0 µg	3.000 µg	Fleisch, Fisch, Ei, Milch	Veganer
Vitamin E	15 mg	800 mg	Keimöle, Vollkorn, Nüsse, Fenchel	
Zink	10/7 mg	30 mg	v.a. Fleisch, Fisch	evtl. Vegetarier
Eisen	10/15 mg	20 mg	v.a. Fleisch	Veganer
Selen	30–70 µg	200 µg	Fisch, Fleisch, Nüsse (regional sehr unterschiedlich)	
Kupfer	1–1,5 mg	8 mg	Fische, Schalentiere, Nüsse, Vollkorn	
Magnesium	400/310 mg	700 mg	wenig verarbeitetes Vollkorn, Gemüse	
Sek. Pflanzenstoffe	750 g Obst, Gemüse (Nichtsportler)	einseitige Zufuhr mit Präparaten	Obst, Gemüse, Rotwein, Kakao, grüner und schwarzer Tee	bei geringem Obst- und Gemüseverzehr

Offenes Fenster:
Die Ernährung direkt nach dem Zieleinlauf ist wichtig für die Regeneration

(Glutamin kann im Organismus in Glukose umgewandelt werden und unterliegt daher bei Kohlenhydratmangel verstärkt diesem Prozess), eine Diät machen und weiterhin voll trainieren oder eine „Hungerasteinheit" hinter sich haben, dann kann eine kohlenhydratreiche Mahlzeit mit einer zusätzlichen Glutamin-Quelle (aus Ergänzungsprodukt oder in Lebensmitteln wie Milch, Weizen, Mais, Puten- und Hühnerbrust) Ihr Immunsystem unterstützen. Der Glutamin-Spiegel im Blut nimmt nämlich während und nach Ausdauerbelastungen ab. Allerdings ist in den bisherigen Studien der eindeutige Beweis für einen positiven Immuneffekt von Glutamin-Zulagen bei Athleten, die sich gesund ernähren, ausgeblieben.

GESCHWÄCHT DURCH ZU VIELE VITAMINE

Während Sie Sport treiben, erhöht sich Ihr Sauerstoffumsatz dramatisch und es werden vermehrt reaktive Sauerstoffmetabolite gebildet, die verschiedene negative Auswirkungen, unter anderem auf unsere Immunzellen, haben. Antioxidativ wirksame Vitamine und Pflanzeninhaltsstoffe sowie in Enzymsystemen involvierte Mineralstoffe und Spurenelemente wirken dem entgegen. Zusätzlich zu den antioxidativen Eigenschaften können einige der genannten Stoffe eine direkte Wirkung auf Immunparameter wie beispielsweise die Aktivität und die Zahl von Abwehrzellen haben. Hier gilt allerdings ebenso wie bei den anderen Nahrungsinhaltsstoffen, dass die positiven Eigenschaften nur in einem relativ engen Zufuhrbereich in Kraft treten und bei Überdosierung akute Vergiftungserscheinungen und auch Langzeitfolgen zu befürchten sind. Ganz abgesehen von der Tatsache, dass unsere Immunabwehr bei zu hoher Zufuhr fast aller Vitamine geschwächt wird!

Wenn Sie Ihre Ernährung Ihrem Energieverbrauch anpassen und sich abwechslungsreich ernähren, können Sie all diese Stoffe in Höhe der Empfehlungen der Deutschen Gesellschaft für Ernährung (DGE) zu sich nehmen – inklusive der Erhöhungen, die für Sportler als angebracht angesehen werden. Die Tabelle links zeigt Ihnen in Kürze die am stärksten diskutierten „Immunstoffe" mit Lebensmitteln, die diese in besonders hohen Mengen enthalten, und die absolut oberen Grenzwerte einer höchstwahrscheinlich noch nebenwirkungsfreien Zufuhr.

TRINKEN FÜR DIE ABWEHR

Es ist festgestellt worden, dass eine regelmäßige Flüssigkeitszufuhr (optimalerweise mit Kohlenhydraten angereichert) die Absonderung von Speichelflüssigkeit und deren Gehalt an Immunstoffen erhöht. Praktisch gesehen lohnt es sich also auch in punkto Infektabwehr, regelmäßig während und nach dem Sport zu trinken. Genießen Sie Getränke, die harntreibend wirken (wie alkoholische und koffeinhaltige Getränke) nur in Maßen, denn Ihr Flüssigkeits- und Mineralstoffhaushalt spielt ja auch eine nicht untergeordnete Rolle, wenn Sie schnell wieder fit werden wollen.

BALANCEAKT

Schon eine wenig abwechslungsreiche Ernährung kann einen negativen Einfluss auf Ihren Immunstatus haben. Wenn jedoch die Belastung durch den Sport hinzukommt, dann ist es umso wichtiger, ein balanciertes Ess- und Trinkverhalten zu praktizieren.

Denn eine zu geringe Nährstoffzufuhr birgt ebenso wie eine zu hohe die Gefahr einer geringeren Wirksamkeit des Immunsystems, und durch die vielfältigen darüber hinausgehenden Wirkungen unserer Abwehrzellen resultiert auch eine schlechtere Regenerations- und Trainingsfähigkeit. Es gibt verschiedene weitere Ansatzpunkte, das Immunsystem kurz- oder langfristig zu beeinflussen. Dazu gehören die immunstimulierenden Medikamente (beispielsweise Echinacea) oder Kolostralmilch (wie etwa Biestmilch), mit der eine Vielzahl von Immunstoffen zugeführt werden. Letztlich kommt es eben auf die bestmögliche Balance aller Einflussfaktoren an – eine Substanz allein macht uns nicht gesund und „besser", wie es manches Mal in der Werbung behauptet wird. ■

Immun-Tuning: So ernähren Sie Ihr Abwehrsystem richtig

Das Immunsystem ist nicht nur verantwortlich für die Abwehr von Krankheitserregern, es beeinflusst auch die Erholung nach sportlichen Belastungen. Für seine Funktion spielt die Ernährung eine entscheidende Rolle.

von Christian von Loeffelholz

Der menschliche Organismus wird täglich mit einer Vielzahl von Eindringlingen konfrontiert. Die Auseinandersetzung jedoch findet meistens unbemerkt statt. Nur selten sind die Gefechte der Körperabwehr gegen potenzielle Krankheitserreger spürbar, noch seltener führen sie zu einer echten Erkrankung. Diese Tatsache ist einem hochkomplexen Netzwerk zu verdanken, das in seiner Gesamtheit als „Immunsystem" bezeichnet wird.

ENERGIE UND BAUSTOFF FÜR DIE ABWEHR

Die Abwehrsysteme des Körpers sind auf einen intakten Eiweißstoffwechsel angewiesen, denn die sogenannten Antikörper und die Immunbotenstoffe bestehen im Wesentlichen aus Eiweißen. Abkömmlinge von Fetten spielen eine wichtige Rolle im Nachrichtenverkehr zwischen den verschiedenen Anteilen des Immunsystems, zudem verlangt die ständige Vermehrung der Immunzellen Nachschub an Baustoffen und Energie. Und schließlich müssen während der Erregerbekämpfung entstehende hochreaktive „freie Radikale" abgefangen werden. Für den ungestörten Ablauf all dieser Funktionen müssen also ausreichend energiereiche Zuckerverbindungen, Aminosäuren, Fette sowie Vitamine und Spurenelemente bereitgestellt werden.

Die offensichtlichen Verbindungen zwischen Ernährung und Immunsystem werden inzwischen treffend mit den Schlagworten „Immunonutrition" oder „Immun-Ernährung" beschrieben. Der Begriff steht für eine das Abwehrsystem unterstützende Ernährung. In der medizinischen Versorgung von Schwerkranken oder Schwerverletzten ist der Begriff übrigens seit geraumer Zeit etabliert und bezeichnet dort die gezielte Unterstützung des Immunsystems mittels speziell angepasster Diätformeln. Menschen mit schlechter Versorgungslage oder Unterernährung andererseits sind – das belegen jüngere Untersuchungen – besonders infektgefährdet.

OPEN WINDOW?

Interessanterweise finden sich hier Parallelen zu Sportlern, die andauernden Höchstbelastungen ausgesetzt sind. So benötigen Radsportler, die bei der Tour de France täglich bis zu 10.000 Kilokalorien umsetzen, etwa 1,6 Gramm Eiweiß pro Kilogramm Körpergewicht und Tag, außerdem erhöhte Mengen zahlreicher Mikronährstoffe. Während der 21-tägigen Rundfahrt befinden sich die Athleten in einer ständigen Gefahr der Unterversorgung und tatsächlich finden sich bei ihnen oft Abweichungen der Immunfunktion. Das sogenannte Übertraining kann das Immunsystem ebenso schwächen, was sich zum Beispiel anhand einer erhöhten Infekthäufigkeit der oberen Atemwege belegen lässt. Nach hartem Training sind Sportler dem sogenannten Open-Window-Phänomen ausgesetzt. Darunter verstehen Ärzte eine Zunahme bestimmter weißer Blutkörperchen (Granulozyten) bei gleichzeitigem Abfall von Lymphozyten und anderen Immunzellen. Die Funktion dieser Zellen ist zudem beeinträchtigt, messbar zum Beispiel an der gestörten Bildung freier Radikale.

Als Ursache nimmt man eine veränderte Konzentration an Stresshormonen (Adrenalin, Noradrenalin, Kortison und andere) an. Werden aber während intensiven Sports Kohlenhydrate zugeführt, so lassen sich Immunbotenstoffe und -zellen positiv beeinflussen, wie eine amerikanische Studie aus dem Jahr 2003 zeigt. Bei sportlichen Belastungen von mehr als 90 Minuten Dauer ist daher die Zufuhr von stündlich 30 bis 60 Gramm Kohlenhydraten zu empfehlen. Besonders Leistungssportler profitieren von der Kohlenhydratstrategie. Besteht ausreichende Zeit zur Regeneration, so bleibt das „Open Window" vermutlich unproblematisch, vielleicht gehört es sogar zum Anpassungsprozess.

ANTIOXIDANZIEN UND FREIE RADIKALE

Nach ungewohnter oder exzentrischer Belastung (Bergablaufen) kann „Muskelkater" auftreten, Entzündungen sind ein möglicher Teil der Reaktion. Als Verursacher werden auch freie Radikale vermutet. Antioxidative Vitamine sollen Abhilfe schaffen, doch eine Vielzahl von Experimenten zeigte: Außer bei einer Mangelernährung gibt es keine klaren Beweise für die positive Wirkung einer vermehrten Zufuhr dieser Vitamine. Dagegen haben jüngere Studien gezeigt, dass ein gesunder Körper seine antioxidative Abwehr nach wiederholter Belastung verbessert. Zudem richten ja freie Radikale nicht nur Schaden an, sondern fördern auch Anpassungsreaktionen an die sportliche Belastung. Alter und Trainingszustand des Sportlers spielen für den Wert einer Zufuhr antioxidativer Wirkstoffe vielleicht eine besondere Rolle. Da Wettkampfathleten mit den entsprechenden Vitaminen unterversorgt sein können, bietet sich aufgrund der aktuell unklaren Sachlage und der fraglichen langfristigen Sicherheit von Supplementen der ►

tipp

EINFLUSSFAKTOREN FÜR DAS IMMUNSYSTEM

Veränderbare Einflüsse auf das Immunsystem (= „Umwelt")

- Fehl- und Mangelernährung
- Training (vor allem Übertraining, lange dauernde und exzentrische Belastungen, erschöpfendes Ausdauertraining sowie intensives Intervalltraining ziehen Reaktionen im Immunsystem nach sich.)
- fehlende körperliche Aktivität
- chronischer Stress
- chronischer Schlafmangel
- Höhenaufenthalte
- verschiedene Medikamente und Drogen (zum Beispiel Alkohol, Tabak)

Unveränderbare Einflüsse auf das Immunsystem

- Lebensalter
- Geschlecht
- Gene (= „zentrale Steuerstation" des Immunsystems)

► Mehrkonsum gesunder Öle, von farbigem Gemüse und Obst sowie von „Fettfischen" an. So ist die gesunde Versorgung mit Antioxidantien am besten sicherzustellen.

Der Eiweißbaustein-Verwandte L-Carnitin wurde in punkto Muskelstress ebenfalls untersucht. In einer Studie an erfahrenen Kraftsportlern verringerten sich typische Labormarker einer Muskelschädigung mit der täglichen Zufuhr von zwei Gramm L-Carnitin über drei Wochen, eine zweite Studie bestätigte diese Beobachtung. Diese Studien waren aber viel zu klein, um eine definitive Aussage zu erlauben, für Ausdauerathleten fehlt noch ein Wirksamkeitsnachweis. Auch der Wirkungsmechanismus ist hypothetisch, zum Beweis müsste neben Laborbefunden ein für den Sportler nachvollziehbarer Einfluss auf die eigene Leistung resultieren.

GESUNDE FETTE

Immunzellen von Menschen mit typisch westlicher Ernährung enthalten hohe Anteile an mehrfach ungesättigten Omega-6-Fettsäuren. Diese sind Vorstufen für Botenstoffe, die einen Einfluss auf die Dauer und Intensität von Entzündungsprozessen im Körper haben. Dagegen ist der Gehalt an Fettsäuren vom „Fischöltyp" (Omega-3) oft niedrig: Solche Fettsäuren kommen vorwiegend in Kaltwasserfischen (Makrele, Hering) und als Abkömmling in einigen Pflanzenölen (beispielsweise Raps-, Leinöl) vor. Auch sie dienen der Bildung von Entzündungs-Botenstoffen, diese sind jedoch deutlich weniger aktiv. Der regelmäßige Verzehr entsprechender Lebensmittel – das zeigt eine Untersuchung aus dem Jahr 2002 – kann daher abgeschwächte Entzündungsreaktionen nach sich ziehen. Unter dem Gesichtspunkt der Regeneration bei Sportlern ist das sehr interessant, bisher liegen für diese Hypothese aber wenige verwertbare Ergebnisse vor. Andererseits spricht aber auch im Hinblick auf ein gesundes Herz-Kreislauf-System immer mehr für die Omega-3-Fette, der Konsum von Kaltwasserfisch und gesunden Pflanzenölen ist also in jedem Fall empfehlenswert.

NUR MANGEL AUSGLEICHEN

Für ein gut funktionierendes Immunsystem werden zudem die Vitamine A, E, B_6, B_{12}, C sowie Zink, Kupfer, Eisen und Selen benötigt. Die Mikronährstoffversorgung gilt in Deutschland als gut bis sehr gut, Ausnahmen betreffen unter anderem Vegetarier/Veganer (einseitige Ernährungsformen), Kranke und (Hoch-)Leistungssportler. Allerdings wird der Stellenwert einzelner Stoffe noch diskutiert, stellvertretend seien hier Vitamin C und Zink erwähnt: Vitamin C kommt konzentriert in gewissen Immunzellen vor. Bei Ausdauersportlern sind die Befunde nach Vitamin-C-Gabe in Tablettenform einer Studie zufolge sehr wi-

dersprüchlich. Letztlich ist der schützende Effekt hoher Vitamin-C-Dosen vor Erkältungskrankheiten nicht belegt. Weil nebenwirkungsarm, ist eine kurzfristige Einnahme in Phasen erhöhter Belastung dennoch vertretbar.

Zink spielt eine Rolle bei zahlreichen Zellfunktionen und hat starken Einfluss auf viele Aspekte des Immunsystems. Ausdauersportler nehmen aufgrund ihrer „Kohlenhydratmast" und der Meidung tierischer Lebensmittel oft zu wenig Zink zu sich. Über die Haut geht zusätzlich etwa ein Milligramm pro Liter Schweiß verloren. Die Verfügbarkeit von Zink aus tierischen Produkten ist jedoch so gut, dass die Zufuhrempfehlungen im Jahr 2000 sogar gesenkt wurden. Steht „Tierisches" regelmäßig auf dem Speisezettel, so sind Zinkverluste schnell ausgeglichen. Besteht bei Sportlern kein Zinkmangel, so zeigt eine Zufuhr durch Nahrungsergänzungsmittel keinen spürbaren Effekt. Insgesamt ist der Mikronährstoffbedarf durch eine vollwertige und ausgewogene Kost also gut zu decken.

Mikronährstoffe werden nicht „verbraucht", sondern der Bedarf ergibt sich aus der Erneuerung der Körpersysteme, an denen sie beteiligt sind. Und Vorsicht: Hochdosierte Zusätze können die Immunfunktion sogar beeinträchtigen! So stört Zink zum Beispiel die Lymphozyten- und Fresszellfunktion – Mengen von über 30 Milligramm pro Tag sollen auf Dauer nicht überschritten werden. Niedrig dosiert und am besten gezielt in Absprache mit dem Fachmann über einen begrenzten Zeitraum eingenommen, sind dagegen keine negativen Konsequenzen zu befürchten. Im Falle eines ärztlich nachgewiesenen Zinkmangels erfolgt die Auffüllung der Körperspeicher mit medizinischen Präparaten.

IMMUNORGAN DARM

Das Darmimmunsystem spielt für die Infektabwehr eine wichtige Rolle – etwa 60 Prozent der Antikörperbildung finden dort statt. In der Ernährungsphysiologie der Universität Jena durchgeführte Studien wiesen eine Steigerung der Fresszellaktivität durch regelmäßige Probiotikagabe nach. Probiotika sind bestimmte Mikroorganismen, die den Darm in relevanter Zahl lebend erreichen und über das dort befindliche Immunsystem positive Effekte entfalten können. Sie leben aber nur vorübergehend, ihr regelmäßiger Verzehr ist also notwendig. In Studien mit Sportlern konnte gezeigt werden, dass nach vier Wochen des Verzehrs von probiotischer Milch bestimmte Aspekte des „Open Window" positiv verändert waren. Die Untersuchungen müssen allerdings vorsichtig interpretiert werden, denn bei der Komplexität des Immunsystems bedeutet die Verbesserung einzelner Aspekte nicht automatisch eine „Stärkung der Abwehrkräfte".

KEINE WUNDERMITTEL

Stellvertretend für etliche Eiweißbausteine, die im Zusammenhang mit dem Immunsystem Beachtung fanden, soll L-Glutamin vorgestellt werden, der verbreitetste Eiweißbaustein im Körper. Bei Belastungen von mehr als zwei Stunden Dauer ist im Rahmen des „Open-Window"-Phänomens seine Verminderung im Blut möglich. Da L-Glutamin eine Rolle im Stoffwechsel gewisser Immunzellen spielt und von diesen nicht selbst gebildet werden kann, preist man L-Glutamin-Produkte zur Stärkung der Abwehrkräfte an. In der Tat lassen sich nach deren Einnahme einige Reaktionen messen, doch deren Bedeutung ist noch unklar. Auch L-Carnitin beeinflusst nach Untersuchungen im Labor die Immunabwehr. So stellt es den Abwehrzellen beispielsweise Energie in Form von Fett zur Verfügung oder verändert die Aktivität der Andockstellen von Stresshormonen. Fraglich ist wiederum die Bedeutung dieser Befunde unter „Real-Life-Bedingungen".

Derzeit ist also die Bedeutung im Labor gemessener Immunzellfunktionen nach Gabe von Nahrungsergänzungsmitteln für die Praxis noch nicht geklärt. Eine ausgewogene Mischkost, die den individuellen Kalorienbedarf vor allem über Obst, Gemüse, Säfte, Seefisch, Nüsse, Milch- und Vollkornprodukte, gesunde Öle (Raps-, Lein-, Walnuss-, Soja-, Olivenöl) sowie einen angemessenen Eier- und Fleischverzehr deckt, liefert dem Athleten dagegen zuverlässig jene Wirkstoffe, die er für eine gut funktionierende Abwehr benötigt. Einseitige Ernährungsformen können zur Minderversorgung führen, hohe Dosen einzelner Nahrungsergänzungsmittel dagegen bergen das Risiko einer beeinträchtigten Körperabwehr. Trainieren Sie sehr hart oder lange mit bereits entleerten Glykogenspeichern, so kann die Zufuhr von 30 bis 60 Gramm Kohlenhydraten pro Stunde einem übermäßigen Anstieg von Stresshormonen entgegenwirken – mit positiven Effekten auf Ihr Immunsystem. ■

Als Vegetarier im Triathlon

Die Zahl der Vegetarier hat sich in Deutschland in den vergangenen 20 Jahren verzehnfacht. Können Triathleten ihren Nährstoffbedarf mit einer vegetarischen Ernährung decken? Worauf sollten Ausdauersportler achten, die weitgehend oder völlig auf tierische Lebensmittel verzichten?

von Niels Schulz-Ruhtenberg

Über Millionen von Jahren ernährten sich die Menschen in vielen Regionen der Erde überwiegend oder vollkommen vegetarisch. Aus einem einfachen Grund: Tierische Nahrung war oft knapp und die Jagd aufwendig – pflanzliche Nahrungsquellen waren leichter verfügbar. Der freiwillige Verzicht auf tierische Produkte wurde aber bereits in der Antike durch den Philosophen Pythagoras (Griechenland, 570-500 v. Chr.) begründet, der aus philosophisch-ethischen Gründen eine vegetarische Ernährung empfahl. Seither haben sich die Beweggründe gewandelt, heute steht vor allem das Gesundheitsbewusstsein im Vordergrund. Nicht zuletzt durch die Lebensmittel- und Fleisch-Skandale (beispielsweise die BSE-Krise und den „Gammelfleisch"-Skandal) der vergangenen Jahre motiviert, hat die Zahl der Vegetarier in der deutschen Bevölkerung stark zugenommen: von 0,6 Prozent im Jahre 1983 auf 8 Prozent in 2001 – Tendenz steigend. Eine vegetarische Ernährung liegt also heute mehr denn je im Trend. Zur Zahl der Vegetarier unter den Triathleten gibt es noch keine genauen Zahlen.

VEGETARISMUS IN VIELEN FORMEN

Bei einer vegetarischen Ernährung (lateinisch: vegetare = beleben) wird auf bestimmte oder alle Lebensmittel tierischer Herkunft verzichtet. Im Gegensatz dazu steht die „normale" sogenannte omnivore Ernährung (Omnivoren = Allesfresser) mit einer Mischung aus pflanzlichen und tierischen Lebensmitteln. Heute gibt es eine Vielzahl unterschiedlich strenger Formen der vegetarischen Ernährung (siehe Infokasten).

Eine besondere Gruppe stellen die sogenannten „Pudding-Vegetarier" dar. Diese (oft Jugendliche) verzichten zwar auf tierische Produkte, ändern aber ansonsten ihre oft einseitige und ungesunde Ernährung nicht. Durch die Bevorzugung stark verarbeiteter und ballaststoffarmer Lebensmittel (z.B. weißmehl- und zuckerhaltige Produkte wie Puddingdesserts) kann es dann leicht zu Mangelerscheinungen kommen.

GESUNDER VERZICHT?

Eine vegetarische Ernährung ist durch einen hohen Anteil pflanzlicher Lebensmittel (Gemüse, Obst, Vollkornprodukte) gekennzeichnet. Dadurch essen Vegetarier mehr Ballaststoffe und ungesättigte Fettsäuren sowie weniger gesättigte Fettsäuren, Cholesterin, Purine und nehmen oft eine geringere Kalorienmenge auf. Dies entspricht weitgehend den Regeln für eine gesunde Ernährung. Dadurch leiden Vegetarier seltener unter Übergewicht und haben niedrigere Blutdruckwerte und bessere Cholesterinwerte als Nicht-Vegetarier. In der Folge leiden sie seltener unter sogenannten Zivilisationskrankheiten wie Herz-Kreislauf-Erkrankungen, Bluthochdruck, Diabetes, Osteoporose oder Gicht. Auch einigen Krebsarten kann eine vegetarische Ernährung vorbeugen. Eine Fülle von Langzeitstudien über den Zusammenhang zwischen Ernährung und Gesundheitszustand zeigt, dass eine ovo-lakto-vegetarische Ernährung zahlreiche positive Effekte haben kann. Dies wird allerdings nicht nur auf die Ernährungsweise, sondern auch auf eine insgesamt gesündere und bewusstere Lebensweise (Rauch- und Alkoholverzicht, viel Bewegung) von Vegetariern zurückgeführt.

Bei einer wie auch immer gearteten vegetarischen Ernährung ist es wichtig, die ausreichende Zufuhr bestimmter für den Organismus unverzichtbarer Nährstoffe genau zu beachten. Da der typische Vegetarier recht gut informiert ist, wählt er meistens hochwertigere Lebensmittel aus. Vor ►

BIOLOGISCHE WERTIGKEIT VON EIWEISS

Die Biologische Wertigkeit (BW) von Eiweiß beschreibt, wie gut oder schlecht der Körper Nahrungseiweiß in körpereigenes Eiweiß überführen kann (Bezugsgröße: Ei mit einer Biologischen Wertigkeit von 100).

Voll-Ei	100
Rindfleisch	94
Fisch	94
Milch	88
Käse	85
Soja	84
Roggen	76
Kartoffel	70
Reis	70
Ei+Soja	124
Ei+Kartoffel	136
Ei+Milch	119
Ei+Weizen	123
Weizen+Milch	125
Laktalbumin+Kartoffel	134

FORMEN VEGETARISCHER ERNÄHRUNG

ovo-lakto-vegetarische Ernährung
Die häufigste Form der vegetarischen Ernährung: Neben pflanzlichen Lebens-mitteln werden nur Produkte verzehrt, die von lebenden Tieren stammen (Eier, Eiprodukte, Honig, Milch und Milchprodukte). Gemieden werden Fleisch, Fisch und entsprechende Produkte.

lakto-vegetarische Ernährung
Meiden von Fleisch, Fisch, Eiern.
Milch und Milchprodukte werden verzehrt.

(ovo-lakto-)pisce-vegetarische Ernährung
Es wird Fisch (Pisce) verzehrt (gegebenenfalls zusätzlich zu Ei, Milch und Honig).

vegane Ernährung
Verzicht auf sämtliche vom Tier stammenden Lebensmittel (Fleisch, Fisch, Milch, Eier und Honig)

semivegetarische Ernährung („liberale Vegetarier")
Zu dieser Gruppe gehören Gesundheitsbewusste, die den Verzehr von (rotem) Fleisch stark einschränken. Oft werden Fisch und Geflügel gegessen.

EISENGEHALT VON LEBENSMITTELN
(in mg je 100 g Lebensmittel))

Schweineleber	22,1
Amaranth	15
roher Spinat	4,1
Roggenvollkornbrot	3,0
Filet vom Schwein	3,0
Keule vom Rind	2,6
roher Grünkohl	1,9
rohe grüne Erbsen	1,9
Hühnerschenkel	1,8
Brokkoli	1,3
Traubensaft	0,4

► allem deshalb schneiden wohl Vegetarier bei der Versorgung mit Vitaminen, Mineralstoffen und sekundären Pflanzenstoffen oft besser ab als Gemischtköstler. Eine vegetarische Kost enthält beispielsweise größere Mengen an ß-Karotin, Vitamin C und Folsäure als die übliche Kost, da diese Vitamine besonders in Früchten, Gemüse und anderen pflanzlichen Lebensmitteln vorkommen.

Dagegen ist die Zufuhr der Vitamine D, B_2 und B_{12} mit vegetarischer Kost meist niedriger, da diese Vitamine hauptsächlich in tierischen Lebensmitteln enthalten sind. Problematisch wird eine vegetarische Ernährung immer dann, wenn ein erhöhter Nährstoffbedarf wie zum Beispiel im wettkampforientierten Triathlon auf ein mangelndes Ernährungswissen trifft. Vor allem in Bezug auf die Versorgung mit Eiweiß, Eisen, Zink, Jod und Vitamin B_{12} kann es dann zu Engpässen kommen.

EIWEISS

Zahlreiche Untersuchungen zeigen, dass die Proteinzufuhr bei vegetarischer Ernährung niedriger ist als bei Normalkost. Dennoch kann man auch bei vegetarischer Ernährung durch eine entsprechende Auswahl der Lebensmittel eine ausreichende Versorgung mit Eiweiß und Aminosäuren sicherstellen. Gerade bei der am häufigsten vorkommenden ovo-lakto-vegetarischen Ernährung kann man dem Körper durch Milch (und ggf. Eier und Fisch) ausreichend hochwertiges Eiweiß zuführen.

Pflanzliches Eiweiß hat allerdings grundsätzlich eine geringere biologische Wertigkeit (BW) als tierisches Eiweiß. Die biologische Wertigkeit beschreibt, wie gut oder schlecht der Körper Nahrungseiweiß in körpereigenes Eiweiß überführen kann.

Dies kann man durch die kluge Kombination von Eiweißträgern ausgleichen, indem durch Milch oder Eier die biologische Wertigkeit von pflanzlichem Eiweiß aus Getreide und Kartoffeln verbessert wird (siehe Tabelle). Dabei müssen diese Kombinationen nicht zwingend während der gleichen Mahlzeit aufgenommen werden, um eine optimale Zufuhr an Proteinen und Aminosäuren zu garantieren.

EISEN

Zwar ist ein ausgeprägter Eisenmangel bei Vegetariern nicht häufiger als bei üblicher Kost, aber die Eisenreserven von Vegetariern sind im Vergleich zu Nichtvegetariern deutlich geringer. Dies liegt unter anderem daran, dass die Bioverfügbarkeit von Eisen aus pflanzlichen Lebensmitteln mit etwa 3 bis 8 Prozent wesentlich niedriger ist als jene des „Häm-Eisens" aus Fleisch und Fisch (10 bis 25 Prozent). Beispielsweise enthält eine Portion Linsen zwar genauso viel Eisen wie eine entsprechende Portion Kalbfleisch, der Körper kann jedoch aus dem Fleisch ungefähr fünfmal mehr Eisen aufnehmen als aus Linsen. Hinzu kommt, dass die Eisen-Aufnahme im Darm durch bestimmte Stoffe aus der pflanzlichen Kost (Ballaststoffe, Phytinsäure aus ungesäuertem Vollkornbrot, Oxalsäure aus Spinat) gehemmt wird. Weitere Hemmfaktoren für die Eisenaufnahme sind Gerbsäuren (in Kaffee und schwarzem oder grünem Tee, der länger als drei Minuten gezogen hat) und Phosphate (Cola- und Limonadengetränke). Die schlechtere Verfügbarkeit pflanzlichen Eisens in der vegetarischen Kost kann erheblich verbessert werden, wenn gleichzeitig Vitamin C aufgenommen wird. Durch ein großes Glas Orangensaft zu jeder Mahlzeit oder ein Vitamin-C-Zusatzpräparat wird die Bioverfügbarkeit von Eisen in einer vegetarischen Mahlzeit etwa verdoppelt.

Besonders gefährdet im Hinblick auf einen Eisenmangel sind vegetarische und nicht-vegetarische Triathletinnen, da Eisen nicht nur über den Schweiß, die Nieren und belastungsbedingt (Zerstörung roter Blutkörperchen in der Fußsohle beim Laufen, Miniblutungen), sondern zusätzlich durch die Regelblutung verloren geht. Die Bestimmung der wichtigsten Eisenblutwerte (beispielsweise dem Ferritin-Wert) sollte daher zu einem sportmedizinischen Check-up standardmäßig dazugehören. Bei einem gesicherten Eisen-Mangel kommen Sportler in der Regel um die Einnahme von hochdosierten Eisen-Tabletten nicht herum.

ANZEICHEN EINES EISENMANGELS

- Müdigkeit
- eingerissene Mundwinkel
- gestörtes Haar- und Nagelwachstum
- blasse Haut- und Schleimhautfarbe

ZINK

Der Körper hat keine großen Speicher für Zink, die er im Fall einer Mangelversorgung mobilisieren könnte. Daher muss Zink regelmäßig mit der Nahrung zugeführt werden. Fleisch ist eine wichtige Zink-Quelle. Zink hat für den Muskelaufbau wichtige Funktionen und gilt daher als „anaboles" Spurenelement. Zink ist zudem lebenswichtig für ein starkes Immunsystem, zum Schutz vor Übertraining und Infektanfälligkeit. Bei starker körperlicher Anstrengung sind die Verluste über den Schweiß erheblich und sollten gegebenenfalls ausgeglichen werden. Zinkreiche Lebensmittel sind Weizenkeime (10,8 mg/100 g), Fleisch (3,5 mg/100 g), Käse (2,8 mg/60 g), Kürbiskerne (2,15 mg/25 g), Milch (2,0 mg/0,5 l), Fisch (0,75 mg/150 g). Spezielle Zink-Präparate enthalten 10 mg Zink pro Tablette.

ANZEICHEN EINES ZINKMANGELS

- Müdigkeit, allgemeine Antriebslosigkeit
- häufige Erkältungen und grippale Infekte
- schlecht heilende Wunden

JOD

Durch den Verzicht auf Fisch fehlt dem strengen Vegetarier auch eine wichtige Quelle für Jod. Das Element spielt als Baustein des Schilddrüsenhormons eine wichtige Rolle im Stoffwechsel. Deshalb sollte vor allem im Fall einer vegetarischen Ernährung unbedingt jodiertes Speisesalz verwendet werden.

EXTREMFORM VEGANE ERNÄHRUNG

Beim kompletten Verzicht auf alle tierischen Produkte inklusive Milch und Eiern ist es besonders schwierig, eine ausreichende Nährstoffzufuhr sicherzustellen. Denn neben den bei Ovo-Lakto-Vegetariern kritischen Nährstoffen Eiweiß, Eisen, Zink, Jod und Vitamin B_{12} kann es zusätzlich auch beim Kalzium und Vitamin D zu Engpässen kommen. Ohne Milch und Milchprodukte ist es für den Veganer schwieriger, die empfohlene Zufuhr an Kalzium (wichtig für den Knochenaufbau und Muskelstoffwechsel) sicherzustellen.

Kalzium-Mangel kann zudem ebenso wie ein Magnesium-Mangel zu Muskelkrämpfen führen. Vitamin D kommt überwiegend in tierischen Lebensmitteln (zum Beispiel Fisch) vor, kann aber bei ausreichendem Tageslicht auch in der Haut ausreichend gebildet werden.

Auch die Eiweißversorgung kann beim Veganer zum Problem werden, da Milch und Eier als Kombinationspartner wegfallen. Sinnvoll ist dann beispielsweise die Kombination von Getreideprodukten mit Hülsenfrüchte oder Bohnen mit Mais, wie sie auch aufgrund von Fleischmangel in der traditionellen Ernährung vieler Völker vorkommt. Ein besonderes Problem stellt die Versorgung mit Vitamin B_{12} dar. Dieses findet sich nahezu ausschließlich in tierischen Lebensmitteln, geringe Mengen des Vitamins finden sich nur in fermentierten pflanzlichen Lebensmittel wie zum Beispiel Sauerkraut.

Ein Vitamin-B_{12}-Mangel kann zu Störungen der Blutbildung mit den Folgen einer Leistungsschwäche sowie zu bleibenden Störungen der Nervenfunktion und Hirnentwicklung führen. Bei langfristiger rein veganer Ernährung sind ernsthafte Vitamin-B_{12}-Mangelerscheinungen nicht auszuschließen, so dass eine entsprechende Blut-Untersuchung und Nahrungsergänzung sehr zu empfehlen sind. In der Basis-Ernährung können mit Vitamin B_{12} angereicherte Sojamilch und „Sojafleisch" (Tofu) eingesetzt werden.

Aufgrund der zahlreichen Risiken für die Nährstoffversorgung ist die vegane Ernährung für leistungsorientierte Sportler nicht empfehlenswert. Für Kinder, Jugendliche, Schwangere und Stillende ist sie sogar grundsätzlich abzulehnen.

INTELLIGENTE ERNÄHRUNG, VOLLE LEISTUNG

Eine gute Vitalstoff-Versorgung ist wichtig für die körperliche Leistungsfähigkeit, die schnelle Regeneration und eine langfristig gute Gesundheit.

Vegetarier unter den Triathleten sollten sich daher besonders intensiv mit ihrer Ernährung auseinandersetzen, um Mangelerscheinungen vorzubeugen. Für sie ist Abwechslung, Vielseitigkeit und Qualität der Lebensmittel besonders wichtig. Vegetarier, die regelmäßig Milch, Milchprodukte und Eier verzehren und in ihrer Kost Gemüse, Obst und Getreideprodukte abwechslungsreich kombinieren, können ihren Nährstoffbedarf in der Regel decken. Im Zweifel oder bei unklaren Beschwerden kann eine Mikronährstoff-Laboranalyse beim Spezialisten Aufschluss geben, ob ein Mangel an bestimmten Nährstoffen vorliegt. ■

Gluten, Laktose & Co.: Wenn Nahrungsmittel zur Belastung werden

Hautprobleme, Völlegefühl, Müdigkeit, Verdauungsstörungen – die möglichen Symptome einer Nahrungsmittelallergie sind vielfältig, aber selten eindeutig. Deshalb ist die richtige Diagnose nicht leicht zu stellen. Triathleten bemerken zudem meist eine spürbare Leistungsminderung.

von Dr. Wolfgang Schillings

Vor einigen Jahren waren quälende Unterbauchschmerzen ein ständiger Begleiter von Andrea Steinbecher. „Die Ärzte dachten schon an eine Blinddarmreizung und wollten mich operieren. Das habe ich aber nicht glauben können und bin dann zu weiteren Medizinern gegangen, bis schließlich einer auf die Idee kam, mich auf eine Nahrungsmittelunverträglichkeit zu testen", erzählt die Ironman-Europameisterin von 2006.

VORSICHT, LEBENSMITTEL!

Eine Nahrungsmittelunverträglichkeit ist eine Missempfindung nach der Aufnahme bestimmter Nahrungsmittel, wobei entweder die Lebensmittel selbst oder die enthaltenen Zusatzstoffe für die Reaktion des Körpers verantwortlich sein können. Man unterscheidet zwischen allergisch vermittelten (Nahrungsmittelallergien) und nicht allergisch vermittelten Nahrungsmittelunverträglichkeiten. Bei einer Nahrungsmittelallergie kommt es – genau wie bei anderen Allergien auch – zu einer Überreaktion des Immunsystems, verbunden mit der Bildung von Antikörpern der Klassen IgE und IgG4. Allergieauslöser sind bestimmte Stoffe, sogenannte Allergene, die der Körper fälschlicherweise als „fremd" und somit als „gefährlich" erkennt. Laut Schätzungen des Deutschen Allergie- und Asthmabundes leiden zwischen fünf und sieben Prozent der Deutschen an einer Nahrungsmittelallergie. Im Kleinkindalter sind Milch, Eier, Weizen und Soja die häufigsten Auslöser für eine allergische Reaktion, bei Jugendlichen und Erwachsenen sind es eher Fische, Erd- und Baumnüsse, Krebstiere, Sesam, Senf und Buchweizen. Oft sind Nahrungsmittelallergien pollenassoziiert, das heißt, wer eine Inhalationsallergie gegen bestimmte Pollen oder Gräser hat (Asthma oder Heuschnupfen), bei dem treten nach dem Verzehr bestimmter Kernobst-Sorten oder Nüsse im Zuge einer sogenannten Kreuzreaktion nicht selten ebenfalls Probleme auf.

Von den Nahrungsmittelallergien muss man die Nahrungsmittelunverträglichkeit abgrenzen. Hierbei werden keine Antikörper der Klassen IgE und IgG4 gebildet, stattdessen liegen oft Enzymstörungen vor, zum Beispiel ein Mangel des Milchzucker abbauenden Enzyms Laktase. Zur Gruppe der Nahrungsmittelunverträglichkeiten gehören auch pseudoallergische Reaktionen, bei denen der Botenstoff Histamin nicht wie bei einer Allergie durch Bildung von Antikörpern freigesetzt, sondern direkt aus sogenannten Mastzellen abgegeben wird. Oft können betroffene Personen geringe Mengen des jeweiligen pseudoallergenen Stoffs konsumieren, ohne dass Krankheitssymptome auftreten. Ein bekannter pseudoallergischer Reizstoff ist der Geschmacksverstärker Glutamat, der das sogenannte China-Restaurant-Syndrom (Übelkeit, Schwitzen, Engegefühl im Brustkorb, Kopfschmerzen, Durchfall etwa eine halbe bis eine Stunde nach dem Essen) auslösen kann: Glutamat wird in der asiatischen Küche gern und nicht gerade sparsam verwendet. Auch sogenannte biogene Amine wie beispielsweise das in gereiftem Käse (Emmentaler oder Parmesan), in Spinat, Rotwein, Thunfisch oder Makrelen enthaltene Histamin, können Probleme bereiten.

MILCH UND SCHOKOLADE ADE

Nach einem H2-Atemtest stand die Diagnose bei Andrea Steinbecher schnell fest: „Laktoseintoleranz – das war für mich natürlich ein Schock, da ich ab sofort keine Schokolade und kein Nutella mehr essen konnte, die bis dahin zu meinen Hauptnahrungsmitteln gehörten. Ich dachte anfangs, dass ich das nie schaffen würde, doch dann habe ich mich ziemlich schnell daran gewöhnt und meine Ernährung umgestellt." Bei einer Laktoseunverträglichkeit ist die Aktivität der Enzyme (Laktasen), die den

vor allem in Kuhmilch und Milchprodukten enthaltenen Milchzucker in seine beiden Hauptkomponenten aufspalten, herabgesetzt oder überhaupt nicht vorhanden. Kann nämlich die mit der Nahrung aufgenommene Laktose nicht gespalten werden, gelangt sie in tiefere Darmabschnitte und wird dort von Bakterien zu Milchsäure, Essigsäure, Wasserstoff und Kohlendioxid abgebaut. Das macht sich dann in Form von Blähungen, Bauchkrämpfen und Durchfall bemerkbar. Lässt man alle Nahrungsmittel, die Laktose enthalten, konsequent weg, dann kommt es oft schon nach wenigen Tagen zur völligen Symptomfreiheit. Da beispielsweise in Asien fast die gesamte Bevölkerung eine primäre Laktoseintoleranz hat, wird dort gar keine Milch konsumiert. Bei Andrea Steinbecher sind die Beschwerden nach einer Ernährungsumstellung zwar besser geworden, aber nicht komplett verschwunden. „Dann haben wir weitergerätselt, was es sein könnte und mein Blut an ein Labor geschickt, das einen Nahrungsmittelunverträglichkeitstest auf zahlreiche Stoffe anbietet. Kurze Zeit später erhielt ich eine weitere Diagnose: Glutenunverträglichkeit", erinnert sich Steinbecher.

GLUTEN – KAUM BEKANNT, ABER ALLGEGENWÄRTIG

Nahrungsmittelunverträglichkeiten treten häufig nach dem Verzehr von Weizen, Roggen, Ei, Milchprodukten oder Nüssen, seltener bei Früchten auf. In den bei uns gängigen Getreidesorten Weizen, Roggen, Hafer und Gerste ist immer Gluten enthalten. Bei diesem „Klebereiweiß" handelt es sich um Eiweißmoleküle, die beim Backen von Brot oder Kuchen für den lockeren Zusammenhalt des Teigs sorgen. Für Gesunde ist Gluten völlig ungefährlich, bei ►

Menschen mit einer Glutenunverträglichkeit (Zöliakie, einheimische Sprue) lösen sie allerdings entzündliche Reaktionen im Dünndarm aus. Dr. Ralf Kirkamm, ärztlicher Leiter des privaten Instituts „Ganzimmun – Labor für funktionelle Medizin AG" in Mainz, erklärt die Folgen solcher Reaktionen: „Ständige Entzündungen im Darm durch Nahrungsmittel, die nicht vertragen werden, führen zu einer Zerstörung der Zotten des Dünndarms, wodurch dieser seine Funktion als Verdauungs- und Aufnahmeorgan nicht mehr ausreichend wahrnehmen kann."

Dass dies gerade für Sportler negative Auswirkungen hat, verdeutlichen die Ergebnisse eigener Untersuchungen an Kirkamms Institut: „Bei einer größeren Zahl von Skifahrern der Schweizer Nationalmannschaft wiesen etwa die Hälfte entzündliche Darmveränderungen auf. Sie konnten Vitamine und andere Mikronährstoffe wie Magnesium, Zink und Spurenelemente wesentlich schlechter aufnehmen. Da der Bedarf an diesen Stoffen durch den Sport steigt, kann es dann leicht zur Unterversorgung kommen – mit negativen Auswirkungen auf die Leistung", so der Experte. Bei manchen Personen ist trotz anhaltender Beschwerden allerdings keine Schleimhautschädigung des Darms erkennbar. In diesem Fall spricht man nur von einer „Empfindlichkeit" beziehungsweise „Sensibilisierung" gegenüber bestimmten Nahrungsmitteln.

SPORT VERSTÄRKT DIE BESCHWERDEN

Das gemeinsame Auftreten einer Gluten- und Laktoseunverträglichkeit, wie sie bei Andrea Steinbecher vorliegt, kommt laut Dr. Kirkamm häufig vor, da durch eine glutenbedingte Entzündung des Dünndarms auch die Aktivität der Milchzucker spaltenden Enzyme an der Dünndarmschleimhaut beeinträchtigt werde, woraus häufig eine Milchzuckerunverträglichkeit resultiere. Man spricht dann von einer sekundären Laktoseintoleranz. Genau wie bei der primären Laktoseintoleranz, bei der nicht genug Laktase vorhanden ist, werden auch hierbei Nahrungsrückstände im Darm von den dort lebenden Bakterien zu Gasen, Säuren und anderen Abbauprodukten verstoffwechselt. Das kann zu beschleunigten Darmbewegungen, Blähungen und Durchfällen führen.

Warum die Symptome bei Leistungssportlern häufiger vorkommen, erklärt der Facharzt für Laboratoriumsmedizin so: „Aufgrund der extremen sportlichen Belastung kommt es durch die Stresshormone Kortisol, Adrenalin und Noradrenalin zu einer vermehrten Durchlässigkeit der Magen-Darm-Schleimhaut für Allergieauslöser. Außerdem essen Sportler häufig unregelmäßig und verzehren viele Riegel, die viel Zucker und auch Gluten enthalten. Das kann die Beschwerden verstärken." Aber nicht nur bei Sport-Profis macht sich eine Nahrungsmittelunverträglichkeit bemerkbar. Peter Rüdy aus Bern (Schweiz), der seit acht Jahren Triathlon als Hobby betreibt, hatte schon länger das Gefühl, dass er bestimmte Lebensmittel nicht verträgt: „So richtig konnte ich das aber nicht zuordnen. Vor zwei Jahren habe ich dann mal aus Neugier beim Arzt eine Blutuntersuchung machen lassen, um zu sehen, welche Nahrungsmittel mir nicht gut bekommen. Ich weiß jetzt: Wenn ich Weizenprodukte, Laktose, bestimmte tierische Eiweiße, einige Fischsorten und Nüsse konsequent meide, ist meine Verdauung besser und ich fühle mich wohler – auch beim Sport."

GENAUE DIAGNOSE ERFORDERLICH

Wie kann man herausfinden, ob man ein bestimmtes Nahrungsmittel nicht verträgt? „Für eine effektive Therapie ist eine exakte Diagnose Voraussetzung", sagt Kirkamm. „Wenn ein Triathlet einen Riegel konsumiert und kurze Zeit später Probleme bekommt, dann kann das verschiedene Ursachen haben. Zum Beispiel, dass er den enthaltenen Milchzucker nicht verträgt, oder das Gluten oder dass eine echte allergische Reaktion mit der Bildung von Antikörpern gegen bestimmte Inhaltsstoffe des Riegels, beispielsweise die Nüsse, ausgelöst wird." Wichtig für die Diagnose sei eine ausführliche Erhebung der Vorgeschichte. „Es muss genau geklärt werden, was gegessen wurde und wann genau die Symptome auftreten. Bei einer Laktoseunverträglichkeit treten zum Beispiel schon 20 bis 30 Minuten nach dem Verzehr von Milch oder anderen laktosehaltigen Lebensmitteln Beschwerden auf. Bei einer Glutenunverträglichkeit dagegen sind die Symptome diffuser und zeitlich auch etwas versetzt.

BESCHWERDEFREIHEIT DURCH VERZICHT

Nachdem Andrea Steinbecher neben Laktose auch Gluten aus ihrem Ernährungsplan verbannt hatte, war sie schon kurze Zeit später ihre Beschwerden komplett los und konnte endlich wieder befreit auflaufen – ohne störendes Bauchstechen: „Ich fühle mich leicht und trotzdem habe ich genügend Energie und Kraft in mir." Peter Rüdy geht es genauso. Er hatte zwar vorher keine Schmerzen, aber „immer einen latenten Druck im Bauchbereich", der seit der Ernährungsumstellung weg ist. Außerdem habe er das Gefühl, dass die aufgenommenen Kalorien jetzt von seinem Körper besser verwertet werden als früher, wo er immer noch einiges zwischendurch zu sich nehmen musste. Bei einer Glutenunverträglichkeit sollte man sich sein ganzes Leben glutenfrei ernähren. Bei einer sekundären Laktoseunverträglichkeit kann man nach Abklingen der Entzündung des Dünndarms oft wieder Laktose zu sich nehmen.

Während der Therapie bedeutet die Einschränkung der Auswahl beim Lebensmittelkauf zwar eine gewisse Minderung der Lebensqualität, bringt aber neben der Beschwerdefreiheit auch noch andere positive Begleiterscheinungen mit sich: Andrea Steinbecher und Peter Rüdy ernähren sich seit Kenntnis ihrer Diagnose nicht nur bewusster, sondern auch gesünder. Dass der Verzicht auf bestimmte Nahrungsmittel nicht gleichbedeutend mit Askese ist und sich die Ernährungslücke mit ein wenig Kreativität auch leicht schließen lässt, weiß Andrea Steinbecher: „Mein Schokoladenersatz ist jetzt selbstgebackener gluten- und laktosefreier Kuchen mit Kirschen. Der schmeckt mit fünf Eiern super lecker!" ■

tipp

MÖGLICHE BESCHWERDEN EINER UNVERTRÄGLICHKEIT

- Hautausschlag
- Ekzeme
- Schnupfen
- Asthma
- Magen-Darm-Beschwerden: Appetitlosigkeit, Blähungen, Verstopfung, Durchfall, Übelkeit, Erbrechen, Schmerzen
- Herz-Kreislauf-Probleme
- Darmschleimhaut-Entzündungen
- Muskel- und Gelenkbeschwerden
- Müdigkeit
- Leistungsschwäche
- Kopfschmerzen
- Migräne
- Depressionen

tipp

SO LASSEN SICH NAHRUNGSMITTEL-UNVERTRÄGLICHKEITEN NACHWEISEN

- Treten Ihre Beschwerden direkt nach dem Essen auf, kann ein einfacher Bluttest zeigen, ob Antikörper – IgE oder IgG4 – als Zeichen einer allergischen Sensibilisierung vermehrt vorhanden sind. Anschließend lässt sich anhand einer Blut- und gegebenenfalls Stuhlprobe feststellen, auf welche Lebensmittel Ihr Immunsystem reagiert.
- Ein geeignetes Verfahren zur Feststellung einer Laktoseintoleranz ist der H2-Atemtest. Dabei wird nach der Einnahme einer Milchzuckerlösung die Ausatemluft des Probanden zu festgelegten Zeitpunkten untersucht; ein Anstieg der Wasserstoffkonzentration über einen Grenzwert ermöglicht die Diagnose.
- Eine Glutenunverträglichkeit kann durch den Nachweis eines bestimmten Antikörpers (IgA-Endomysium-Ak) im Blut oder Stuhl durch typische Veränderung der Darmschleimhaut (Biopsie erforderlich) nachgewiesen werden. Oft bringt aber auch schon ein „Auslassversuch" mit einer glutenfreien Diät Aufschluss.

tipp

GLUTENHALTIGE LEBENSMITTEL

- Weizen
- Roggen
- Dinkel
- Grünkern
- Hafer
- Gerste
- alle handelsüblichen Backwaren, die nicht als „glutenfrei" gekennzeichnet sind
- Pizza
- Döner
- Nudeln
- Kaffeeersatz
- Bier
- Likör
- Aromen und Würzmischungen
- Lebensmittel mit der Zutat „Stärke"
- Lebensmittel mit der Zutat „Pflanzeneiweißerzeugnis"
- Wurstwaren
- Fischerzeugnisse und -konserven (Gluten in der Soße)
- Milcherzeugnisse mit Bindemittel (zum Beispiel Schmelzkäse)
- Light-Produkte (Zucker oder Fett durch glutenhaltige Ersatzstoffe ersetzt)
- Roquefort-Käse (auf Brot gezüchteter Edelschimmel)
- Fertiggerichte und -produkte
- Konserven
- Süßigkeiten
- Instantprodukte

Blick über den Beckenrand

Viele Sportler machen sich über die Ernährung im Schwimmen wenig Gedanken. Dabei gilt es auch hier, in Training und Wettkampf an das große Ganze zu denken, wie der Schwimmtrainer Hannes Vitense weiß.

von Frank Wechsel

Vor dem Schwimmen soll man sich den Bauch nicht vollschlagen – diese Baderegel kennt jeder. Doch wie sieht es während des Schwimmtrainings aus? Braucht man während einer 60-Minuten-Einheit Verpflegung?

Nein, während eines 60-minütigen Schwimmtrainings ist keine Verpflegung nötig. Es genügen isotonische Getränke. Erst bei einer Einheit von acht bis zehn Kilometern nehmen meine Schwimmer ein oder zwei Gels zu sich. Grundsätzlich sollte man beachten, dass ein Leistungssportler im Vergleich zu einem Nicht-Sportler zwei- bis fünfmal so viel Wasser, zwei- bis dreimal so viel Energie, zwei- bis dreimal so viele Kohlenhydrate, doppelt so viel Proteine, eineinhalb- bis dreimal so viele Vitamine und Mineralstoffe und bis zu eineinhalbmal so viel Fett benötigt. Die genaue Menge der Energiezufuhr in einer Trainingseinheit lässt sich individuell berechnen. Bei längeren Trainingseinheiten ist zu beachten, dass der Flüssigkeitsverlust beispielsweise bei großer Hitze oder bei kalter, trockener Luft besonders hoch ist.

Die Faustformel lautet: Gewichtsdifferenz nach dem Training mal 1,5 ergibt die Menge an Flüssigkeit, die nach dem Training zur besseren Regeneration benötigt wird – also bei zwei Kilogramm Gewichtsverlust drei Liter Flüssigkeit. Dabei ist zu beachten, dass ein Liter Flüssigkeit pro Stunde vom Körper absorbiert werden kann.

Welche Form der Ernährung hat sich dabei am zweckmäßigsten erwiesen?

Als geeignete Getränke beim Sport gelten Kohlenhydrat-Elektrolyt-Getränke wie zum Beispiel Gatorade oder Isostar. Weniger geeignet sind Apfelschorle, Mineral- oder Leitungswasser. Nicht geeignet sind Energie-Drinks, Limonade, Cola-Getränke, Malzbier, Eistee oder Säfte. Hier ist zu unterscheiden, von welcher Dauer die Trainingseinheit ist. Extremsportler müssen sich sicherlich auch anders ernähren. Für die Regeneration nach Training oder Wettkampf kann man Folgendes beachten: Direkt nach der Belastung sollte man nicht nur ausreichend trinken, zum Beispiel zwei Becher Energiegetränk, sondern man sollte ebenfalls noch eine Banane oder einen Müsliriegel zu sich nehmen. Um eine schnelle und optimale Erholung zu gewährleisten, ist es deshalb empfehlenswert, ein Carepaket mit belegten Brötchen, Müsliriegeln und Obst mit zum Training zu nehmen. Meine Sportler trinken auch oft ein kakaohaltiges Getränk direkt nach dem Training. Dies unterstützt die Regeneration und beugt so zu hohen Energieverlusten vor.

Wie steht es um den Flüssigkeitshaushalt im Schwimmtraining? Müssen Schwimmer trinken?

Ja, das Trinken während des Schwimmtrainings ist sehr wichtig. Auf kohlensäurehaltige Getränke sollte aber möglichst verzichtet werden. Im Training ist es wichtig zu trinken, bevor der Durst kommt, und die Flüssigkeitsversorgung nach dem Sport zu planen, denn unmittelbar nach dem Sport erfolgt der Flüssigkeitsausgleich.

Bei Schwimmwettkämpfen sind die Schwimmer oft den ganzen Tag in der Halle und müssen mehrfach an den Start. Wie gestaltet man an einem solchen Tag seine Verpflegung?

Wichtig ist es, sehr viel zu trinken. Am besten geeignet ist Wasser ohne Kohlensäure, das man mit Kohlenhydratpulver anmischt. Mit dem Essen sollte man sich während des Wettkampfs den Magen nicht vollschlagen. Wenn genügend Zeit in der Mittagspause besteht, ist es am besten, Nudeln mit ein wenig Tomatensoße zu wählen. Fette Speisen oder Nahrung mit wenig Kohlenhydraten nehmen nur Platz im Magen weg und bringen keine Energie beim Wettkampf. Die Zeitdauer der Energiegewinnung durch die Nahrung bis hin zum Wettkampf ist hierbei sicherlich zu beachten. Wichtig ist dabei, dass die Nahrung gut verträglich ist und nicht belastet. Um nicht Gefahr zu laufen, etwas nicht zu vertragen, sollte man auf erprobte Nahrungsmittel zurückgreifen und auf Experimente verzichten. Die Ernährung am Wettkampftag ist wie alles andere auch zu planen. Bei kurzen Belastungen unter 45 Minuten isst man für die Psyche und für ein angenehmes Gefühl im Magen, bei Belastungen über 45 Minuten sind die Kohlenhydratspeicher aufzufüllen und Flüssigkeitsverluste auszugleichen, bei Ultrabelastungen sind zusätzlich die Mikronährstoffverluste durch den Schweiß zu kompensieren.

Schauen wir zu den Wettkampfschwimmern auf den langen Strecken im Open Water. Ab welcher Distanz ist eine Rennverpflegung nötig?

Im Hochleistungssport ist erst ab einer Distanz von zehn Kilometern eine Verpflegung während des Wettkampfs nötig und oft auch erst möglich. Nahrungsaufnahme im Wettkampf kann der Sportler sich kaum leisten. Dennoch gibt es Sportler, die entweder – wenn die Wasserqualität es zulässt – aus dem See oder Fluss Wasser trinken oder versuchen, sich alle halbe Stunde ein Gel zuzuführen, das sie in ihrem Wettkampfanzug mitführen.

In der Weltspitze bleibt das Feld bei langen Distanzen oft bis zum Endspurt eng zusammen. Wird die Nahrungsaufnahme damit zu einer taktischen Herausforderung?

Ja, der Schwimmer sollte sich für die Nahrungsaufnahme taktisch gut positionieren. In den meisten Situationen muss der Schwimmer eine Abwägung machen, ob es jetzt nötig ist, diese Verpflegung zu sich zu nehmen und gegebenenfalls Plätze zu verlieren, oder einfach weiter zu schwimmen. In manchen Rennen kann es passieren, dass das ganze Feld nicht an die Verpflegung schwimmt. Wenn man nicht gerade vorn positioniert ist, könnte man mit dieser Verpflegung wichtige Plätze verlieren. Mein Langstreckenass Andreas Waschburger hat sich bei der Olympiaqualifikation 2011 bei der WM in Shanghai als einziger Athlet dreimal verpflegen können. In der dritten Runde hat er nochmal ein Getränk eingenommen. Vielleicht war das der Grund, warum er sich am Ende mit Platz 10 für die Olympischen Spiele qualifizieren konnte – vielleicht hat ihn dies aber auch zu viel Energie gekostet, um eine noch bessere Position zu erreichen. Sicher ist aber auch, dass es diesen Luxus von drei Verpflegungen im nächsten Jahr im Londoner Hyde Park bei den Olympischen Spielen nicht geben wird. Theoretisch wäre es sicherlich sinnvoll und der Energiebereitstellung im Wettkampf zuträglich – praktisch ist es aber eben manchmal im Wettkampf nicht zu realisieren.

Wenn die Boxenstopps so kurz sind: Wie kann ein Open-Water-Schwimmer die Nahrungsaufnahme trainieren?

Im Open Water wird der Schwimmer meistens mit einem selbst gebauten Verpflegungsstab versorgt, der an der Spitze einen Getränkehalter hat. Dieser Stab wird vom Trainer an einer Verpflegungsstation hingehalten. Diese Situation könnte man im Training am Beckenrand trainieren. Wich- ►

tig ist es, in dieser Stresssituation möglichst schnell und viel Flüssigkeit zu sich zu nehmen und dabei Ruhe zu bewahren. Schnelles Trinken, die angepasste Getränketemperatur und die Energiemenge im Getränk spielen dabei eine große Rolle. Das richtige und schnelle Trinken wird eigentlich nicht trainiert, das übt sich von Wettkampf zu Wettkampf. Gels werden manchmal vor dem Start schon leicht aufgerissen, sodass sie in einer Wettkampfsituation schnell in den Mund gedrückt werden können – mit einem Schluck Seewasser schmeckt das dann gleich nochmal ein wenig besser. Vorsichtig sollte man in fremden Ländern mit der Wasserqualität sein. Diese ist vorab immer zu erfragen oder zu überprüfen – ein gewisses Risiko ist aber immer dabei.

Bei den Meisterschaften finden die Open-Water-Entscheidungen meistens an aufeinanderfolgenden Tagen statt. Daher ist eine Regeneration zwischen den Rennen sehr wichtig. Wie kann die Ernährung dazu beitragen?

Die Ernährung sollte kurz vor und zwischen den Wettkämpfen sehr kohlenhydratreich und möglichst fettarm sein. Nach dem Wettkampf ist es wichtig, seine Speicher mit Kohlenhydraten wieder aufzufüllen. Zur Regeneration ist nach dem Wettkampf ein Eiweißshake zu empfehlen. Hier wird der Energiebedarf aber meistens über Getränke und kohlenhydratreiche Nahrung wieder aufgefüllt. Bei Extrembelastungen wie der 25-Kilometer-Distanz, einem Mittelstreckentriathlon oder einem Ironman sieht die Ernährung dann schon wieder anders aus.

Viele Extremdistanzen im Schwimmen – die berühmteste ist wohl der Ärmelkanal – bringen neben der Distanz die Herausforderung der niedrigen Wassertemperaturen mit sich. Wie löst man die Quadratur des Kreises, trotz intensiven Ausdauertrainings das nötige Unterhautfettgewebe anzusammeln?

Ich würde bei einer solchen Extrembelastung immer mit einem Ernährungsberater zusammenarbeiten. Die Nahrungsaufnahme und die notwendige Vorbereitung auf einen solchen Wettkampf lassen es nicht zu, Experimente zu machen. Die Vorbereitung auf eine solche Belastung ist auch von der Ernährung her zu planen und individuell vorzubereiten.

Ist das alles dann noch gesund?

Bei einer Extrembelastung im Sport kann man sicherlich nicht davon sprechen, dass sie gesund ist. Sport im Allgemeinen aber sicherlich schon. Den eigenen Körper an sein Limit zu bringen und den Geist auf extremste Art und Weise herauszufordern, ist nunmal eine Faszination, die für manche Menschen immer wieder Anreiz genug ist, die Herausforderung anzunehmen und zu genießen ...

HANNES VITENSE

Der A-Trainer und Sportwissenschaftler Hannes Vitense ist seit 2007 Landestrainer beim Saarländischen Schwimm-Bund. In Saarbrücken betreut er Spitzenschwimmer wie die Open-Water-Spezialisten Andreas Waschburger und Joseph Kleindl, zahlreiche Mitglieder der Jugend-Nationalmannschaft im Schwimmen sowie die Triathleten Steffen Justus (Vizeweltmeister 2010), Anja Dittmer und Rebecca Robisch.

Voller Akku, volle Leistung.
orthomol sport
Hart trainieren. Gesund ernähren. Zielführend kombinieren.
Der schnellste Weg, den eigenen Akku voll aufzuladen, ist neben hartem Training eine ausgewogene gesunde Ernährung. Und ein Nahrungsergänzungsmittel mit orthomolekularer Mikronährstoffkombination, das Sie vorwärtsbringt: Orthomol Sport®. Es unterstützt Ihre Leistungsfähigkeit optimal, sorgt für eine rasche Regeneration und stärkt die Widerstandskraft Ihres Körpers.
Orthomol Sport® – gibt zurück, was vorwärtsbringt.
www.orthomol-sport.de
Für Ihre Sicherheit getestet Nandrolonfrei
OLYMPIASTÜTZPUNKT Rheinland
Offizieller Ausrüster
Orthomol Sport®: erhältlich in jeder Apotheke
Orthomol Sport® ist ein Nahrungsergänzungsmittel für Sportler.
Zur Unterstützung der Leistungsfähigkeit, Regeneration und Widerstandskraft.

abnehmen

Für viele Triathleten sind nicht Siege und Medaillen die wichtigsten Ziele, sondern Fitness, Wohlbefinden – und das Wunschgewicht. Um Letzteres zu erreichen, sollten Sporttreiben und Ernährung in ihrer Gesamtheit betrachtet werden. Wir widmen diesem Komplex das letzte Kapitel dieser Ausgabe.

Kilogramm statt Kilometer

Jedes Jahr dasselbe: Die Saison ist zu Ende, Umfang und Intensität des Trainings nehmen ab – und Sie zu. Eigentlich kein Wunder. Ab einer gewissen Grenze sollten Sie jedoch aufpassen.

von Christian von Loeffelholz

Bis zu 4.000 Kilokalorien verbrennt ein männlicher Sportler täglich, Leistungssportlerinnen kommen immerhin auf 3.200. Den Bedarf eines Nichtsportlers übersteigt das um ein Vielfaches. Der Organismus eines trainierten Athleten ist daran gewöhnt, seinen Energieumsatz auf höchstem Niveau einzupendeln. Eine Anpassungserscheinung, die erst problematisch wird, wenn die sportliche Aktivität nachlässt. Zum Beispiel dann, wenn am Saisonende die Übergangsphase beginnt. Denn Kalorienumsatz und -zufuhr wirken sich direkt auf das Körpergewicht aus und das wiederum wird sich daher bei vielen Sportlern mit dem Verlauf der Saison mehr oder weniger verändern: Aufgrund steigender Trainingsumfänge und -intensitäten specken Sie mit Beginn der ersten Vorbereitungsphase in der Regel etwas ab. Denn bei zunächst gleicher Energiezufuhr behalten Sie Ihre Essgewohnheiten erst einmal bei. Noch problematischer wird das am Karriereende ...

Damit eine ausreichende Energiezufuhr gewährleistet werden kann, steigt Ihr Appetit. Das hat zur Folge, dass Sie nicht weiter abnehmen, sondern sich Ihr Körpergewicht auf einem neuen Niveau einpendelt. Wenn Sie jetzt beim Essen gelegentlich über die Stränge schlagen, nehmen Sie nicht gleich zu, da das intensive Training die „kleinen Sünden" kompensiert. Folgt nach der Wettkampfperiode jedoch der Übergang in die Erholungsphase, geht das ausgeprägte Appetitempfinden nicht sofort zurück. Deswegen ist die Wahrscheinlichkeit groß, dass Sie während der Übergangsphase, in der Sie ja vergleichsweise wenig Kalorien umsetzen, an Gewicht zunehmen.

Viele nutzen Sport als Waffe gegen überflüssige Pfunde. Körperliche Aktivität hat zwar zweifellos einen großen Einfluss auf Ihr Gewicht, bewirkt langfristig aber lediglich, dass es stabil bleibt: Gemäß den Aussagen der Amerikanischen Diabetes-Gesellschaft werden die meisten Menschen mit Sport allein lediglich etwa zwei Kilogramm Körpergewicht verlieren können, wenn sie nicht gleichzeitig ihre Essgewohnheiten verändern. Auf der anderen Seite hat regelmäßiges Training jedoch eine sehr ausgeprägt gewichtsstsabilisierende Wirkung. Ein Grund, weshalb Sport in der medizinischen Übergewichtstherapie als eines der wichtigsten Werkzeuge im Kampf gegen den gefürchteten Jo-Jo-Effekt gilt, wie die Deutsche Adipositas-Gesellschaft mitteilt.

10-PROZENT-GRENZE

Die Neigung zur Fettleibigkeit steckt vor allem in den Genen; nicht jeder Mensch ist deshalb in gleichem Ausmaß von einer Übergewichtsproblematik betroffen. Dr. Hans-Peter Hanssen vom Institut für Pharmazeutische Biologie und Mikrobiologie der Universität Hamburg geht davon aus, dass „Körpergewicht und Fettmasse bis zu 80 Prozent von den Erbanlagen geprägt sind“, allerdings bei großer individueller Schwankungsbreite. Während manche also scheinbar schon zunehmen, wenn sie Kuchen nur sehen, können andere essen, was sie möchten, ohne dick zu werden. Biologisch gesehen beeinflussen diese „Übergewichts-Gene“ zum Beispiel die Aktivität von Sättigungsbotenstoffen im Gehirn. Oder sie sorgen für eine vermehrte Abstrahlung von Kalorien in Form von Körperwärme. Sicher können Sie selbst gut einschätzen, ob Sie eher zu den „Kalorienverschwendern“ oder zu den „Schnellzunehmern“ gehören. Wenn Sie dazu neigen, vermehrt Körperfett aufzubauen, werden Sie während der Übergangsphase naturgemäß mehr auf sich achten müssen. Während ruhigerer Trainingsphasen etwa fünf Prozent des Ausgangsgewichts zuzulegen ist durchaus normal – sehen Sie eine geringe Gewichtszunahme im Sinne der Erholung also nicht zu verkrampft! Um mehr als zehn Prozent sollten Sie aber nicht schwerer werden. Ein 70 Kilogramm schwerer Triathlet in gutem Trainingszustand dürfte demnach während der Off-Season dreieinhalb bis maximal sieben Kilo zunehmen. Bei größerer Gewichtszunahme – und damit sind nicht die häufigen täglichen Gewichtsschwankungen gemeint, die sich in erster Linie durch Veränderungen des Flüssigkeitshaushalts ergeben – sollte er jedoch Gegenmaßnahmen ergreifen. Vielleicht erscheint es Ihnen als Sportler abwegig, sich mehrmals pro Woche zu wiegen. Studien deuten jedoch an, dass vor allem die schnelle Reaktion auf kleine Gewichtszunahmen den unerwünschten Jo-Jo-Effekt erfolgreich verhindert.

DAS FETT WEGLENKEN

Nähern Sie sich der erwähnten „10-Prozent-Schallmauer“ oder überschreiten Sie diese sogar, ist es Zeit für Veränderungen. Weil Sport beim Stabilisieren des Körpergewichts so wichtig ist, sollten Sie auch in der Off-Season nicht ganz darauf verzichten. Widmen Sie sich im Sinne der Erholung jedoch anderen Sportarten wie zum Beispiel Skilanglauf. Die Off-Season ist auch eine zeitlich günstige Phase, ein Fitnessstudio aufzusuchen und an der Kraftausdauer zu arbeiten. Einer Untersuchung zufolge hat ein Ganzkörper-Hanteltraining mit Kraftausdauercharakter erheblichen Einfluss auf den Stoffwechsel: Wird es regelmäßig an drei bis fünf Tagen in der Woche durchgeführt, verbessert es die Insulinempfindlichkeit der Skelettmuskulatur erheblich: Nach einer solchen Einheit werden mehr Kohlenhydrate aus einer Mahlzeit in der Muskulatur gespeichert und verwertet. Auch Nahrungsfett kann durch regelmäßiges Ausdauer- oder Krafttraining in höherem Maße von den Fettzellen „weggelenkt“ und stattdessen in den Muskeln deponiert werden. Dieser „Nährstoff-Umlenkungseffekt“ scheint besonders gut zu funktionieren, wenn Mahlzeiten direkt nach einer Trainingseinheit zugeführt werden. Wenn Sie also mehr essen möchten oder täglich Verlangen nach Süßem verspüren, kann es sinnvoll sein, erst nach dem Studiobesuch zuzugreifen.

Haben Sie eine ausgeprägte Veranlagung zur Entwicklung von Übergewicht, wird es nicht reichen, in der Off-Season nur in Bewegung zu bleiben. Dann müssen Sie auch Ihren Speiseplan überdenken. Gerade während der sonnenarmen Wintermonate verspüren viele regelmäßig Heißhunger auf kohlenhydratreiche Lebensmittel, was sich in einem vermehrten Süßigkeiten-Konsum niederschlagen kann. Manche neigen sogar dazu, eine „Seasonal Affect Disorder“ zu entwickeln, d.h. jahreszeitabhängige Stimmungsschwankungen mit Auswirkung auf die Nahrungsaufnahme. Wer sich bewusst kohlenhydratarm ernährt, fördert solche Heißhungerattacken zusätzlich.

Im Rahmen einer umfangreichen, unter anderem am Deutschen Institut für Ernährungsforschung durchgeführten Studie definierten Wissenschaftler ein Lebensmittelauswahlmuster, unter dem das Körpergewicht über Jahre hinweg stabil bleibt. Demnach eignen sich Obst, Obstsäfte, Vollkornbrot, -getreideflocken und rohes Gemüse als dauerhafte Sattmacher, während reichlich Fleischprodukte, Wurstwaren, Butter, fetter Käse oder Margarine eher zu einer Gewichtszunahme führten. Verstehen Sie diese Empfehlung als Basiskost für die Off-Season und ergänzen Sie die genannten Nahrungsmittel durch magere Milchprodukte, Pflanzenöle und Fisch. Wenn Sie einen labilen Blutzuckerspiegel haben, sollten Sie auf regelmäßige Mahlzeiten und eine vermehrte Zufuhr von Eiweiß achten.

ESSEN MIT EMOTIONEN

Die Lust auf Süßes und andere „kleine Sünden“ werden Sie sich trotzdem nicht ganz verkneifen können – und das müssen Sie auch nicht! Im Gegenteil, meint der Ernährungspsychologe Professor Volker Pudel von der Ernährungspsychologischen Forschungsstelle der Universität Göttingen: „Auf Dauer werden Sie kaum auf Ihre Tafel Schokolade verzichten und stattdessen Möhren essen, wenn Sie gelernt haben, dass Ihnen die Schokolade ►

► Wohlgefühle bereitet und beim Stressabbau hilft.“ Die Wahl des Essens ist eben in erster Linie eine emotionale Entscheidung, und der Versuch zu widerstehen wird, falls Sie versagen, Schuldgefühle erzeugen. Dies führt eventuell sogar dazu, dass Sie aus Trotz eine zweite Tafel Schokolade verspeisen. Alternativ können Sie fettarme Süßigkeiten wie Russisch Brot oder Gummibärchen bereithalten und diese ohne schlechtes Gewissen verzehren, wenn Sie Lust auf Süßes haben. Die Überschuss-Kohlenhydrate landen, solange solche Orgien nicht an der Tagesordnung sind, überwiegend in Ihrer gedrillten Sportlermuskulatur und können von dort im Rahmen der nächsten Trainingseinheit leicht wieder „wegmobilisiert“ werden. Erst bei regelmäßigem Kohlenhydratüberschuss wandelt der menschliche Körper Zucker in Fett um. Regelmäßig in Bewegung zu bleiben ist übrigens viel leichter, als konsequent weniger zu essen – Letzteres fördert nur die Heißhungerattacken.

In welcher Form der Ausgleich „kleiner Sünden“ letztendlich geschieht, ist Ihnen überlassen. Allerdings sollte er innerhalb eines überschaubaren Zeitraums von maximal sieben Tagen stattfinden, lehrt die Ernährungspsychologie. Denn wenn Sie die eigenen Zeitvorgaben erfüllen, werten Sie Ihre Disziplin als Erfolgserlebnis. Erfolg wiederum hilft beim Stabilisieren neu erlernter Fertigkeiten, also in diesem Fall beim flexiblen Umgang mit Süßem und Fettigem. Achten Sie jedoch darauf, dass Sie sich Ihre Ziele realistisch setzen. Wie stark Sie zu Beginn der Off-Season gegen einen drohenden Gewichtsanstieg angehen müssen, hängt ohnehin von Ihren individuellen Voraussetzungen ab. Eine geringe Gewichtszunahme können Sie, wie bereits erwähnt, bedenkenlos zulassen. Wenn dann zusätzliche Speckröllchen wachsen, halten Sie sie problemlos mithilfe regelmäßig betriebener Ausgleichssportarten und einer sättigenden Basiskost im Zaum. Und bevor Sie völlig aus dem Leim gehen können, beginnt ohnehin schon wieder die erste Trainingsphase der neuen Saison. ■

BEISPIEL FÜR EIN STOFFWECHSELWIRKSAMES
BASIS-KRAFTAUSDAUERTRAINING
MIT GEWICHTEN

MUSKELGRUPPE / -KETTE	ÜBUNG / ALTERNATIVE
mittlerer und oberer Rücken, hintere Schultern, Armbeuger, Unterarme	Latziehen / Kabelrudern sitzend
Brust, vordere Schultern, Armstrecker	Bankdrücken / Schrägbankdrücken
unterer Rücken, Gesäßmuskulatur, Beinbeuger	Backextensions
vordere Oberschenkel, Gesäßmuskulatur, Adduktoren	Beinpresse / Ausfallschritte
Bauch	Bauchpressen / geeignete Maschinen

BASIS KRAFTAUSDAUER

Absolvieren Sie pro Übung fünf Serien mit je 20 bis 25 Wiederholungen. Die Pause zwischen den Serien sollte nicht länger als 20 Sekunden dauern. Das ist bei entsprechendem Gewicht extrem anstrengend! Beginnen Sie daher je nach Trainingszustand mit zwei bis drei Serien pro Übung und steigern Sie sich dann mit jeder Trainingseinheit, bis die angestrebten fünf Serien erreicht sind.

Führen Sie die Bewegung flüssig und mit nur minimalem Stopp an den Umkehrpunkten des Bewegungsumfangs durch, das Gewicht sollte immer in Bewegung sein. Vermeiden Sie unbedingt ein Schwingen oder Schleudern! Die Ausführung an Maschinen erleichtert die korrekte Technik. Lassen Sie sich den Bewegungsablauf von einem erfahrenen Trainer zeigen. Wenn Sie Angst vor Muskelzuwachs haben, können Sie die Wiederholungszahl auf 30 bis 50 Wiederholungen pro Serie erhöhen. Das Gewicht spielt eher eine untergeordnete Rolle und ist nur Mittel zum Zweck!

Zu Beginn splitten Sie den Plan am besten auf zwei Tage auf, absolvieren zum Beispiel montags die Übungen für den Rücken, die Beinbeuger und den Bauch. Mittwochs stehen dann die Übungen für die Brust-, die vordere Oberschenkel- und die Bauchmuskulatur an, freitags wieder Rücken und so weiter. Mit zunehmender Erfahrung ist phasenweise ein Ganzkörpertraining möglich. Vorsicht jedoch vor Übertraining und Verletzungen!

Low-fat macht langsam

Vorn laufen die Bleistifte, hinten die Radiergummis. Diese alte Trainerweisheit nehmen sich viele Triathleten zu Herzen. Und bei dem Versuch, ihren Körperfettanteil zu senken, bedenken die meisten nicht, dass Fett wichtige Funktionen hat. von Dr. Karlheinz Zeilberger

In Ausdauersportarten gilt als Bruttokriterium der Leistungsfähigkeit die maximale Sauerstoffaufnahme, also die Menge an reinem Sauerstoff, die der Körper pro Kilogramm Körpergewicht aufnehmen kann. In Disziplinen, in denen das eigene Gewicht getragen werden muss – speziell beim Laufen – ist deshalb ein möglichst hoher relativer Wert anzustreben. Zwar lassen sich durch Gewichtsabnahme längst nicht so große Temposteigerungen realisieren, wie manchmal vermutet – pro Prozent Gewichtsabnahme sparen Sie nach einer Faustformel gerade einmal 0,66 Prozent Laufzeit – doch auch der Energieverbrauch beim Laufen hängt vom Körpergewicht ab: Ein 80 Kilogramm schwerer Triathlet verbraucht bei einer Geschwindigkeit von fünf Minuten pro Kilometer in jeder Stunde über 100 Kilokalorien mehr als einer anderer, der zehn Kilogramm leichter ist. Diese Differenz erhöht sich mit zunehmender Geschwindigkeit. Da eine Reduzierung der Knochenmasse kaum möglich und es als Triathlet auch nicht sinnvoll ist, den Muskelanteil zu senken, versuchen viele, ihren Körperfettanteil möglichst gering zu halten.

LEBENSWICHTIGES POLSTER

Körperfett an sich erfüllt jedoch wichtige Funktionen: Bestimmte Fettsäuren sind essenziell, das heißt, Ihr Körper kann sie nicht selbst herstellen und sie müssen über die Ernährung zugeführt werden, beispielsweise Omega-3- und Omega-6-Fettsäuren. Fettsäuren sind unter anderem Bestandteil aller Zellmembranen, Fett schützt und isoliert Sie als Unterhautfettgewebe und Fett polstert die inneren Organe. Fette sind Ausgangssubstanzen oder Bestandteil unzähliger körpereigener und lebenswichtiger Stoffe, auch von Hormonen, und werden zur Aufnahme der fettlöslichen Vitamine A, D, E und K benötigt. Kein Wunder also, dass es im Körper bei extremer Fettreduktion zu Mangelsituationen kommen kann. Abgesehen davon, dass die Gefahr besteht, dass sich die Gewichtsabnahme verselbständigt und Sie in eine Essstörung „hineinlaufen". Zudem werden bei gesteigerter körperlicher Aktivität und reduzierter Kalorienzufuhr vermehrt Stresshormone freigesetzt.

Bei Frauen kann es zu Störungen der Geschlechtshormone mit Zyklusschwankungen oder Ausbleiben der Regel kommen – laut Literatur ist davon fast jede zweite Frau betroffen, die mehr als 50 Kilometer pro Woche läuft. Dabei spielen neben dem niedrigen Körperfettanteil ein geringes Körpergewicht, die Kalorienzufuhr und das Training eine Rolle. Fette stellen einen effektiven Energiespeicher dar, da sie mit einem Brennwert von 9,3 Kilokalorien pro Gramm bezogen auf ihr Gewicht mehr als das Doppelte an Energie bereitstellen können als Kohlenhydrate oder Eiweiße. Benötigt wird diese Quelle gerade auf der Langdistanz, denn selbst optimal gefüllte Glykogenspeicher und eine regelmäßige Kohlenhydratzufuhr während des Rennens können nur weniger als die Hälfte des notwendigen Energieumsatzes abdecken. Angesichts der normalerweise vorhandenen Fettspeicher besteht aber keine Gefahr, dass es zu einem „Aufbrauchen" der Fettreserven kommt. Voraussetzung für deren Einsatz ist natürlich, dass im Vorfeld der Fettstoffwechsel entsprechend trainiert wurde. Allerdings kommt es durch eine extrem fettarme Diät zu einem Rückgang der direkt in der Muskulatur vorhandenen Fettdepots, die dann für die Energiegewinnung fehlen. Unter einer ausgewogenen Ernährung und einem noch medizinisch sinnvollen Fettanteil ist durch eine Gewichtsoptimierung allerdings noch kein Gewichts- oder Kraftnachteil, auch nicht auf dem Rad zu erwarten.

EMPFINDLICHE MESSMETHODEN

Zur Bestimmung des Körperfettanteils gibt es verschiedene Methoden. Medizinisch ist die sogenannte Densitometrie der Goldstandard. Dabei wird die Fettmasse durch hydrostatisches Wiegen im Wassertank bestimmt. Mit Hilfe der Ultraschall- oder Infrarotmethode wird die Dicke des Unterhautfettgewebes gemessen, woraus sich aber methodische Fehler ergeben können. Immer mehr wird die Impedanzmessung beworben, bei der ein harmloser elektrischer Strom durch den Körper geschickt wird. Aus der Bestimmung des Widerstands werden Rückschlüsse auf die Fettmasse gezogen. Allerdings setzt dies unter anderem einen einheitlichen Hydratationszustand des Körpers voraus und die Messergebnisse können sehr unterschiedlich ausfallen – je nachdem an wie vielen Hautstellen der Kontakt besteht, ob Sie frisch geduscht oder verschwitzt sind oder trockene Haut haben, ob Sie vor kurzem trainiert oder gegessen haben, oder nicht ... Die genauere Variante dieses Prinzips – die sogenannte BIA-Analyse – ist aufwendig und wenig verbreitet. In der Sportmedizin ist die anerkannte Methode die Messung der Hautfaltendicke über die Caliper-Untersuchung. Diese korreliert am besten mit der Densitometrie. Allerdings sollten mit einem speziellen Caliper mindestens sieben standardisierte Hautstellen gemessen werden und der Untersucher genügend Erfahrung mit der Methode haben.

Generell kann man keinen bestimmten Wert für den Körperfettanteil als optimal angeben. Es muss jedoch zwischen Frauen und Männern unterschieden werden, einzelnen Altersklassen und dem Leistungsniveau. Primär zählt die Gesundheit – ein gutes Wettkampfergebnis ergibt sich individuell daraus von selbst. In der untrainierten Normalbevölkerung sind bei Frauen Werte zwischen 20 und 30 Prozent Körperfettanteil normal, mit zunehmendem Alter auch höher. Bei Männern schwanken die Literaturangaben zwischen 15 und 20 Prozent. Man kann davon ausgehen, dass sich in den vergangenen Jahren mit steigendem Übergewicht in der Bevölkerung der Körperfettanteil überproportional erhöht hat, da eine Zunahme des Körpergewichts oberhalb des „normalen Gewichts" zu 75 Prozent auf eine Zunahme des Fettgewebes zurückzuführen ist. Leistungssportler aus Ausdauersportarten liegen je nach Sportart bei 5 bis 15 Prozent, wobei Läufer im unteren Bereich, Radsportler und Schwimmer bei 8 bis 12 Prozent und Frauen jeweils mindestens 5 Prozent höher einzuordnen sind. Doch auch hier sind die Ergebnisse wissenschaftlicher Studien sehr unterschiedlich; wahrscheinlich methodisch bedingt.

WINTERSPECK ALS RESERVE

Aus ärztlicher Sicht ist es wichtig, dass durch die Reduzierung des Körperfettanteils durch Training und/oder über die Ernährung keine krankhaften Veränderungen in einem biologischen Regelsystem auftreten. Vor allem ist dabei auf den Hormonstatus (Geschlechtshormone) bei Frauen und das Immunsystem bei beiden Geschlechtern zu achten. Es ist im Hochleistungssport ein alltägliches Phänomen, dass zum Saisonhöhepunkt hin mit schwindenden Fettpolstern die Infektanfälligkeit steigt. Dies kann pauschal weniger an absoluten Zahlen gemessen werden – man kann sich aber am klinischen Bild orientieren und manchmal ist ein kritischer Hinweis an die Athleten durchaus angebracht. Insofern ist es medizinisch absolut sinnvoll, mit gewissen „Reserven" in das Wintertraining in kalten Umgebungsbedingungen zu starten, um den kommenden Belastungen gewachsen zu sein. Dies können durchaus drei bis fünf Kilogramm mehr sein. Im Verlauf eines individuell abgestimmten Trainings schwinden die Fettpolster jedoch von allein und Sie starten gut vorbereitet und nicht „ausgezehrt" in die Wettkampfsaison.

tipp

RISIKEN ZU HOHER FETTREDUKTION

- große Kälteempfindlichkeit
- hohe Infektanfälligkeit
- Störungen im Hormonhaushalt
- Mangelerscheinungen

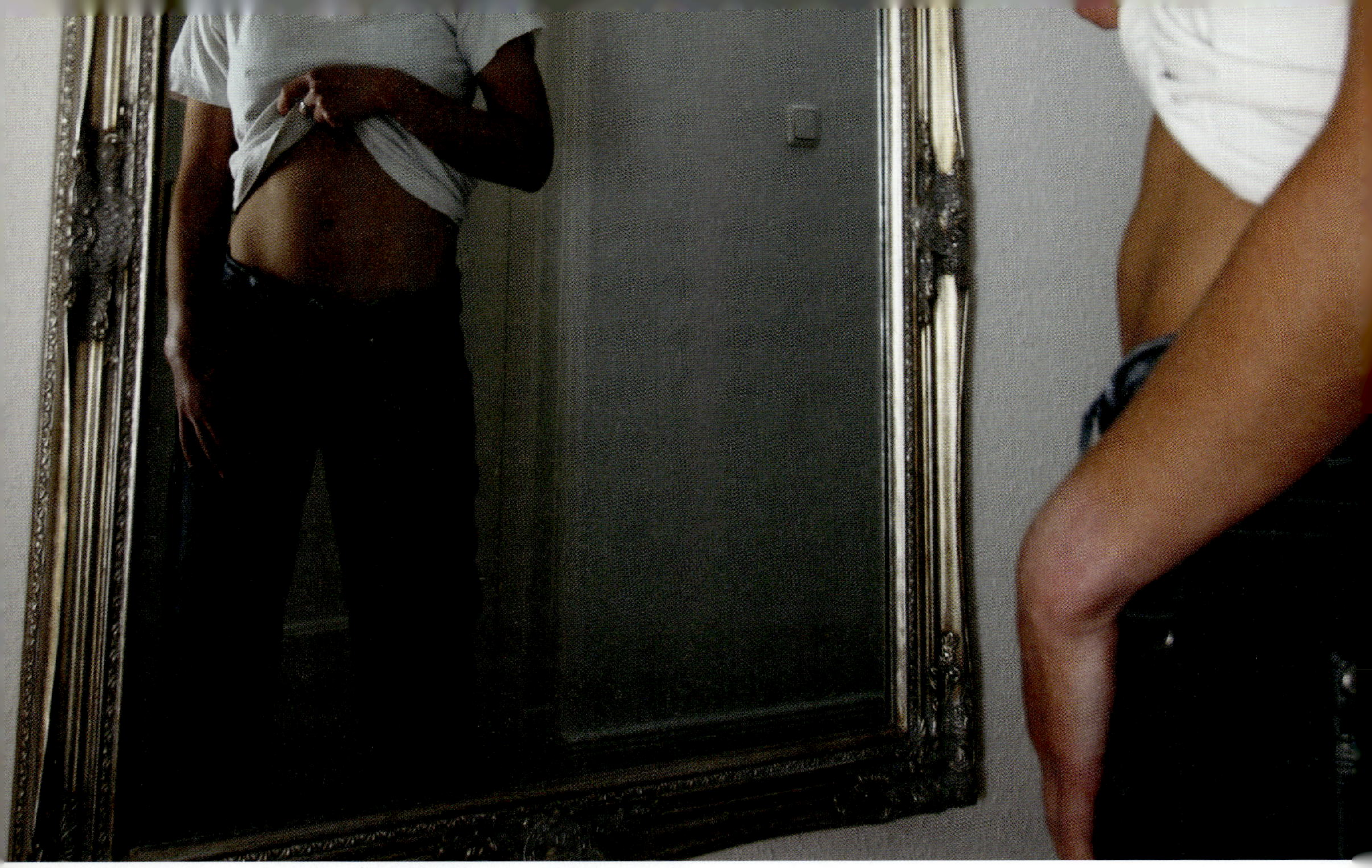

So bekommen Sie Ihr Fett weg

Fit und schlank ein Leben lang – das ist wohl der Traum eines jeden und leider meist leichter gesagt als getan. Heilfasten, Trennkost, Atkins ... Was ist nur die optimale Ernährung? Damit Sie sich im Abnehmdschungel besser zurechtfinden, haben wir die bekanntesten Diäten einmal genauer unter die Lupe genommen.

von Barbara Tesar

Bei modernen Diäten steht nicht nur die reine Reduktion von Gewicht im Vordergrund, mittlerweile wird von ihnen viel mehr verlangt als das bloße Purzeln von Kilos. Dem Körper etwas Gutes zu tun, ihn von Genusssünden zu entgiften und entschlacken – gesunde Ernährung, Wellness und Lifestyle gehören heute untrennbar zusammen. Wer allerdings davon ausgeht, durch eine mal eben eingelegte Diätwoche dauerhaft schlank zu bleiben, der irrt gewaltig. Zu schnell ist man danach wieder in seinem alten Ernährungsmuster inklusive aller kleinen Sünden zurückverfallen und schon sind auch die Kilos wieder dort, wo sie eigentlich nicht mehr sein sollten. Nur wer seine Ernährung dauerhaft umstellt und dabei eingeschlichene Gewohnheiten komplett aus seinem Ernährungsplan streicht, ist in der Lage, sich ein Leben lang vital und schlank zu halten.

DIE PROMI-KUR: „ATKINS-DIÄT"

Die „Atkins-Diät" hat viele prominente Anhänger, so zum Beispiel Jennifer Aniston, die für ihre Rolle in der Sitcom „Friends" damit zwölf Kilo abspeckte. War die Diät schon in den 70er-Jahren populär, feierte sie in den USA ein fulminantes Comeback.

So geht's

Erlaubt sind Fette und Eiweiße, streng verboten hingegen Kohlenhydrate. Das Prinzip der „Atkins-Kur" baut auf Sättigung durch Nahrungsmittel mit hohem Fettgehalt auf. Speisen wie Speck mit Ei, Scampi mit Majonaise-Dip und Tartar sind hier ein Muss. Von Süßigkeiten, Trockenfrüchten und Fruchtjoghurts muss man jedoch die Finger lassen. Der Kohlehydratverlust soll durch die Einnahme von Nahrungsergänzungsmitteln kompensiert werden.

Vorteile

Für Nichtaktive ist diese Diät ein Schlemmerhit.

Nachteile

Pillenschlucken statt Kohlenhydratgenuss? Das kann nicht gesund sein! Der hohe Fett- und Eiweißanteil dieser Diät ist äußerst umstritten und alles andere als für Sportler geeignet, denn besonders für diese besteht die Gefahr von Mangelerscheinungen. Die gesamte Diät schwimmt sehr gegen den Strom von kohlenhydratreicher und fettarmer Gesundheitskost und ist nicht nur deswegen sehr umstritten.

Für wen

Sicher nicht für Vegetarier geeignet. Wer jedoch Fleisch dem Pflanzen- und Körnerfutter vorzieht, für den ist diese Diät zwar anwendbar, jedoch nicht wirklich empfehlenswert. Vorsicht auch vor gesundheitlichen Risiken wie Herz-Kreislauf-Erkrankungen, die durch den hohen Fett- und geringen Ballaststoffanteil der Ernährung ausgelöst werden können.

TRENNKOST-VARIANTE: „FIT FOR LIFE"

Die „Fit for Life"-Kur ist eher ein Lifestyle-Programm als eine Diät. Die Amerikaner Marilyn und Harvey Diamond wurden mit ihrem Ernährungskonzept zu Bestseller-Autoren, obwohl der Erfolg dieser Diät mehr als umstritten ist.

So geht's

Die Prinzipien dieser Diät bauen auf 70 Prozent wasserhaltiger Nahrung wie Obst, Gemüse und Rohkost und 30 Prozent konzentrierter Nahrung wie Fisch, Fleisch, Geflügel, Brot und Milchprodukte auf. Bis zum Mittag darf nur Wasserhaltiges gegessen werden, was auf die Tagesbilanz gesehen Fett und Kalorien spart.

Vorteile

Durch die bioaktiven Substanzen im Obst und Gemüse werden freie Radikale (aggressive Sauerstoffverbindungen) aus dem Körper gejagt und somit Bluthochdruck und hohen Cholesterinwerten vorgebeugt. Die intensive Auseinandersetzung mit der täglichen Nahrung lässt einen bewusst umdenken.

Nachteile

Hohe Gefahr, dem Jojo-Effekt zu erliegen. Die Diät ist ohne jeglichen wissenschaftlichen Ansatz, außerdem nur schwer durchzuhalten. Durch die sehr eigenwillige Zusammensetzung der Nahrungsmittel kann es über kurz oder lang auch zu Mangelerscheinungen kommen.

Für wen

Die Diät ist hauptsächlich für Menschen mit viel Disziplin geeignet und wegen der geringen Kohlenhydrat- und Eiweißzufuhr nichts für Sportler.

SCHLEMMER-DIÄT: „MONTIGNAC-KUR"

Diese Diät zielt auf einen niedrigen Insulin-Spiegel ab. Das heißt, das alles, was einen hohen Blutzuckerspiegel und somit in weiterer Folge Heißhunger macht, verboten ist.

So geht's

Alle Nahrungsmittel mit niedrigem glykämischen Index wie Fett, Fleisch, Fisch, Gemüse und saures Obst sind erlaubt. Bei Kohlenhydraten wird zwischen guten (Vollkornprodukte) und schlechten (Weißbrot, Zucker, geschälter Reis, Kartoffeln, süße Obstsorten) unterschieden. Die „guten" Kohlenhydrate stören den Fettabbau weniger und dürfen daher in kleinen Mengen genossen werden.

Vorteile

Der stets niedrig gehaltene Blutzuckerspiegel hält das Sättigungsgefühl aufrecht. Auch der Gesundheitsfaktor kommt bei dieser Kur durch die vielen Vollwertprodukte und Hülsenfrüchte nicht zu kurz. Da die Diät in zwei Phasen inklusive Lernphase durchgeführt wird, stellt sich auch ein Umdenken für „das Leben nach der Diät" ein.

Nachteile

Die Diät ist nicht für die Dauer geeignet. Ein weiterer Nachteil ist die geringe Vielfalt der Ernährungsmöglichkeiten, die die Motivation, bis zum Ende durchzuhalten, gewaltig schmälert.

Für wen

Restaurantliebhaber, Schlemmermäuler und Sportmuffel kommen hier voll auf ihre Kosten.

STRUNZ-DIÄT: „FOREVER YOUNG"

Das Programm des selbsternannten Fitnesspapstes Ulrich Strunz verspricht ewige Jugend. Als Ursache des Dickseins wird hier nicht nur falsche Ernährung und fehlende Bewegung gesehen, sondern auch die Qualität von Lebensmitteln.

So geht's

Die Kur beginnt zunächst mit einer Formula-Diät – basierend auf Eiweißshakes und diversen Nahrungsergänzungsmitteln aus dem Hause Strunz – und geht nach einigen Tagen auf viel zu fetthaltige Mittelmeerkost über.

Vorteile

Die Kombination aus Schonkost und Bewegung spricht für diese Diät.

Nachteile

Wer will sich schon mehr als eine Woche ausschließlich von Eiweißshakes und Präparaten ernähren, deren möglicher Diäterfolg in weiterer Folge durch viel zu fette Kost wieder wettgemacht wird?

Für wen

Alle Strunzanhänger, die an den Erfolg der Diät glauben wollen und kein Problem mit Präparaten und Pillen haben.

TYPUS-FRAGE: BLUTGRUPPEN-DIÄT

Auf dem Prinzip „Eat right for your type" basiert die „Blutgruppen-Diät". Ob man verschiedene Nahrungsmittel verträgt oder nicht, ist von der Blutgruppe des einzelnen abhängig.

So geht's

Blutgruppe 0: vor allem tierische Nahrungsmittel, außer Milchprodukte. Obst und Gemüse sind gut verträglich, Hülsenfrüchte sollten eher vermieden werden. Blutgruppe A: vegetarische Ernährung ist besonders gut geeignet. Fleisch sollte vermieden werden. Blutgruppe B: Gruppe der Allesfresser. Roggen, Weizen und tierische Produkte wie Rind, Lamm, Wild und Fisch werden gut vertragen, jedoch sollten von Huhn und Schwein die Finger gelassen werden. Blutgruppe AB: Menschen mit dieser Blutgruppe sollten vorwiegend auf vegetarische Kost zurückgreifen. Hin und wieder sind Fleisch und Milchprodukte legitim.

Vorteile

Die Diät beinhaltet viele Ballaststoffe und vereint Schonkost mit Bewegung, was ein gutes Grundprinzip darstellt.

Nachteile

Wegen der Variabilität der Blutgruppen ist diese Diät eher schwierig in einer Gemeinschaft durchzuführen – daher bleibt oft die motivierende Gruppendynamik aus. Der Erfolg dieser Diät ist nicht erwiesen und macht sie daher eher zweifelhaft. Die Rezepte der „Blutgruppen-Kur" basieren auf fett- und eiweißreicher Nahrung und vernachlässigen Kohlenhydrate.

Für wen

Wegen der Variabilität der Blutgruppen ist diese Diät nichts für Familien oder Abnehmkommunen. Die Zubereitung der Gerichte ist teilweise recht aufwendig und deren Zutaten sind oft nur schwer zu bekommen. Für Sportler eher nicht geeignet.

FRISS DIE HÄLFTE: „FDH"

Die „FDH"-Diät ist wohl die Hungerkur mit dem einfachsten Prinzip: Gegessen werden darf alles, jedoch nur noch die Hälfte davon.

So geht's

Alles ist erlaubt, nichts ist verboten. Man muss auf keine Lieblingsspeisen und sündige Ernährungsvorlieben wie Kartoffelchips und Kuchen verzichten, darf allerdings immer nur die Hälfte vom gewohnten Nahrungsverbrauch genießen. Nur kalorienarme Getränke wie Wasser und Tee dürfen ohne Limit getrunken werden.

Vorteile

Wieder eine Diät mit Schlemmerfaktor. Für jeden leicht anwendbar und auch für Restaurantfreaks oder häufige Kantinenbesucher geeignet.

Nachteile

Eine Ernährungsumstellung auf gesunde Nahrungsmittel, die der Grundgedanke jeder Diät sein sollte, stellt sich bei dieser Hungerkur sicher nicht ein. Die Umstellung des Körpers, plötzlich mit der Hälfte der Energie auskommen zu müssen, kann zu Konzentrations- und Leistungsverlusten führen. Die Diät ist nur schwierig mit Sport zu kombinieren.

Für wen

Für alle Diätwilligen mit viel Disziplin. Wenn man die „FDH-Diät" mit viel Bewegung kombiniert, sollte man statt „FDH" lieber „FZD" – Friss zwei Drittel machen.

PUNKTE ZÄHLEN: „WEIGHT-WATCHERS"

Sehr individuelle Diät, die durch Gruppendynamik leichter fallen soll. In verschiedenen Kleingruppen sei das kontrollierte Abnehmen mit Gleichgesinnten nur halb so schlimm. Es gibt hier keinerlei Verbote, jedoch Beschränkungen in der Kalorienzufuhr. Die tägliche Energiezufuhr wird durch ein Punktesystem geregelt.

So geht's

Jedem Nahrungsmittel sind Punkte zugeordnet, beispielsweise null Punkte für Obst und Gemüse, zwei Punkte für Kartoffeln, fünf Punkte für einen Hamburger. Je nach Planung hat man pro Tag eine gewisse Anzahl an Punkten frei, die man aufessen darf. Durch Bewegung kann man Bonuspunkte sammeln.

Vorteil

Die ständige Auseinandersetzung mit der Nahrung bewirkt einen Umdenkprozess im Essverhalten. Da Obst und Gemüse keine Wertigkeit haben, wird umso öfter darauf zurückgegriffen. Das Abnehmen mit Gleichgesinnten und unter ständiger Kontrolle fällt leichter. Durch langsame Gewichtsreduktion (ein halbes Kilogramm pro Monat) bleibt der Erfolg bei den meisten auch langfristig erhalten.

Nachteile

Die „Weight-Watcher-Diät" ist nicht gerade billig, die Teilnehmer müssen eine Anmeldegebühr entrichten und für wöchentliche Treffen zahlen. Außerdem werden nur wirklich übergewichtige Menschen ins Programm aufgenommen.

Für wen

Für alle, die sich in der Gruppe zu mehr motivieren können als allein.

DIE POWERKNOLLE: „KARTOFFEL-DIÄT"

Fans der kleinen Erdknolle kommen hierbei voll auf ihre Kosten. Trotz der relativ niedrigen Kalorienzufuhr kommt man ohne Hungergefühl gut durch den Tag.

So geht's

Nicht mehr als 1.000 Kilokalorien pro Tag sind erlaubt. Diese werden in Form von Kartoffeln in allen Verarbeitungsvarianten wie Pell-, Brat- oder als Salzkartoffel verzehrt. Obst, Gemüse und mageres Fleisch, also alles, was zu einer kalorienreduzierten Mischkost gehört, ist bei dieser Diät erlaubt.

Vorteile

Durch die geringe Kalorienzufuhr kann man mit dieser Diät innerhalb kurzer Zeit gute Erfolge erzielen, ohne dabei hungern zu müssen. Sportler sollten allerdings die tägliche Kalorienzufuhr je nach Belastungsaufwand entsprechend erhöhen.

Nachteile

Die Diät kann mit der Zeit ein wenig eintönig werden und ist auf Dauer gesehen auch zu einseitig.

Für wen

Sicher nichts für Kartoffelverächter. Wer jedoch von der Powerknolle gar nicht genug kriegen kann, der kann sich mit der „Kartoffel-Kur" für kurze Zeit hinweg voll ins Diätvergnügen stürzen.

ABNEHMEN NACH INDEX: „GLYX-DIÄT"

Der glykämische Index (GI), der ursprünglich aus der Diabetikerkost stammt, gibt an, wie schnell und in welcher Menge der Körper durch verschiedene Kohlenhydrate Insulin ausschüttet. Glukose bewirkt die schnellste Insulinausschüttung im Körper und hat daher einen GI von 100. Komplexe Nahrungsmittel (gesunder Mix aus Kohlenhydraten, Eiweiß und Fett) haben dagegen nur einen Wert von 40 bis 60.

So geht's

Erlaubt ist alles, nur Kohlenhydratträger mit einem niedrigen GI wie Vollkornprodukte, Hülsenfrüchte, Soja, fast alle Obst- und Gemüsesorten, Fruchtzucker, Fisch, mageres Fleisch und Geflügel sind wirklich empfehlenswert. Nicht zu oft auf dem Speiseplan sollten sich jedoch Weißmehlprodukte, Honig und Marmelade, Haushalts- und Traubenzucker, Rosinen, Ananas, Kaffee und Alkohol befinden.

Vorteile

Der GI ist ein guter Anhaltspunkt für Lebensmittel mit empfehlenswerten Kohlenhydraten, die gut und sinnvoll sättigen. Nicht umsonst sollten Nahrungsmittel mit einem niedrigen glykämischen Index die Grundlage für die Ernährung von Aktiven darstellen.

Nachteile

Gute Kenntnisse über die Zusammensetzung von Nahrungsmitteln und die richtige Zusammenstellung des Speiseplans sind Voraussetzung. Die Diät birgt die Gefahr, zu fettreich zu speisen. Doch wenn man das bewusst vermeidet, kann eigentlich nichts mehr schief gehen.

Für wen

Die Diät ist sowohl für Sportler als auch für Übergewichtige, die Probleme mit der Blutzuckerregulation haben, empfehlenswert. ■

Iss doch LOGIsch

Ursprünglich wurde das Ernährungskonzept LOGI-Methode für übergewichtige Patienten mit Diabetes und Bluthochdruck entwickelt. Doch auch Triathleten können von einem Speiseplan profitieren, der vor allem auf Fett und Eiweiß setzt.

von Dr. Mareike Großhauser

Unter der LOGI-Methode (LOw Glycemic and Insulinemic = niedrige Glukose- und Insulinkonzentration im Blut) versteht man ein Ernährungskonzept, bei dem die Kohlenhydratzufuhr bewusst reduziert wird, um Gewichtsprobleme und Stoffwechselerkrankungen wie Bluthochdruck und erhöhte Blutzuckerwerte in den Griff zu bekommen. Es handelt sich hierbei nicht um eine kurzfristige Diät, sondern um eine „lebenslängliche" Ernährungsweise, die auf Grundlage wissenschaftlicher Erkenntnisse der Medizinischen Fakultät der Harvard Universität in Boston (USA) entwickelt wurde. Danach kann der tägliche Energiebedarf sowohl eiweißbetont (40 Prozent Kohlenhydrate, 30 Prozent Fette und 30 Prozent Eiweiße) oder fetteiweißbetont (20 bis 30 Prozent Kohlenhydrate, 30 bis 50 Prozent Fette und 20 bis 40 Prozent Eiweiß) gedeckt werden. Sogenannte ketogene Diäten, die wie die Atkins-Diät fast vollständig auf Kohlenhydrate verzichten, müssen von der LOGI-Methode abgegrenzt werden, da gesundheitliche Beeinträchtigungen wie Nierensteine, Niereninsuffizienz oder sogar Erkrankungen am Herzmuskel nicht unwahrscheinlich sind.

AUSGEWOGENE KOST GARANTIERT

Wer sich nach der LOGI-Methode ernährt, nimmt weniger Kohlenhydrate, dafür aber mehr Fett und Eiweiß zu sich als bei einer herkömmlichen Reduktionskost. Eiweiß und Ballaststoffe sorgen für eine gute und lang anhaltende Sättigung. Aufgrund der großen Nahrungsauswahl besteht keine Gefahr einer Unterversorgung mit lebensnotwendigen Nährstoffen. Ziel dieser Ernährungsweise ist es, Blutzuckerschwankungen und ständige große Insulinausschüttungen zu vermeiden, da diese Stoffwechselsituationen das Verlangen nach Nahrung, den Ansatz von Fettgewebe und auch die gesundheitliche Situation hinsichtlich der Blutfettwerte und des Blutdrucks enorm beeinflussen. Studien belegen, dass Patienten ihre gesundheitliche Situation verbessern und überflüssige Pfunde loswerden konnten. Als Folge niedriger Blutzuckerwirkung und konstanter Blutzuckerspiegel auf niedrigem Niveau gibt es keine Heißhungerattacken mehr und das Verlangen nach kohlenhydratreichen Lebensmitteln oder Süßigkeiten nimmt ab.

KRITIK AM GLYKÄMISCHEN INDEX

Neben der reduzierten Gesamtmenge an Kohlenhydraten ist der Glykämische Index (GI) ein entscheidender Faktor im LOGI-Konzept (siehe Kasten auf der rechten Seite). Der GI beschreibt den Anstieg des Blutzuckerspiegels, den der Verzehr einer Speise auslöst. Je höher der Glykämische Index, desto steiler und weiter steigt der Blutzuckerspiegel an. Dies wiederum bewirkt eine hohe Insulinausschüttung, starke Blutzuckerschwankungen und, auf Dauer gesehen, eine massive Belastung und Reizung der Bauchspeicheldrüse – schlimmstenfalls droht die Zuckerkrankheit Diabetes mellitus. Das ist der Grund dafür, warum die Kohlenhydrate in die Kritik geraten sind und ihr Anteil in der LOGI-Ernährung verringert wird. Die Deutsche Gesellschaft für Ernährung (DGE) empfiehlt allerdings gesunden Erwachsenen, auch wenn sie abnehmen möchten, weiter mindestens die Hälfte des täglichen Energiebedarfs in Form von Kohlenhydraten zu decken, bevorzugt durch komplexe Kohlenhydrate in Verbindung mit Ballaststoffen wie in Vollkornprodukten, Gemüse, Obst, Hülsenfrüchten und Kartoffeln. Laut DGE sind nämlich sowohl die Reproduzierbarkeit als auch die Aussagekraft des Glykämischen Index' problematisch.

ERFOLGE IN DER PRAXIS

Eine kohlenhydratbetonte und fettmoderate Ernährung, die eine steile Blutzuckerantwort auslöst, muss nicht zwangsläufig mit der Entstehung von Diabetes mellitus in Verbindung stehen und ist bislang auch nicht beim Gesunden ausreichend bewiesen. Im Gegenteil: Studien konnten sogar zeigen, dass eine kohlenhydratbetonte, fettreduzierte und hypokalorische Kost in Verbindung mit körperlicher Aktivität erfolgreich das Gewicht reduzieren konnte und über den Zeitraum von über drei Jahren die Anzahl für Neuerkrankungen an Diabetes mellitus signifikant senken konnte. Demzufolge besteht nach Ansicht der DGE kein Grund, die Nährstoffrelation der Makronährstoffe Fett, Kohlenhydrate und Eiweiß zu ►

tipp

GLYKÄMISCHER INDEX

Der Begriff Glykämischer Index (GI) wurde 1981 von Dr. David Jenkins (Universität Toronto) eingeführt und beschreibt die Wirkung kohlenhydrathaltiger Lebensmittel auf den Blutzuckerspiegel. Kohlenhydrathaltige Lebensmittel können mit unterschiedlichen Geschwindigkeiten den Blutzuckerspiegel erhöhen. Je höher der GI eines Lebensmittels ist, desto größer sind Blutzucker- und Insulinantwort. Dagegen verläuft bei Lebensmitteln mit niedrigem GI alles gemäßigter. Während beispielsweise Traubenzucker, Weißbrot und Cornflakes einen hohen GI aufweisen (70–100), haben Roggenvollkornbrot, Haushaltszucker und Apfelsaft einen mittleren GI (55–70). Milch, Joghurt, Nudeln und Hülsenfrüchte haben einen niedrigen GI (größer als 55).

Untersuchungen haben gezeigt, dass der GI einer Mahlzeit und dessen Einfluss auf den Blutzuckerspiegel von vielen Faktoren abhängig ist: Lebensmittelauswahl, Fett- und Ballaststoffgehalt, Temperatur, Flüssigkeitsmenge und Zubereitung der aufgenommenen Mahlzeit spielen genauso eine Rolle wie bisher noch weitgehend unbekannte Variablen im menschlichen Organismus. Experten lehnen deshalb eine strikt am Glykämischen Index orientierte Ernährung ab.

verändern, um abzunehmen. Trotz der teilweise bestehenden Kritik, mit den Kohlenhydraten den wichtigsten Energielieferanten in der Ernährung „ohne Not“ zu reduzieren, gibt es positive Stimmen aus Arztpraxen, Kurkliniken und fachlich durchgeführten Abnehmkursen, die mit Hilfe der LOGI-Methode gute Abnehmerfolge vorweisen können. Es scheint keine einheitlichen Diätstrategien für jedermann zu geben. Es gibt viele Personen, die mit einer unkontrollierten Aufnahme von Kohlenhydraten und einer gleichzeitig fettarmen Ernährung nicht klarkommen, sondern – im Gegenteil – sich immer mehr Kilos anessen. Damit kommt auch der Aspekt der Futterverwertung zum Tragen. Es gibt gute und schlechte „Futterverwerter“. Während der erste Typ leichter und effizienter ansetzt, was in Notzeiten von Vorteil wäre, bleibt der zweite Typ leichter schlank. Wer sich zu den guten Futterverwertern zählt, kann von der LOGI-Methode in Verbindung mit moderater, aber regelmäßiger sportlicher Bewegung profitieren.

TRAINING MIT LEEREN SPEICHERN

Kohlenhydrate sind nach wie vor die wichtigste Energiequelle für Sportler. Sportlich aktive Personen brauchen auch mehr davon und können diese aufgrund diverser Adaptationen im Stoffwechsel besser vertragen und speichern. Ziel eines regelmäßigen Ausdauertrainings ist es aber auch, den Fettstoffwechsel zu trainieren, um während der Belastung die limitierten Kohlenhydratreserven, die nach 90 Minuten Belastung deutlich zur Neige gehen, so gut es geht zu schonen und mehr Energie aus Fett zu beziehen. Mit Hilfe einer kohlenhydratreduzierten Kost können mehr Enzyme für den Fettabbau gebildet werden und es kann mehr Fett in den Muskelzellen gespeichert werden. Unter Belastung steht es dort dann auch schneller als Energiequelle zur Verfügung. Außerdem werden aufgrund des geringeren Kohlenhydratangebots mehr Zuckertransporter gebildet, wodurch der Zucker schneller vom Blut in die Zelle gelangen kann.

SCHNELLER OHNE CARBOS?

Ein Wechsel zwischen kohlenhydratbetonter und kohlenhydratreduzierter Kost kann ein harmonisches Zusammenspiel von Gewichtsreduktion (Körperfettabbau durch Kohlenhydratreduktion), Leistungssteigerung (punktuelle Kohlenhydratgaben) und Fettstoffwechseltraining (Nüchterntraining) bedeuten. Wer als Triathlet die LOGI-Methode ausprobieren möchte, kann sich zum Beispiel während trainings- und belastungsarmer Zeiten zur Unterstützung des Körperfettabbaus fettbewusst und eiweißreich ernähren: Auf ein kohlenhydratreiches Frühstück folgen eine eiweißhaltige Zwischenmahlzeit und ein stark kohlenhydratreduziertes Abendessen. Sobald Umfang und Intensität des Trainings steigen, erhöht sich auch der Kohlenhydratanteil wieder.

FÜNF PORTIONEN TÄGLICH

Die Grundlage der LOGI-Kost bilden stärkefreies bzw. -armes Gemüse und Obst, wobei insbesondere von Salaten und Gemüse viel gegessen werden kann. Ideal sind mindestens drei Portionen Gemüse und zwei Portionen Obst pro Tag. Eine Portion Obst oder Gemüse entspricht nach Angaben der Deutschen Gesellschaft für Ernährung (DGE) jeweils einem nachfolgenden Beispiel.

- eine Hand voll großer, ganzer Früchte wie Apfel, Pfirsich, Birne
- zwei Hände voll kleiner Früchte wie Erdbeeren oder Johannisbeeren (auch tiefgefroren)
- eine halbe Hand voll (ca. 25 g) Trockenfrüchte wie getrocknete Aprikosen oder Pflaumen
- eine Hand voll unzerkleinertem Gemüse wie Kohlrabi, Tomate
- zwei Hände voll Salat oder zerkleinertem Gemüse wie Brokkoli (auch tiefgefroren)
- eine Hand voll getrockneter Hülsenfrüchte wie Bohnen, Linsen oder Erbsen
- eine halbe Hand voll (ca. 25 g) geschälter, ungerösteter und ungesalzener Nüsse
- ein Glas Frucht- oder Gemüsesaft (100 bis 200 ml) mit 100 Prozent Fruchtgehalt kann ab und zu eine der fünf täglich empfohlenen Portionen ersetzen

Außerdem stehen häufig eiweißhaltige Lebensmittel wie Fleisch, Geflügel und Fisch, fettarme Milchprodukte, Nüsse und Hülsenfrüchte auf dem Speiseplan. Hochwertige Pflanzenöle wie Lein-, Walnuss-, Raps- und Olivenöl sind wichtiger Bestandteil bei der Zubereitung der Speisen. Vollkornprodukte, Nudeln, Reis usw. werden nur in kleinen Mengen empfohlen, um die gesamte Kohlenhydratmenge zu reduzieren.

Nicht empfohlen (aber auch nicht verboten) werden dagegen Getreideprodukte aus Weißmehl, Kartoffeln und Süßwaren.

Weitere Bücher aus

Jörg Birkel und Ben Schneider

ATHLETIKTRAINING FÜR TRIATHLETEN

Kraft ist eine leistungsrelevante Größe im Sport. Viele Triathleten absolvieren zwar das ungeliebte, aber obligatorische Stabilitätstraining, schwere Hanteln meiden sie jedoch meist. Mit dem richtigen Trainingsplan kann ein Triathlet seine Leistungsfähigkeit deutlich steigern – und zwar in allen drei Disziplinen.

ISBN 978-3-936376-65-4
ca. 250 Seiten
€ 24,95

Ariane Heck

YOGA FÜR TRIATHLETEN

Triathleten streben in drei Disziplinen nach Bestzeiten und haben einen körperlich und mental sehr fordernden Trainingsplan. Ein idealer Ausgleich zu dieser intensiven Belastung ist Yoga mit seinem ganzheitlichen Ansatz, der Körper, Geist und Atem miteinander in Einklang bringt. Dieses Buch macht Triathleten mit Yoga vertraut und bietet einen schnellen und direkten Einstieg

ISBN 978-3-936376-64-7
ca. 250 Seiten
€ 24,95

Chris McCormack

I'M HERE TO WIN

Als der Austalier Chris McCormack 2007 den Ironman Hawaii gewann, sagte die Szene: Na endlich. Als er seinen Triumph 2010 wiederholte, sorgte er für eine Überraschung, denn eigentlich hatte ihn die Triathlonwelt längst abgeschrieben. In seinem Buch berichtet Chris McCormack über seinen Weg an die Weltspitze des Triathlons.

ISBN 978-3-936376-61-6
304 Seiten
€ 24,95

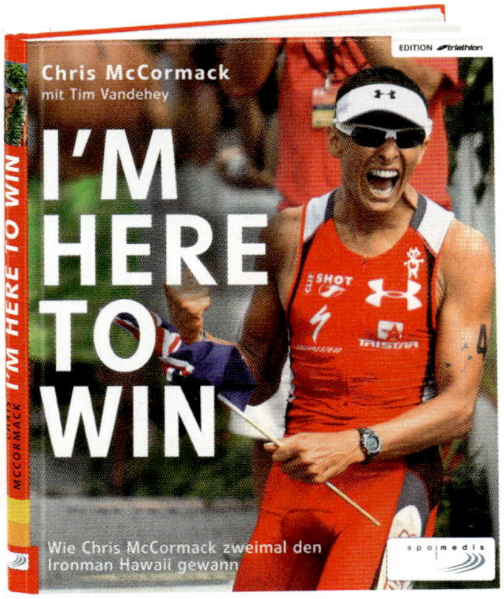

spo | medis

dem spomedis-Verlag

Volker Boch

ROAD TO KONA

Der Ironman Hawaii ist Mythos, Herausforderung und Erlebnis zugleich. Der Dreikampf mit den Naturgewalten, den Gegnern und nicht zuletzt sich selbst begeistert seit 1978 weltweit auch Nicht-Triathleten und verlangt den Teilnehmern alles ab. Nur der Beste kann hier gewinnen. Die Topathleten verraten ihr individuelles Kona-Trainingsprogramm und erzählen über ihre Motivation.

ISBN 978-3-936376-55-5

384 Seiten

€ 24,95

Bennie Lindberg und Michael Krell

TRIATHLON FÜR BERUFSTÄTIGE

Triathlon ist mit seinen drei Einzeldisziplinen Schwimmen, Radfahren und Laufen schon auf Breitensportebene eine aufwendige Sportart. Doch mit der richtigen Strategie in Training und Lebensgestaltung können auch Berufstätige beachtliche Erfolge erzielen, ohne Beruf oder Privatleben zu gefährden.

ISBN 978-3-936376-32-6

216 Seiten

€ 24,95

Friederike Rasche

SPORTPSYCHOLOGIE IM TRIATHLON

Die Psyche spielt neben den körperlichen Voraussetzungen eine wichtige Rolle im Triathlon und anderen Ausdauersportarten. Ein Athlet braucht ausreichend Selbstvertrauen, um sich diese sportliche Leistung zuzutrauen. Außerdem muss er eine gewisse Stressresistenz und Durchsetzungsfähigkeit aufweisen. Und natürlich benötigen Triathleten Motivationsfähigkeit und festen Willen ...

ISBN 978-3-936376-35-7

216 Seiten

€ 24,95

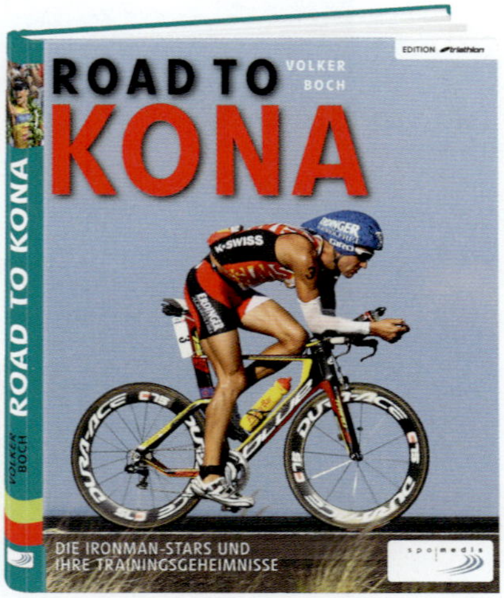

spo | medis

IMPRESSUM

triathlon knowhow Nr. 3
Ernährung

Verlag und Redaktion
spomedis GmbH
Altonaer Poststr. 13a
22767 Hamburg

Tel. 040/555 0170-0
Fax 040/555 0170-70
E-Mail info@tri-mag.de
Internet www.tri-mag.de

triathlon knowhow erscheint zweimal im Jahr.

Im spomedis-Verlag erscheinen außerdem

triathlon

triathlon training

Abo-Service
arvato media GmbH
Aboverwaltung ***triathlon***
An der Autobahn
33310 Gütersloh
E-Mail: abo@tri-mag.de

Abo-Bestellungen: www.triathlonabo.de
Abo-Hotline: 0700-TRIMAGABO, 0700/87462 42 26 (12 ct/min)

Adressänderungen: www.tri-mag.de/adresse

Herausgeber
Frank Wechsel (wechsel@tri-mag.de)
Silke Insel (insel@tri-mag.de)

Mitarbeiter und Autoren und Experten dieser Ausgabe
Dr. Mareike Großhauser
Prof. Asker Jeukendrup
Sina Horsthemke
Christian von Loeffelholz
Holger Lüning
Dr. Matthias Marquardt
Oliver Neubauer
Jens Richter
Olaf Sabatschus
Dr. Wolfgang Schillings
Sonja Schleutker-Franke
Niels Schulz-Ruhtenberg
Nis Sienknecht
Malte Stumbries
Barbara Tesar
Karlheinz Zeilberger

Art Direction
Anne-Christin Schröter (schroeter@tri-mag.de)

Grafik
Matrix Buchkonzepte
Christina Modi
Maren Orlowski

Fotos
Silke Insel, Frank Wechsel, dreamstime.com (Titel und S. 10 Skolodkin, S. 26 Georgeskyrillos, S. 38 Mikdam, S. 50 Mangroove, S. 78 Fuzzbone, S. 124 Popovaphoto

Anzeigen
Marcus Baranski
c/o Der Baranski | Sport- und Media-Agentur
Rotdornweg 39
21224 Rosengarten

Tel. 0 40 / 6 09 40 50 70
Fax 0 40 / 6 09 40 50 72

E-Mail: baranski@tri-mag.de

Es gelten die Mediadaten Nr. 15, gültig ab dem 1.9.2011.

Druck
Mohn Media, Gütersloh

Vertriebsbetreuung
DPV Network GmbH
Postfach 57 04 12, 22773 Hamburg
Tel. 0 40 / 3 78 45 - 0, www.dpv-network.de

triathlon knowhow ist erhältlich im Bahnhofsbuchhandel, im guten Zeitschriftenhandel und bei den mit dem blauen Globus ausgezeichneten Fachhändlern.

spomedis ist Mitglied in der World Sport Publishers' Association.